国家高端智库武汉大学国际法研究所

国 际 法 文 库

INTERNATIONAL LAW LIBRARY

黄 进 总主编

肖永平 执行主编

实务系列

张 辉 主编

“一带一路”倡议文件汇编

Documents on the Belt and Road Initiative

杨泽伟 编

法律出版社
LAW PRESS · CHINA

2018年度国家社科基金重大研究专项项目
“‘一带一路’倡议与国际规则体系研究”（项目批准号：18VDL002）阶段性成果之一。

总序一

当今之世界，随着全球投资贸易不断增长，科学技术特别是信息技术飞速进步，通信和交通日益便捷，人文交流蓬勃发展，经济全球化、政治多极化、文化多元化、社会网络化、法律趋同化已成为天下大势。在这种背景下，作为国际社会最为重要的行为规范，国际法在全球治理中发挥着不可替代的作用。

今日之中国，秉持“创新、协调、绿色、开放、共享”五大发展理念，正在全面建设小康社会、全面深化改革、全面推进依法治国、全面从严治党、全面参与全球治理。在这个过程中，国家始终坚持统筹国内、国际两个大局，于内，追求实现“两个一百年”奋斗目标，追求实现中华民族伟大复兴的中国梦。于外，坚定不移对外开放，参与全球治理；坚持和平发展、合作共赢；积极构建中国特色大国外交，完善对外战略布局，既“请进来”，又“走出去”，加快推进“一带一路”建设；坚决维护国家主权、安全、发展利益，争取良好国际环境，维护世界和平稳定，促进各国共同发展，打造“人类命运共同体”。毫无疑问，坚持统筹国内、国际两个大局，不仅要全面推进依法治国，加强国内法治，而且要在全球治理中高度重视和善于发挥国际法的作用，加强国际法治，推进国内法治与国际法治良性互动，特别是要完善中国自己的涉外法律法规体系，积极参与国际规则的制定，增强中国在国际法律事务中的话语权和影响力，运用法治思维和法治方式依法处理涉外事务,强化涉外法律服务,加强国际法治合作。

当下之中国国际法学界,经过改革开放30多年的建设和发展,可以肯定地说,国际法学科体系不断健全,学术队伍不断壮大,国际学术交流与合作不断拓展,学术水平和创新能力不断提高,培养了一大批国际法专门人才。而且,广大国际法专家学者解放思想、实事求是、求真务实、与时俱进,深入研究和回答中国改革开放面临的国际法理论和实践问题,产出了一大批有分量的学术成果,为国际法学的繁荣发展和国家改革开放及现代化建设做出了重要贡献。但应该指出的是,中国国际法学领域还存在一些亟待解决的问题。比如,国家缺乏整体的国际法学科发展战略规划,国际法学科建设放任自流,各国际法机构各自为阵;国际法人才队伍学术原创能力和解决实际问题的能力不强,活跃在世界国际法舞台的人才不多,总体素质亟待提高;国际法人才培养体系不健全,德行教育与知识传授相分离、理论培养与实践训练相脱离、国内培训与国际培训相隔离;国际法学术研究缺少精品力作,还没有产出具有广泛国际影响的创造性思想成果和理论成果,在国际规则制定和国际法律事务中的话语权和影响力不大。可以这样说,中国国际法学界目前在学术命题、学术思想、学术观点、学术标准、学术评价、学术话语上的能力和水平同中国综合国力和国际地位还不太相称。

综上所述,国际法在国际社会中的重要地位日益凸显,中国全面推进依法治国、对外开放、参与全球治理,亟须掌握和运用国际法,中国国际法学界仍处于有数量缺质量、有专家缺大师以及作用没有充分发挥出来的状态。我们所处的时代表明,这是一个需要国际法的时代,这是一个需要国际法理论创新而且一定能够产生国际法新理论的时代,这是一个需要国际法思想而且一定能够产生国际法新思想的时代。所有这些,正是我们编辑出版“国际法文库”以推动国际法学繁荣发展的初衷。

“国际法文库”将坚持兼容并包、思想自由。主张立足中国、借鉴国外,挖掘历史、把握当代,关怀人类、面向未来,着力推进构建既具有中国特色、中国风格、中国气派,又能进入世界学术话语体系的国际法学。

“国际法文库”将坚持问题导向。面对中国改革开放的新常态、国际局势的新变化,世界范围内各种思想文化交流交融交锋的新形势,只有聆听时代的声音,回应时代的呼唤,认真研究国家深化对外开放、全面参与全球治理的重大而紧迫的问题,才能真正把握历史脉络,找到发展规律,推进国际法理论创新和全球治理实现良法善治。

“国际法文库”将坚持跨学科研究。国际法律问题涉及国际社会生活的方方面面,具有跨学科性,需要从多学科视角,运用学科交叉融合的方法,进行跨学科研究。也就是说,对于国际法律问题,不仅要从国际公法、国际私法、国际经济法等国际法学视角进行研究,而且还要从宪法、行政法、民商法、刑法、诉讼法等国内法学视角进行研究;不仅要从法学视角进行研究,而且还要从国际政治、世界历史、全球经济、人类社会变迁、多元文化交融、地球生态文明等视角进行研究。跨学科研究在于坚持用联系的发展的眼光看待问题,增强研究的整体性、系统性、协调性、战略性,促进问题合情、合理、合法的解决。

“国际法文库”将坚持创造创新。创新是一个民族进步的灵魂,也是引领理论发展的动力。创新,就是有所发现、有所发明、有所创造。国际法理论的生命力在于创新,只有不断进行探索,才能推进国际法思想创新、知识创新、理论创新、制度创新、方法创新。国际法理论创新要从问题开始,发现问题、筛选问题、分析问题、研究问题、解决问题的过程就是创新的过程。国际法理论创新不必贪大求全,发现新事实、新材料、新现象是创新,阐明一个新原理、提出一种新学说、揭示一条新规律是创新,发明一项新技能、找到一条新路径、创造一种新方法也是创新。

“国际法文库”设专著系列、译著系列、实务系列、文集系列,是法律出版社与武汉大学国际法研究所共同打造的学术品牌。法律出版社在中国出版界特别是法学、法律出版领域的龙头地位自不待言。这里有必要对武大国际法所多说几句。武大国际法所是我国著名法学家、教育家、国际私法一代宗师韩德培先生于 1980 年创办的,是我国高校设立的第一个国际法研究所。该所自创立以来,自强不息,追求卓越,先后培养了一大批已在学术和实务方面崭露头角的国际法专门人才,先后产出了一大批具有较高水平的国际法学术成果,先后两次被评为国家级重点学科,2000 年被确定为教育部人文社会科学重点研究基地,2015 年入选首批国家高端智库。可以肯定地说,武大国际法所是当今中国国际法领域的学术重镇,不断推进中国国际法人才培养、科学研究和新型智库建设,不仅是它义不容辞的责任,更是它崇高而神圣的使命。正是基于这种情怀,武大国际法所与法律出版社携手合作,设立了这个“国际法文库”。这是为中国国际法学界开辟一块新的学术园地,建造一个新的学术舞台。“国际法文库”是自由、开放、包容、多元的,海内外的国际法同仁都可以在这块园地里辛勤耕耘,春播夏种、秋收冬藏;也都可以在这座舞台上翩翩起舞,崭露头角、一展锋芒。我真诚希望,所有以国际法为志业、立志为中国国际法事业做出贡献的海内外同仁，都能把“国际法文库”视为我们共同的国际法事业的一部分，关心之、支持之、帮助之、鞭策之，勿忘初心、久久为功，去迎接我们共同期待的中国国际法学界百花齐放、百鸟争鸣的春天。

是为序。

*

2016年12月1日于北京

---

* 黄进，中国政法大学校长，法学教授，中国法学会副会长，中国国际私法研究会会长。

总序二

随着中国日益接近世界舞台的中央,我国迫切需要加强国际法律共同体建设,利用国际法维护世界和平和人类命运共同体以及可持续发展,保障中国的正当利益。因此,不管是国际法制度构建,还是国际法理论创新,抑或是国际法实践引领,中国都需要从“被动适应者”向“主动引领者”转变。

由我国著名法学家、教育家、社会活动家、国际私法一代宗师韩德培先生创办的武汉大学国际法研究所是1980年由原国家教委批准成立的中国高校第一个国际法研究机构;1981年设立博士点;1995年建立博士后流动站;1996年列为“211”工程重点建设单位;2000年被教育部批准为普通高等学校人文社会科学重点研究基地;2004年被批准为“985”工程哲学社会科学创新基地;2015年被中宣部确定为首批国家高端智库试点建设单位。她一贯秉持国际公法、国际私法、国际经济法的全面和综合研究,积极拓展联合国法、欧洲联盟法、国际能源法、电子商务法、国际发展法、国际网络法、国际投资法、国际金融法、国际体育法、世贸组织法、海洋法和海商法等前沿学术领域,形成了学科研究方向齐全、学科发展水平一流、咨政服务能力突出、教学科研成果领先的鲜明特色。

但是,不管是作为教育部的人文社会科学重点研究基地,还是作为国家高端智库,仅仅依靠一个研究所的力量难以实现中国国际法理论的创新，难以实现中国从国际法的“被动适应者”向“主动引领者”的转变。当下，中国面临的问题在全球化进程中愈发凸显其复杂性，许多问题往往需要从不同学科、不同视角、不同谱系进行合理的理论解释、作出正确的政策选择；而不同学者、学术机构、智库在不同领域具有相对优势，或者因所在区域不同而存在区域政策问题的竞争优势。因此，团结、组织中国国际法学者共同攻关、协同创新是获得国际竞争优势、创新中国国际法理论，进而实现中国从国际法的“被动适应者”向“主动引领者”转变的必由之路。正是出于这种考虑，我们与法律出版社合作出版“国际法文库”，希望集中展示中国学者的国际法著述和学术见解，及时传播国外国际法学界的最新研究成果，协同研究中国面临的重大国际法实践问题，不断增强中国国际法理论的国际话语权，不断提升中国国际法制度的国际吸引力，不断提高中国国际法实践的国际影响力。

因此，“国际法文库”将面向中国国际法理论界和实务界广泛征集选题，通过自荐与他荐相结合的方式，由丛书编辑委员会根据其学术性、思想性和创新性决定出版选题。本文库分为专著系列、译著系列、实务系列和文集系列。

专著系列旨在集中呈现中国学者在国际法领域的理论研究成果，引导中国国际法学界关注国际学术动态、设置前沿学术议题、营造良好学术风气，推动中国国际法理论创新。以学术性和创新性为选题标准，主要出版中国学者关于国际法领域具体问题的创新性研究成果。

译著系列旨在全面推介国际社会国际法理论的经典著作和最新成果，促进中外国际法理论的交流与交锋，促使中外国际法实践的互动与创新。以思想性与新颖性为选题标准，主要出版国际社会在20世纪90年代以后创作或再版的国际法著作的译作。

实务系列旨在在中国国际法理论研究和实践运用之间架起桥梁，促使中国国际法研究更加贴近国家和社会的现实需要，在国际法理论的支撑下运用国际法规则分析和解决实践中出现的问题。以对策性与实用性为选题标准，主要出版针对实践中的国际法问题，特别是与中国密切相关的国际法问题的著作，强调贴合国家对外交往实际需要，关注操作层面的问题选择、分析和解决方案。

文集系列旨在及时反映中国国际法学界举办的学术会议成果，提高学术交流的质量，加强学术交流的深度，扩大学术交流的影响。以新颖性与可行性为选题标准，主要出版能够设置学术议题、引领理论前沿的论文集。

我们相信，在中国国际法学界同仁的关心、支持与积极参与下，“国际法文库”一定能够实现上述目的，为中国国际法的理论创新、制度变革和实践引领贡献她应有的智慧、发挥她应有的作用。

*

2017 年元旦于武汉

---

* 肖永平，武汉大学国际法研究所所长，长江学者，法学教授，中国国际私法研究会常务副会长。

Contents

目录

推动共建丝绸之路经济带和21世纪海上丝绸之路的愿景与行动

国家发展改革委、外交部、商务部

2015年3月

前　言

2000多年前,亚欧大陆上勤劳勇敢的人民,探索出多条连接亚欧非几大文明的贸易和人文交流通路,后人将其统称为"丝绸之路"。千百年来,"和平合作、开放包容、互学互鉴、互利共赢"的丝绸之路精神薪火相传,推进了人类文明进步,是促进沿线各国繁荣发展的重要纽带,是东西方交流合作的象征,是世界各国共有的历史文化遗产。

进入21世纪,在以和平、发展、合作、共赢为主题的新时代,面对复苏乏力的全球经济形势,纷繁复杂的国际和地区局面,传承和弘扬丝绸之路精神更显重要和珍贵。

2013年9月和10月,中国国家主席习近平在出访中亚和东南亚国家期间,先后提出共建"丝绸之路经济带"和"21世纪海上丝绸之路"(以下简称"一带一路")的重大倡议,得到国际社会高度关注。中国国务院总理李克强参加2013年中国—东盟博览会时强调,铺就面向东盟的海上丝绸之路,打造带动腹地发展的战略支点。加快"一带一路"建设,有利于促进沿线各国经济繁荣与区域经济合作,加强不同文明交流互鉴,促进世界和平发展，是一项造福世界各国人民的伟大事业。

“一带一路”建设是一项系统工程，要坚持共商、共建、共享原则，积极推进沿线国家发展战略的相互对接。为推进实施“一带一路”重大倡议，让古丝绸之路焕发新的生机活力，以新的形式使亚欧非各国联系更加紧密，互利合作迈向新的历史高度，中国政府特制定并发布《推动共建丝绸之路经济带和21世纪海上丝绸之路的愿景与行动》。

一、时代背景

当今世界正发生复杂深刻的变化，国际金融危机深层次影响继续显现，世界经济缓慢复苏、发展分化，国际投资贸易格局和多边投资贸易规则酝酿深刻调整，各国面临的发展问题依然严峻。共建“一带一路”顺应世界多极化、经济全球化、文化多样化、社会信息化的潮流，秉持开放的区域合作精神，致力于维护全球自由贸易体系和开放型世界经济。共建“一带一路”旨在促进经济要素有序自由流动、资源高效配置和市场深度融合，推动沿线各国实现经济政策协调，开展更大范围、更高水平、更深层次的区域合作，共同打造开放、包容、均衡、普惠的区域经济合作架构。共建“一带一路”符合国际社会的根本利益，彰显人类社会共同理想和美好追求，是国际合作以及全球治理新模式的积极探索，将为世界和平发展增添新的正能量。

共建“一带一路”致力于亚欧非大陆及附近海洋的互联互通，建立和加强沿线各国互联互通伙伴关系，构建全方位、多层次、复合型的互联互通网络，实现沿线各国多元、自主、平衡、可持续的发展。“一带一路”的互联互通项目将推动沿线各国发展战略的对接与耦合，发掘区域内市场的潜力，促进投资和消费，创造需求和就业，增进沿线各国人民的人文交流与文明互鉴，让各国人民相逢相知、互信互敬，共享和谐、安宁、富裕的生活。

当前，中国经济和世界经济高度关联。中国将一以贯之地坚持对外开放的基本国策，构建全方位开放新格局，深度融入世界经济体系。推进“一带一路”建设既是中国扩大和深化对外开放的需要，也是加强和亚欧非及世界各国互利合作的需要，中国愿意在力所能及的范围内承担更多责任义务，为人类和平发展作出更大的贡献。

二、共建原则

恪守联合国宪章的宗旨和原则。遵守和平共处五项原则，即尊重各国主权和领土完整、互不侵犯、互不干涉内政、和平共处、平等互利。

坚持开放合作。“一带一路”相关的国家基于但不限于古代丝绸之路的范围,各国和国际、地区组织均可参与,让共建成果惠及更广泛的区域。

坚持和谐包容。倡导文明宽容,尊重各国发展道路和模式的选择,加强不同文明之间的对话,求同存异、兼容并蓄、和平共处、共生共荣。

坚持市场运作。遵循市场规律和国际通行规则,充分发挥市场在资源配置中的决定性作用和各类企业的主体作用,同时发挥好政府的作用。

坚持互利共赢。兼顾各方利益和关切,寻求利益契合点和合作最大公约数,体现各方智慧和创意,各施所长,各尽所能,把各方优势和潜力充分发挥出来。

三、框架思路

“一带一路”是促进共同发展、实现共同繁荣的合作共赢之路,是增进理解信任、加强全方位交流的和平友谊之路。中国政府倡议,秉持和平合作、开放包容、互学互鉴、互利共赢的理念,全方位推进务实合作,打造政治互信、经济融合、文化包容的利益共同体、命运共同体和责任共同体。

“一带一路”贯穿亚欧非大陆,一头是活跃的东亚经济圈,一头是发达的欧洲经济圈,中间广大腹地国家经济发展潜力巨大。丝绸之路经济带重点畅通中国经中亚、俄罗斯至欧洲(波罗的海);中国经中亚、西亚至波斯湾、地中海;中国至东南亚、南亚、印度洋。21世纪海上丝绸之路重点方向是从中国沿海港口过南海到印度洋,延伸至欧洲;从中国沿海港口过南海到南太平洋。

根据“一带一路”走向,陆上依托国际大通道,以沿线中心城市为支撑,以重点经贸产业园区为合作平台,共同打造新亚欧大陆桥、中蒙俄、中国—中亚—西亚、中国—中南半岛等国际经济合作走廊;海上以重点港口为节点,共同建设通畅安全高效的运输大通道。中巴、孟中印缅两个经济走廊与推进“一带一路”建设关联紧密,要进一步推动合作,取得更大进展。

“一带一路”建设是沿线各国开放合作的宏大经济愿景,需各国携手努力,朝着互利互惠、共同安全的目标相向而行。努力实现区域基础设施更加完善,安全高效的陆海空通道网络基本形成,互联互通达到新水平;投资贸易便利化水平进一步提升,高标准自由贸易区网络基本形成,经济联系更加紧密,政治互信更加深入;人文交流更加广泛深入,不同文明互鉴共荣,各国人民相知相交、和平友好。

四、合作重点

沿线各国资源禀赋各异，经济互补性较强，彼此合作潜力和空间很大。以政策沟通、设施联通、贸易畅通、资金融通、民心相通为主要内容，重点在以下方面加强合作。

政策沟通。加强政策沟通是“一带一路”建设的重要保障。加强政府间合作，积极构建多层次政府间宏观政策沟通交流机制，深化利益融合，促进政治互信，达成合作新共识。沿线各国可以就经济发展战略和对策进行充分交流对接，共同制定推进区域合作的规划和措施，协商解决合作中的问题，共同为务实合作及大型项目实施提供政策支持。

设施联通。基础设施互联互通是“一带一路”建设的优先领域。在尊重相关国家主权和安全关切的基础上，沿线国家宜加强基础设施建设规划、技术标准体系的对接，共同推进国际骨干通道建设，逐步形成连接亚洲各次区域以及亚欧非之间的基础设施网络。强化基础设施绿色低碳化建设和运营管理，在建设中充分考虑气候变化影响。

抓住交通基础设施的关键通道、关键节点和重点工程，优先打通缺失路段，畅通瓶颈路段，配套完善道路安全防护设施和交通管理设施设备，提升道路通达水平。推进建立统一的全程运输协调机制，促进国际通关、换装、多式联运有机衔接，逐步形成兼容规范的运输规则，实现国际运输便利化。推动口岸基础设施建设，畅通陆水联运通道，推进港口合作建设，增加海上航线和班次，加强海上物流信息化合作。拓展建立民航全面合作的平台和机制，加快提升航空基础设施水平。

加强能源基础设施互联互通合作，共同维护输油、输气管道等运输通道安全，推进跨境电力与输电通道建设，积极开展区域电网升级改造合作。

共同推进跨境光缆等通信干线网络建设，提高国际通信互联互通水平，畅通信息丝绸之路。加快推进双边跨境光缆等建设，规划建设洲际海底光缆项目，完善空中（卫星）信息通道，扩大信息交流与合作。

贸易畅通。投资贸易合作是“一带一路”建设的重点内容。宜着力研究解决投资贸易便利化问题，消除投资和贸易壁垒，构建区域内和各国良好的营商环境，积极同沿线国家和地区共同商建自由贸易区，激发释放合作潜力，做大做好合作"蛋糕"。

沿线国家宜加强信息互换、监管互认、执法互助的海关合作，以及检验检疫、认证认可、标准计量、统计信息等方面的双多边合作，推动世界贸易组织《贸易便利化协定》生效和实施。改善边境口岸通关设施条件，加快边境口岸"单一窗口"建设，降低通关成本，提升通关能力。加强供应链安全与便利化合作，推进跨境监管程序协调，推动检验检疫证书国际互联网核查，开展"经认证的经营者"(AEO)互认。降低非关税壁垒，共同提高技术性贸易措施透明度，提高贸易自由化便利化水平。

拓宽贸易领域，优化贸易结构，挖掘贸易新增长点，促进贸易平衡。创新贸易方式，发展跨境电子商务等新的商业业态。建立健全服务贸易促进体系，巩固和扩大传统贸易，大力发展现代服务贸易。把投资和贸易有机结合起来，以投资带动贸易发展。

加快投资便利化进程，消除投资壁垒。加强双边投资保护协定、避免双重征税协定磋商，保护投资者的合法权益。

拓展相互投资领域，开展农林牧渔业、农机及农产品生产加工等领域深度合作，积极推进海水养殖、远洋渔业、水产品加工、海水淡化、海洋生物制药、海洋工程技术、环保产业和海上旅游等领域合作。加大煤炭、油气、金属矿产等传统能源资源勘探开发合作，积极推动水电、核电、风电、太阳能等清洁、可再生能源合作，推进能源资源就地就近加工转化合作，形成能源资源合作上下游一体化产业链。加强能源资源深加工技术、装备与工程服务合作。

推动新兴产业合作，按照优势互补、互利共赢的原则，促进沿线国家加强在新一代信息技术、生物、新能源、新材料等新兴产业领域的深入合作，推动建立创业投资合作机制。

优化产业链分工布局，推动上下游产业链和关联产业协同发展，鼓励建立研发、生产和营销体系，提升区域产业配套能力和综合竞争力。扩大服务业相互开放，推动区域服务业加快发展。探索投资合作新模式，鼓励合作建设境外经贸合作区、跨境经济合作区等各类产业园区，促进产业集群发展。在投资贸易中突出生态文明理念，加强生态环境、生物多样性和应对气候变化合作，共建绿色丝绸之路。

中国欢迎各国企业来华投资。鼓励本国企业参与沿线国家基础设施建设和产业投资。促进企业按属地化原则经营管理，积极帮助当地发展经济、增加就业、改善民生，主动承担社会责任，严格保护生物多样性和生态环境。

资金融通。资金融通是“一带一路”建设的重要支撑。深化金融合作，推进亚洲货币稳定体系、投融资体系和信用体系建设。扩大沿线国家双边本币互换、结算的范围和规模。推动亚洲债券市场的开放和发展。共同推进亚洲基础设施投资银行、金砖国家开发银行筹建，有关各方就建立上海合作组织融资机构开展磋商。加快丝路基金组建运营。深化中国—东盟银行联合体、上合组织银行联合体务实合作，以银团贷款、银行授信等方式开展多边金融合作。支持沿线国家政府和信用等级较高的企业以及金融机构在中国境内发行人民币债券。符合条件的中国境内金融机构和企业可以在境外发行人民币债券和外币债券，鼓励在沿线国家使用所筹资金。

加强金融监管合作，推动签署双边监管合作谅解备忘录，逐步在区域内建立高效监管协调机制。完善风险应对和危机处置制度安排，构建区域性金融风险预警系统，形成应对跨境风险和危机处置的交流合作机制。加强征信管理部门、征信机构和评级机构之间的跨境交流与合作。充分发挥丝路基金以及各国主权基金作用，引导商业性股权投资基金和社会资金共同参与“一带一路”重点项目建设。

民心相通。民心相通是“一带一路”建设的社会根基。传承和弘扬丝绸之路友好合作精神，广泛开展文化交流、学术往来、人才交流合作、媒体合作、青年和妇女交往、志愿者服务等，为深化双多边合作奠定坚实的民意基础。

扩大相互间留学生规模，开展合作办学，中国每年向沿线国家提供 1 万个政府奖学金名额。沿线国家间互办文化年、艺术节、电影节、电视周和图书展等活动，合作开展广播影视剧精品创作及翻译，联合申请世界文化遗产，共同开展世界遗产的联合保护工作。深化沿线国家间人才交流合作。

加强旅游合作，扩大旅游规模，互办旅游推广周、宣传月等活动，联合打造具有丝绸之路特色的国际精品旅游线路和旅游产品，提高沿线各国游客签证便利化水平。推动 21 世纪海上丝绸之路邮轮旅游合作。积极开展体育交流活动，支持沿线国家申办重大国际体育赛事。

强化与周边国家在传染病疫情信息沟通、防治技术交流、专业人才培养等方面的合作，提高合作处理突发公共卫生事件的能力。为有关国家提供医疗援助和应急医疗救助，在妇幼健康、残疾人康复以及艾滋病、结核、疟疾等主要传染病领域开展务实合作，扩大在传统医药领域的合作。

加强科技合作，共建联合实验室（研究中心）、国际技术转移中心、海上合作中心，促进科技人员交流，合作开展重大科技攻关，共同提升科技创新能力。

整合现有资源，积极开拓和推进与沿线国家在青年就业、创业培训、职业技能开发、社会保障管理服务、公共行政管理等共同关心领域的务实合作。

充分发挥政党、议会交往的桥梁作用，加强沿线国家之间立法机构、主要党派和政治组织的友好往来。开展城市交流合作，欢迎沿线国家重要城市之间互结友好城市，以人文交流为重点，突出务实合作，形成更多鲜活的合作范例。欢迎沿线国家智库之间开展联合研究、合作举办论坛等。

加强沿线国家民间组织的交流合作，重点面向基层民众，广泛开展教育医疗、减贫开发、生物多样性和生态环保等各类公益慈善活动，促进沿线贫困地区生产生活条件改善。加强文化传媒的国际交流合作，积极利用网络平台，运用新媒体工具，塑造和谐友好的文化生态和舆论环境。

五、合作机制

当前，世界经济融合加速发展，区域合作方兴未艾。积极利用现有双多边合作机制，推动"一带一路"建设，促进区域合作蓬勃发展。

加强双边合作，开展多层次、多渠道沟通磋商，推动双边关系全面发展。推动签署合作备忘录或合作规划，建设一批双边合作示范。建立完善双边联合工作机制，研究推进"一带一路"建设的实施方案、行动路线图。充分发挥现有联委会、混委会、协委会、指导委员会、管理委员会等双边机制作用，协调推动合作项目实施。

强化多边合作机制作用，发挥上海合作组织（SCO）、中国—东盟"10+1"、亚太经合组织（APEC）、亚欧会议（ASEM）、亚洲合作对话（ACD）、亚信会议（CICA）、中阿合作论坛、中国—海合会战略对话、大湄公河次区域（GMS）经济合作、中亚区域经济合作（CAREC）等现有多边合作机制作用，相关国家加强沟通，让更多国家和地区参与"一带一路"建设。

继续发挥沿线各国区域、次区域相关国际论坛、展会以及博鳌亚洲论坛、中国—东盟博览会、中国—亚欧博览会、欧亚经济论坛、中国国际投资贸易洽谈会，以及中国—南亚博览会、中国—阿拉伯博览会、中国西部国际博览会、中国—俄罗斯博览会、前海合作论坛等平台的建设性作用。支持沿线国家地方、民间挖掘"一带一路"历史文化遗产，联合举办专项投资、贸易、文化交流活动，办好丝绸之路（敦煌）国际文化博览会、丝绸之路国际电影节和图书展。倡议建立"一带一路"国际高峰论坛。

六、中国各地方开放态势

推进“一带一路”建设，中国将充分发挥国内各地区比较优势，实行更加积极主动的开放战略，加强东中西互动合作，全面提升开放型经济水平。

西北、东北地区。发挥新疆独特的区位优势和向西开放重要窗口作用，深化与中亚、南亚、西亚等国家交流合作，形成丝绸之路经济带上重要的交通枢纽、商贸物流和文化科教中心，打造丝绸之路经济带核心区。发挥陕西、甘肃综合经济文化和宁夏、青海民族人文优势，打造西安内陆型改革开放新高地，加快兰州、西宁开发开放，推进宁夏内陆开放型经济试验区建设，形成面向中亚、南亚、西亚国家的通道、商贸物流枢纽、重要产业和人文交流基地。发挥内蒙古联通俄蒙的区位优势，完善黑龙江对俄铁路通道和区域铁路网，以及黑龙江、吉林、辽宁与俄远东地区陆海联运合作，推进构建北京—莫斯科欧亚高速运输走廊，建设向北开放的重要窗口。

西南地区。发挥广西与东盟国家陆海相邻的独特优势，加快北部湾经济区和珠江—西江经济带开放发展，构建面向东盟区域的国际通道，打造西南、中南地区开放发展新的战略支点，形成21世纪海上丝绸之路与丝绸之路经济带有机衔接的重要门户。发挥云南区位优势，推进与周边国家的国际运输通道建设，打造大湄公河次区域经济合作新高地，建设成为面向南亚、东南亚的辐射中心。推进西藏与尼泊尔等国家边境贸易和旅游文化合作。

沿海和港澳台地区。利用长三角、珠三角、海峡西岸、环渤海等经济区开放程度高、经济实力强、辐射带动作用大的优势，加快推进中国（上海）自由贸易试验区建设，支持福建建设21世纪海上丝绸之路核心区。充分发挥深圳前海、广州南沙、珠海横琴、福建平潭等开放合作区作用，深化与港澳台合作，打造粤港澳大湾区。推进浙江海洋经济发展示范区、福建海峡蓝色经济试验区和舟山群岛新区建设，加大海南国际旅游岛开发开放力度。加强上海、天津、宁波—舟山、广州、深圳、湛江、汕头、青岛、烟台、大连、福州、厦门、泉州、海口、三亚等沿海城市港口建设，强化上海、广州等国际枢纽机场功能。以扩大开放倒逼深层次改革，创新开放型经济体制机制，加大科技创新力度，形成参与和引领国际合作竞争新优势，成为“一带一路”特别是21世纪海上丝绸之路建设的排头兵和主力军。发挥海外侨胞以及香港、澳门特别行政区独特优势作用，积极参与和助力“一带一路”建设。为台湾地区参与“一带一路”建设作出妥善安排。

内陆地区。利用内陆纵深广阔、人力资源丰富、产业基础较好优势,依托长江中游城市群、成渝城市群、中原城市群、呼包鄂榆城市群、哈长城市群等重点区域,推动区域互动合作和产业集聚发展,打造重庆西部开发开放重要支撑和成都、郑州、武汉、长沙、南昌、合肥等内陆开放型经济高地。加快推动长江中上游地区和俄罗斯伏尔加河沿岸联邦区的合作。建立中欧通道铁路运输、口岸通关协调机制,打造"中欧班列"品牌,建设沟通境内外、连接东中西的运输通道。支持郑州、西安等内陆城市建设航空港、国际陆港,加强内陆口岸与沿海、沿边口岸通关合作,开展跨境贸易电子商务服务试点。优化海关特殊监管区域布局,创新加工贸易模式,深化与沿线国家的产业合作。

七、中国积极行动

一年多来,中国政府积极推动"一带一路"建设,加强与沿线国家的沟通磋商,推动与沿线国家的务实合作,实施了一系列政策措施,努力收获早期成果。

高层引领推动。习近平主席、李克强总理等国家领导人先后出访20多个国家,出席加强互联互通伙伴关系对话会、中阿合作论坛第六届部长级会议,就双边关系和地区发展问题,多次与有关国家元首和政府首脑进行会晤,深入阐释"一带一路"的深刻内涵和积极意义,就共建"一带一路"达成广泛共识。

签署合作框架。与部分国家签署了共建"一带一路"合作备忘录,与一些毗邻国家签署了地区合作和边境合作的备忘录以及经贸合作中长期发展规划。研究编制与一些毗邻国家的地区合作规划纲要。

推动项目建设。加强与沿线有关国家的沟通磋商,在基础设施互联互通、产业投资、资源开发、经贸合作、金融合作、人文交流、生态保护、海上合作等领域,推进了一批条件成熟的重点合作项目。

完善政策措施。中国政府统筹国内各种资源,强化政策支持。推动亚洲基础设施投资银行筹建,发起设立丝路基金,强化中国—欧亚经济合作基金投资功能。推动银行卡清算机构开展跨境清算业务和支付机构开展跨境支付业务。积极推进投资贸易便利化,推进区域通关一体化改革。

发挥平台作用。各地成功举办了一系列以"一带一路"为主题的国际峰会、论坛、研讨会、博览会,对增进理解、凝聚共识、深化合作发挥了重要作用。

八、共创美好未来

共建"一带一路"是中国的倡议,也是中国与沿线国家的共同愿望。站在新的起点上，中国愿与沿线国家一道，以共建“一带一路”为契机，平等协商，兼顾各方利益，反映各方诉求，携手推动更大范围、更高水平、更深层次的大开放、大交流、大融合。“一带一路”建设是开放的、包容的，欢迎世界各国和国际、地区组织积极参与。

共建“一带一路”的途径是以目标协调、政策沟通为主，不刻意追求一致性，可高度灵活，富有弹性，是多元开放的合作进程。中国愿与沿线国家一道，不断充实完善“一带一路”的合作内容和方式，共同制定时间表、路线图，积极对接沿线国家发展和区域合作规划。

中国愿与沿线国家一道，在既有双多边和区域次区域合作机制框架下，通过合作研究、论坛展会、人员培训、交流访问等多种形式，促进沿线国家对共建“一带一路”内涵、目标、任务等方面的进一步理解和认同。

中国愿与沿线国家一道，稳步推进示范项目建设，共同确定一批能够照顾双多边利益的项目，对各方认可、条件成熟的项目抓紧启动实施，争取早日开花结果。

“一带一路”是一条互尊互信之路，一条合作共赢之路，一条文明互鉴之路。只要沿线各国和衷共济、相向而行，就一定能够谱写建设丝绸之路经济带和21世纪海上丝绸之路的新篇章，让沿线各国人民共享“一带一路”共建成果。

（资料来源：人民网：http://ydyl. people. com. cn/n1/2017/0425/c411837 - 29235511. html）

共同推动认证认可服务“一带一路”建设的愿景与行动

国家认证认可监督管理委员会
2015年6月9日

2000多年前，亚欧大陆上勤劳勇敢的人民开拓出了连接亚欧非几大文明的“丝绸之路”，形成了“和平合作、开放包容、互学互鉴、互利共赢”的丝绸之路精神。从此，丝绸之路开启了便利区域贸易往来，推进沿线经济繁荣的历史时代。

千百年来，丝绸之路精神代代相传，不断增进着各国人民的相互联系和信任。认证认可，作为国际通行的质量管理手段和贸易便利化工具，为全球贸易和各国经济可持续发展发挥了越来越重要的作用。中国坚持开放战略，遵循国际规则，构建了中国特色认证认可体系，全方位参与和推动国际合作互认进程。在中国政府高度重视和社会各方大力推动下，中国认证认可事业蓬勃发展。认证认可已经成为推动中国经济可持续发展的质量基础，成为中国与世界紧密联系、相互信任、共同发展的桥梁纽带。遵循国际通行规则，尊重各方利益诉求，与世界各国共同推动认证认可的优良实践，是中国自身发展的经验，也是面向未来的愿景。

2015年3月，中国政府授权发布《推动共建丝绸之路经济带和21世纪海上丝绸之路的愿景与行动》，提出了中国和沿线各国共建“一带一路”的合作倡议，明确将认证认可作为合作重点，彰显了认证认可的核心价值，体现了互利共赢的共同需要，为深化沿线国家认证认可合作提供了路径指引。

为了推动“一带一路”沿线国家在认证认可领域开展更大范围、更高水平、更深层次的务实合作，中华人民共和国国家认证认可监督管理局特制定《共同推动认证认可服务“一带一路”建设的愿景与行动》。

一、总体思路

秉持共商、共建、共享的理念，遵循国际通行规则，立足各国国情实际，坚持互信互鉴、合作共赢，在平等协商、兼顾各方利益的基础上，积极推进与“一带一路”建设相适应的认证认可合作互认进程，共同提高技术性贸易措施透明度，共同促进认证认可制度创新发展，共同推动互联互通建设，共同提升贸易自由化便利化水平，共同服务区域经济高质量、可持续发展。

二、基本原则

坚持开放合作。倡议各国政府主管部门、从业机构、合格评定用户、社会公众以及国际性区域性组织广泛参与，推动认证认可国际合作向着更加开放、更加包容、更加互惠方向发展。

坚持互尊互信。尊重各国在认证认可领域标准多元、法规各异现状，尊重各方的自主性选择和差异化需求，在相互沟通、相互协商的基础上增进互信。

坚持互学互鉴。相互学习借鉴各国在认证认可领域的发展成果与管理经验，取长补短，共同发展。

坚持互利共赢。兼顾各方利益诉求，寻求基于各方利益最大公约数的合作途径及互认安排，让合作成果惠及各国企业及人民。

三、合作重点

(一)加强政策沟通和技术交流

加强各国政府主管部门在认证认可政策法规等方面的沟通，以及在相关国际事务中的磋商和协调，增进相互了解和信任，在政策制定和制度安排上相向而行，避免不合理、不必要的障碍。鼓励各国从业机构开展技术交流，共同推动认证认可的优良实践。倡导建立涵盖认证认可各领域的信息交流机制，提升技术性贸易措施透明度，实现沿线国家资源共享。

中方将不断提高合格评定政策的透明度，通过WTO通报机制、对话机制等双多边渠道，让国际社会及时、充分了解中国认证认可政策和工作动态；同时愿与有关各方共同建立认证认可信息共享及快速通报平台，相互通报证书、机构、人员和执法监管信息。

（二）推进认证认可国际互认

加快认证认可双多边互认进程，促进认证认可、检验检测证书国际互认。基于各国差异化现实，积极寻求等效性、一致性的解决途径，共同开展国别制度研究、标准比对、能力验证等活动，推进认可和人员认证的互认，以能力互信促进结果互认；面对新能源、电子商务等新兴产业全球发展态势，以及气候变化、非传统安全等共同关切，加快可再生能源、低碳、跨境电子商务等新领域互认进程；围绕产能合作、基础设施互联互通等现实需要，推动各方在共同感兴趣领域制定认证认可共通标准和一致性程序，最终实现“一个标准、一张证书、区域通行”。

中方积极推动现有双多边互认机制发挥更加积极作用，将采取措施在人员认证、工厂检查、食品卫生注册等领域扩大互认范围；同时愿意与有关各方展开磋商，达成新的双多边互认成果。

（三）提升认证认可服务能力

从各国发展需求出发，共同推动认证认可与产业经济的深度融合，提升认证认可服务经贸发展的能力。共同应对质量安全挑战，推进基于认证认可的供应链安全与便利化合作，确保互供产品质量安全；共同适应产业变革趋势，加强各方在认证认可标准、技术层面的合作，推进认证认可标准和技术规范的更新；共同提升互联互通水平，促进各方在认证认可基础设施上的互援互助，鼓励认可组织提供国际化服务，推动各国质量基础共建共享。

中方愿为沿线国家提供更多的认证认可技术交流培训机会，为各国合格评定能力建设提供力所能及的帮助；同时欢迎有关各方为中国合格评定能力提升发挥更加积极的作用。

（四）促进检验检测认证市场开放

在相互开放、互利共赢的基础上，共同培育开发检验检测认证市场，营造开放透明、公平竞争的市场环境，鼓励各国检验检测认证机构开展市场整合和区域合作，为目标用户提供本土化服务，促进认证认可和检验检测服务贸易。

中方将进一步扩大国内检验检测认证领域的开放，欢迎外资进入中国检验检测认证市场，将为外资在华设立机构提供更多便利；同时愿意与各国共同开发检验检测认证市场,为当地企业提供更加便捷优良的合格评定服务。

四、合作机制

完善多边合作体系。充分发挥现有多边互认体系的积极作用,推动各政府间和非政府国际组织开展认证认可对话,倡导沿线国家积极参与多边合作互认活动,表达合理利益诉求,协调各方立场行动。中方倡议共同举办“一带一路”认证认可国际研讨会,促进沿线国家认证认可领域相互信任和共同发展。

健全双边合作机制。充分发挥现有双边机制作用,建立多层面、多领域的双边合作渠道,推动双边认证认可合作与双边经贸合作同步发展。中方愿与有关国家加强现有双边机制下认证认可合作,落实既有合作成果,共同提出新的合作安排。

加强行业层面和地方层面合作。积极发挥从业机构参与国际合作的积极性,在各种多双边合作安排中充分吸收从业机构参与,支持各国从业机构间合作互认安排。鼓励地方部门参与双多边合作,在整体合作框架下开展对等合作交流,发挥地缘优势促进区域合作发展。

中华人民共和国国家认证认可监督管理局愿携手沿线国家及有关各方,共同继承和发扬丝绸之路精神,积极推动务实合作,促进认证认可领域互信互认,惠及沿线国家、企业、人民。

(资料来源:中国国家认证认可监督管理委员会网:http://www.cnca.gov.cn/rdzt/2017/ydyl/yj/201711/t20171108_55613.shtml)

关于人民法院为“一带一路”建设提供司法服务和保障的若干意见

最高人民法院

2015 年 6 月 16 日

“一带一路”(丝绸之路经济带和 21 世纪海上丝绸之路),是以习近平同志为总书记的党中央,主动应对全球形势深刻变化、统筹国内国际两个大局作出的重大战略决策。为充分发挥人民法院审判职能作用,有效服务和保障“一带一路”建设的顺利实施,提出以下指导意见。

一、统一思想,提高认识,切实增强为“一带一路”建设提供司法服务和保障的责任感与使命感

1. 深刻认识“一带一路”建设的重大意义和人民法院肩负的重要使命。“一带一路”传承和发扬古代丝绸之路“和平合作、开放包容、互学互鉴、互利共赢”精神,高举和平、发展、合作、共赢旗帜,秉持亲诚惠容的外交理念,遵循共商、共建、共享原则,旨在凝聚各国共识和力量,实现政策沟通、道路联通、贸易畅通、货币流通、民心相通的“五通”蓝图,打造政治互信、经济融合、文化包容的利益共同体、命运共同体和责任共同体。“一带一路”建设的实施,将对开创我国全方位对外开放新格局、推动经济增长、促进和平发展产生现实而深远的影响。在“一带一路”建设中,法治是重要保障,司法的作

用不可或缺。各级人民法院要深入学习贯彻党和国家关于“一带一路”建设的重大决策以及习近平总书记的系列重要论述,充分认识肩负的神圣职责,自觉担当时代使命,主动服务和融入“一带一路”建设进程。

2. 准确把握“一带一路”建设司法服务和保障的内涵与基本要求。要积极回应“一带一路”建设中外市场主体的司法关切和需求,大力加强涉外刑事、涉外民商事、海事海商、国际商事海事仲裁司法审查和涉自贸区相关案件的审判工作,为“一带一路”建设营造良好法治环境。要全面贯彻法律平等原则,坚持平等保护中外当事人的合法权益,有效维护公平竞争、诚实守信、和谐共赢的区域大合作环境。要全面统筹协调,找准人民法院工作与“一带一路”建设的结合点和着力点,研究规律性,突出前瞻性,富于创新性,全面提升人民法院涉外审判工作水平。要立足我国实际,坚定不移走中国特色社会主义法治道路,积极开展与沿线各国的司法国际合作交流,夯实“一带一路”建设的法治基础。

二、充分发挥审判职能作用,提升“一带一路”建设司法服务和保障的国际公信力

3. 充分发挥刑事审判职能作用,为“一带一路”建设营造和谐稳定的社会环境。要加强刑事审判工作,深化与“一带一路”沿线国家刑事司法合作,严厉打击暴力恐怖势力、民族分裂势力、宗教极端势力,严厉惩处海盗、贩毒、走私、洗钱、电信诈骗、网络犯罪、拐卖人口等跨国犯罪。要妥善审理国际投资、国际贸易、跨国金融、港口、航运、仓储、物流等领域刑事案件,坚持罪刑法定,严格办案程序,把握好刑事政策尺度和罪与非罪界限,确保每一起案件都经得起法律和历史的检验。

4. 公正高效审理涉“一带一路”建设相关案件,营造公平公正的营商投资环境。要密切关注新亚欧大陆桥经济走廊建设等国际经济合作,依法及时审理相关的基础设施建设、经贸往来、产业投资、能源资源合作、金融服务、生态环境、知识产权、货物运输、劳务合作等涉外民商事案件,依法积极保障“走出去”“引进来”战略实施。要密切关注重点港口、航运枢纽等海上战略通道建设,依法及时妥善审理相关的港口建设、航运金融、海上货物运输、海洋生态保护等海事海商案件,依法促进海洋强国战略。要正确理解和把握自贸区建设有关“准入前国民待遇”和“负面清单”的相关规定和政策,处理好当事人意思自治与行政审批的关系,及时修订和调整相关司法政策,严格限制认定合同无效的范围,促进

对外开放。要严格贯彻对中外当事人平等保护原则,坚持各类市场主体的诉讼地位平等、法律适用平等、法律责任平等。

5. 依法行使司法管辖权,为中外市场主体提供及时、有效的司法救济。要充分尊重“一带一路”建设中外市场主体协议选择司法管辖的权利,通过与沿线各国友好协商及深入开展司法合作,减少涉外司法管辖的国际冲突,妥善解决国际间平行诉讼问题。要遵循国际条约和国际惯例,科学合理地确定涉沿线国家案件的连结因素,依法行使司法管辖权,既要维护我国司法管辖权,同时也要尊重沿线各国的司法管辖权,充分保障“一带一路”建设中外市场主体的诉讼权利。要严格落实《最高人民法院关于人民法院登记立案若干问题的规定》,对依法应当受理的涉“一带一路”建设相关案件,一律接收诉状,当场登记立案,依法尽快做出裁判,及时解决纠纷。要进一步完善境外当事人身份查明、境外证据审查、境外证人作证等制度,最大限度方便中外当事人诉讼。

6. 加强与“一带一路”沿线各国的国际司法协助,切实保障中外当事人合法权益。要积极探讨加强区域司法协助,配合有关部门适时推出新型司法协助协定范本,推动缔结双边或者多边司法协助协定,促进沿线各国司法判决的相互承认与执行。要在沿线一些国家尚未与我国缔结司法协助协定的情况下,根据国际司法合作交流意向、对方国家承诺将给予我国司法互惠等情况,可以考虑由我国法院先行给予对方国家当事人司法协助,积极促成形成互惠关系,积极倡导并逐步扩大国际司法协助范围。要严格依照我国与沿线国家缔结或者共同参加的国际条约,积极办理司法文书送达、调查取证、承认与执行外国法院判决等司法协助请求,为中外当事人合法权益提供高效、快捷的司法救济。

7. 依法准确适用国际条约和惯例,准确查明和适用外国法律,增强裁判的国际公信力。要不断提高适用国际条约和惯例的司法能力,在依法应当适用国际条约和惯例的案件中,准确适用国际条约和惯例。要深入研究沿线各国与我国缔结或共同参加的贸易、投资、金融、海运等国际条约,严格依照《维也纳条约法公约》的规定,根据条约用语通常所具有的含义按其上下文并参照条约的目的及宗旨进行善意解释,增强案件审判中国际条约和惯例适用的统一性、稳定性和可预见性。要依照《涉外民事关系法律适用法》等冲突规范的规定,全面综合考虑法律关系的主体、客体、内容、法律事实等涉外因素,充分尊重当事人选择准据法的权利,积极查明和准确适用外国法,消除沿线各国中外当事人国际商事往来中的法律疑虑。要注意沿线不同国家当事人文化、法律背景的差异,适用公正、自由、平等、诚信、理性、秩序以及合同严守、禁止反言等国际公认的法律价值理念和法律原则，通俗、简洁、全面、严谨地论证说理，增强裁判的说服力。

8. 依法加强涉沿线国家当事人的仲裁裁决司法审查工作，促进国际商事海事仲裁在“一带一路”建设中发挥重要作用。要正确理解和适用《承认及执行外国仲裁裁决公约》（以下简称《纽约公约》），依法及时承认和执行与“一带一路”建设相关的外国商事海事仲裁裁决，推动与尚未参加《纽约公约》的沿线国家之间相互承认和执行仲裁裁决。要探索完善撤销、不予执行我国涉外、涉港澳台仲裁裁决以及拒绝承认和执行外国仲裁裁决的司法审查程序制度，统一司法尺度，支持仲裁发展。实行商事海事仲裁司法审查案件统一归口的工作机制，确保商事海事仲裁司法审查标准统一。要探索司法支持贸易、投资等国际争端解决机制充分发挥作用的方法与途径，保障沿线各国双边投资保护协定、自由贸易区协定等协定义务的履行，支持“一带一路”建设相关纠纷的仲裁解决。

三、建立完善工作机制，为“一带一路”建设营造良好的法治环境

9. 深化改革、强化公开，不断提升涉外案件的国际影响力和公信力。要积极探索主审法官、合议庭办案责任制，探索将相关新类型案件集中到涉外审判部门审理，进一步发挥专业化审判的优势。要根据第四次全国涉外商事海事审判工作会议精神，及时总结海事审判管辖制度改革试点经验，推广将与海事密切关联的部分海事行政案件纳入海事法院专门管辖等，从体制机制方面有效保护海洋经济和海洋生态文明，不断巩固我国亚太地区海事司法中心地位。要强化司法公开，充分发挥涉外司法的国际窗口作用，不断满足中外当事人的知情权。要研究制定人民法院接受外国公民申请旁听案件庭审的具体办法，为外国公民旁听案件提供便利条件，积极邀请沿线各国驻华使节、国际合作交流人员旁听典型案件庭审，回应国际社会关切。

10. 建立常态化调研指导机制，增强工作的系统性与针对性。要将“一带一路”建设司法保障作为一项常规性工作抓紧抓实，坚持近期问题与长期应对相结合，坚持司法专门保障与国家整体推进相结合，坚持司法职能与中央战略规划、地方实际相结合，及时研究“一带一路”建设中的司法需求和司法政策。要深入分析研判“一带一路”建设各类相关案件的特点和规律，加强司法解释和案例指导，规范自由裁量，统一法律适用，及时为市场活动提供指引。要建立健全涉“一带一路”相关案件的专项统计分析制度，发布典型案例，及时向有关部门

和社会发出司法建议和司法信息,有效预防法律风险。要与国家和地方相关部门建立沟通联系机制,深入研究国际法规则和沿线国家法律法规,提出前瞻性应对策略,增强推进“一带一路”建设的整体合力。

11. 支持发展多元化纠纷解决机制,依法及时化解涉“一带一路”建设的相关争议争端。要充分尊重当事人根据“一带一路”沿线各国政治、法律、文化、宗教等因素作出的自愿选择,支持中外当事人通过调解、仲裁等非诉讼方式解决纠纷。要进一步推动完善商事调解、仲裁调解、人民调解、行政调解、行业调解、司法调解联动工作体系,发挥各种纠纷解决方式在解决涉“一带一路”建设争议争端中的优势,不断满足中外当事人纠纷解决的多元需求。

12. 拓展国际司法交流宣传机制,增进沿线各国的法治认同。要充分发挥上海合作组织最高法院院长会议、中国—东盟大法官论坛、亚太首席大法官会议、金砖国家大法官会议等现有多边合作机制,办好区域国际司法论坛,共同研讨解决“一带一路”建设中的相关问题,与沿线各国携手打造稳定透明、公平公正的“一带一路”国际法治环境。要推动建立新机制,进一步加强我国与沿线国家司法机构之间的交流与合作,建立外国法查明工作平台,支持国内相关单位与“一带一路”沿线国家高等院校、科研机构之间积极开展法学交流活动,增进国际社会对中国司法的了解,促进各国法治互信。

13. 积极参与相关国际规则制定,不断提升我国司法的国际话语权。要进一步拓宽国际司法交流渠道,密切关注亚洲投资银行、丝路基金建设的进展,及时研究相关的国际金融法、国际贸易法、国际投资法、国际海事规则等国际法的发展趋势,积极参与和推动相关领域国际规则制定。

四、加强工作指导、组织保障和信息化建设,不断提高司法服务和保障“一带一路”建设的能力与水平

14. 加强经验总结和工作指导,确保“一带一路”建设的司法服务和保障工作扎实有序推进。要充分发挥地方各级人民法院积极性,鼓励地方法院立足本地实际,发挥各自优势,积极探索,创造有益经验,促进服务和保障工作深入开展。要根据“一带一路”建设的推进重点,加强重点示范,发挥其示范引领作用。要注意总结司法保障工作的经验做法,推广可复制、可借鉴的先进经验和典型案(事)例。要加强宏观指导,强化分工落实,抓好督促检查和案件评估,不断增强“一带一路”建设司法保障能力。

15.加强专业人才培养，不断提升与“一带一路”建设相适应的司法能力。要制定培养规划，加强专题专项培训，加快建立专门的审判队伍。要加强业务能力培训，强化“一带一路”建设相关知识的学习，增强司法综合素质。要拓展法官国际视野，鼓励法官参加国际交流，提高法官应对处理国际事务的能力，努力造就一批能够站在国际法律理论前沿、在国际民商事海事审判领域具有国际影响的法官。

16.加强信息化建设，全面提高“一带一路”建设司法服务和保障工作的实效和水平。要围绕公开、透明、便捷、高效、共享、互通的原则，加强“一带一路”建设司法保障信息化建设的顶层设计，坚持创新驱动，推进信息技术与审判业务深度融合，信息技术与司法公开深度融合，信息技术与司法便民深度融合，构建符合信息时代特征的网络法院、阳光法院和智慧法院。要高度重视相关工作的舆论引导和宣传工作，建设最高人民法院和涉外商事海事审判英文网站，充分运用新媒体技术，对“一带一路”建设司法服务和保障进行宣传，打造对外交流宣传平台，通过多种方式向国际社会提供及时、全面、详实的涉“一带一路”建设的法治信息，全面展示我国司法建设和法治建设的成就。

（资料来源：中华人民共和国最高人民法院网：http://www.court.gov.cn/zixun－xiangqing－14900.html）

关于加强和规范“一带一路”对外交流平台审核工作的通知

推进“一带一路”建设工作领导小组办公室
2015 年 10 月 11 日

各省、自治区、直辖市人民政府、新疆生产建设兵团办公厅，领导小组各成员单位办公厅（室），有关单位办公厅（室）：

党中央、国务院印发《丝绸之路经济带和21 世纪海上丝绸之路建设战略规划》（以下简称《国家战略规划》）以来，各级党政机关、人民团体和有关社团认真贯彻落实中央部署，积极参与“一带一路”战略实施，筹划搭建对外交流平台，陆续提出举办以“一带一路”冠名的论坛、展会和节庆活动（以下统称“对外交流平台”）的要求。按照《中共中央办公厅　国务院办公厅关于印发〈党政机关境内举办展会活动管理办法〉的通知》（中办发〔2015〕33 号）、《中共中央办公厅　国务院办公厅关于印发〈节庆活动管理办法（试行）〉的通知》（中办发〔2012〕18 号）和全国清理和规范庆典研讨会论坛活动工作领导小组《关于加强和规范论坛管理的通知》（国清组函〔2014〕152 号）的有关规定，对外交流平台实行中央和省分级审批制度，党中央、国务院负责审批的对外交流平台，需由有关行业主管部门出具同意举办的复函。按此规定，推进“一带一路”建设工作领导小组（以下简称“领导小组”）办公室负责对报党中央、国务院审批的以“一带一路”冠名的对外交流平台提出审核意见。根据《国家战略规划》确定的“完善对外交流平台”的要求和领导小组第二次全体会议精神，我办将加强和规范“一带一路”对外交流平台审核工作，推进对外交流平台有序建设。现就我办在处理相关事项时把握的尺度通知如下：

一、支持《国家战略规划》确定的对外交流平台发挥建设性作用

对《国家战略规划》确定的对外交流平台，以及已列入经领导小组批准的年度重点工作和重点项目、《三年滚动计划》的对外交流平台，我办将从平台功能定位、活动内容、举办时间、规模、周期等方面进行认真把关，并提出意见建议。按照“形成各有侧重、主题鲜明、特色突出的平台体系”要求，发挥好这些平台在推进“一带一路”战略中的建设性作用。

二、原则上不再支持新设对外交流平台

为避免对外交流平台过多过杂，在已明确的支持范围以外，原则上不再支持新设对外交流平台。如确因工作需要新设的，需按程序严格审批。各有关方面可以充分利用现有对外交流平台，赋予其“一带一路”研讨、宣介功能。《国家战略规划》已明确举办“一带一路”国际高峰论坛，旨在搭建一个长期稳定的高规格对话平台，向国际社会正确诠释“一带一路”核心价值理念，与沿线国家深入探讨路线图和行动纲领，凝聚多方面共识、形成合力，加强与沿线国家及国际社会的沟通、交流与协商，为全方位推进务实合作指明方向、奠定基础。领导小组有关成员单位正按照职责分工，抓紧研究制定国际高峰论坛方案。有关方面认为确有必要举办的论坛、研讨会，可申请作为高峰论坛的一个分论坛或专门议题。在筹办高峰论坛过程中，我办将协调有关部门统筹研究。

三、严格遵守党政机关参与对外交流平台活动的相关规定

按照中央有关规定，党政机关原则上不以支持、协办、指导、赞助等方式参与举办对外交流平台有关活动；未经批准，领导干部不出席对外交流平台相关活动。我办将严格遵守上述规定，不以办公室或办公室成员单位部门名义参与举办对外交流平台，未经上级领导批准，领导干部不出席对外交流平台的相关活动。

请各地方、各部门参照以上尺度，安排好本地、本部门“一带一路”对外交流平台相关工作。

（资料来源：中华人民共和国国家认证认可监督管理委员会网：http://www.cnca.gov.cn/rdzt/2017/ydyl/qwfb/201705/t20170531_54408.shtml）

标准联通“一带一路”行动计划(2015—2017)

“一带一路”建设工作领导小组
2015年10月22日

为贯彻落实《推动共建丝绸之路经济带和21世纪海上丝绸之路的愿景与行动》(以下简称《愿景与行动》)中提出的各项标准化工作任务,充分发挥标准化在推进“一带一路”建设中的基础和支撑作用,制定本行动计划。

一、指导思想

全面贯彻党的十八大和十八届三中、四中全会精神,深入贯彻落实习近平总书记系列重要讲话精神,主动适应经济发展新常态,积极培育国际竞争新优势,紧密围绕“政策沟通、设施联通、贸易畅通、资金融通、民心相通”的总体要求,不断深化与“一带一路”沿线国家标准化双多边合作和互联互通,大力推动中国标准“走出去”,加快提高标准国际化水平,全面服务“一带一路”建设。

二、工作目标

以“推动标准‘走出去’、促进投资贸易便利化、深化国际合作、提升标准国际化水平、支撑互联互通建设”为目标,全面对接服务《愿景与行动》,力争尽快形成加快标准“走出去”,助推国际产能和装备制造合作,完善推动标准“走出去”的政策措施;深化与沿线重点国家标准化互利合作,加快推进标准互认;促进共同制定国际标准,提升标准国际化水平;组织翻译500项急需的国家标准、行业标准的外文版,支撑设施联通和贸易畅通;组织开展重点国别大宗贸易商品标准比对分析,提升标准信息服务水平;建设东盟农业标准化示范区,以点带面,积极推广国内农业标准和管理经验;开展专家交流和人才培训,支持标准化能力建设,不断提升沿线国家的标准化水平。

三、工作原则

(一)统筹规划,需求导向

紧密围绕《愿景与行动》提出的任务要求,立足于建立和深化与沿线国家的标准化务实合作,更好地发挥政府宏观谋划、政策支持和指导服务作用,作好顶层设计。同时面向重要产业、重点企业,瞄准技术、产品和服务“走出去”过程中对标准化的迫切需求,确定标准联通“一带一路”的重点国别、优先领域和关键项目。

(二)分工负责,协同推进

充分发挥各级标准化主管部门作用,调动企业、相关标准化和专业研究机构、标准化技术委员会和区域标准化研究中心的积极性,加强全局规划和统筹管理,形成分工协作、步调一致、共同推进的工作格局。

(三)突出重点,以点带面

聚焦《愿景与行动》中明确的标准化工作和任务,把握重点方向,抓好重点项目,充分发挥在沿线国家重大建设项目和标准化示范区的引领带动效应,形成可复制推广的经验,逐步推进与沿线国家更加全面的合作。

(四)内外联动,互利共赢

秉承全方位开放精神,加强与“一带一路”沿线国家的协调沟通,综合考虑沿线国家发展战略、产业布局、合作诉求,寻求利益汇合点,在此基础上,探索与沿线国家建立标准化合作长效机制,广泛吸纳各方共同参与、共同建设、共同发展。

四、重点任务

(一)制定完善中国标准“走出去”专项规划和政策措施。针对重点国家、优先领域、关键项目，提出标准“走出去”规划，在国际产能和装备制造合作重点领域，制定实施《加快中国标准“走出去”，助推国际产能和装备制造合作工作方案》。研究制定翻译出版国家标准外文版快速程序、中国标准海外授权使用版权政策等相关管理办法，完善推动标准“走出去”的政策环境。

（二）深化与沿线重点国家的标准化互利合作。以经中亚、俄罗斯至欧洲，经中亚、西亚至波斯湾、地中海，以及东盟国家和南亚国家等为重点方向，以中蒙俄、中国—中亚—西亚等国际经济合作走廊为重点，寻求利益契合点，研究构建稳定通畅的标准化合作机制。

着力推动与蒙古、俄罗斯、哈萨克斯坦、塔吉克斯坦、乌兹别克斯坦、越南、柬埔寨、泰国、马来西亚、新加坡、印尼、印度、亚美尼亚、海合会标准化组织及沙特等主要海合会国家、埃及和苏丹等重点国家标准化机构签署标准化合作协议，积极推动与阿塞拜疆探讨解决标准化合作问题。探索形成沿线国家认可的标准互认程序与工作机制，加快推进标准互认工作。

聚焦沿线重点国家产业需求，充分发挥各行业、地方、企业、学协会和产业技术联盟作用，建立标准化合作工作组，深化关键项目的标准化务实合作。在钢铁、有色、铁路、公路、水运工程、石油天然气等领域，配合我国海外工程服务推广中国标准。

（三）推动共同制定国际标准。认真履行我国担任国际标准化组织常任理事国和技术机构负责人的职责。鼓励各行业实质性参与相关专业性国际、区域组织的标准化活动。发挥骨干企业积极性，在电力、铁路、海洋、航空航天等基础设施领域，节能环保、新一代信息技术、智能交通、高端装备制造、生物、新能源、新材料等新兴产业领域，以及中医药、烟花爆竹、茶叶、纺织、制鞋等传统优势领域，依托我国具有优势的技术标准，主动联系沿线重点国家开展国际标准研究，共同制定国际标准，提升标准国际化水平。在对双方产业均有重要影响的领域，联合推动国际标准化组织成立新技术机构。

（四）组织翻译优先领域急需标准外文版。围绕装备、产能、动植物检疫等“走出去”优先领域，发挥国内专业标准化技术委员会的平台作用，开展面向“一带一路”沿线国家标准“走出去”需求调研，梳理形成优先领域标准外文版目录，分步下达国家标准外文版制定计划。优先组织开展服务设施联通、贸易畅通等急需的铁路、公路、水运工程、电力、海洋、冶金、建材、工程机械、航空航天、中医药等领域500项国家、行业标准外文版翻译及出版工作。

（五）开展大宗进出口商品标准比对分析。开展我国与东盟、中亚、西亚、东南亚四个区域重点国家的进出口商品贸易情况和相关国家标准分析，梳理分析沿线重点国家大宗进出口商品类别，发挥行业、地方优势，依托相关标准化技术委员会、区域标准化研究中心，研究沿线重点国家技术法规和标准，开展优先领域大宗商品标准比对分析，形成优先领域大宗进出口商品标准比对分析研究报告，为“一带一路”建设提供标准信息服务。

（六）开展东盟农业标准化示范区建设。依托与东盟国家气候、环境、人文相似的地方省市，有效利用中国—东盟自贸区建设成果，积极推广我国农业标准化生产和管理经验。在水稻、甘蔗、茶叶、果蔬等特色农产品领域，宣传推介我国现行有效的农作物种子化肥等农业投入品、良好种植操作规范、产品质量分等分级、农产品流通等产前产中产后的相关标准，以及我国农业标准化示范区管理制度，开展本地化研究与示范推广，以点带线、以线带面，有效提高当地标准化种植技术水平。

（七）加强沿线国家标准化专家交流及能力建设。充分利用我国科技、商务等合作项目，加强与“一带一路”沿线国家有关部门的协调，面向沿线国家标准化发展和交流需求，采取多种方式，分批开展面向亚洲和非洲的标准化专家交流及人才培训项目，有针对性地举办综合知识类、专业领域类标准化援外培训班。派遣相关专业领域的高级别顾问和专家，支持沿线国家标准化能力建设，提升我国标准海外影响。加强“一带一路”标准化人才队伍建设，制定实施国际标准化人才培训规划，邀请一批国际标准化专家来我国讲学交流，培育一批标准化管理和专业人才，为开展沿线国家标准化合作交流提供人才保障。

（八）实施标准化互联互通重点项目。在电力电子设备、防爆设备、家用电器、数字电视广播、半导体照明、中医药、海洋技术、TD-LTE 信息通信等领域，支持一批由相关行业协会、产业联盟、科研机构、高等院校和企业等牵头组织，面向东盟、俄罗斯、中亚、中东欧等重点国家和区域开展的标准化互联互通项目，夯实标准化合作基础。研究建立“一带一路”标准化合作关键项目沟通机制，加强项目储备，为产业合作和互联互通提供标准化支撑。

（九）加强沿线重点国家和区域标准化研究。切实发挥地方的区位优势、技术优势和人才优势，推动建立沿线重点国家和区域标准化研究中心。积极组织开展面向阿拉伯国家、中亚、蒙俄、东盟、欧洲、北美等重点国家和区域的标准化法律法规、标准化体系、发展战略及重点领域相关标准研究，初步建立“标准化智库”体系并发挥好作用，推动形成早期成效。

（十）支持各地开展特色标准化合作。充分发挥各地区地缘优势、文化优势、语言优势和特色产业优势，研究制定本地区推进“一带一路”建设标准化实施方案，挖掘一批具备标准化工作基础的优势领域、优势技术和特色产品，提炼一批重点工作任务和标志性合作项目，开展中国城市与国外相关城市间的标准化合作试点。

五、保障措施

（一）组建标准联通“一带一路”专项领导小组。设立标准联通“一带一路”专项领导小组，统筹协调对内对外两方面工作，督促落实行动计划各项工作任务，指导各有关方面开展工作。领导小组以国家发展改革委分管领导和国家标准委主要领导为联合组长、相关部门有关司局主要负责人作为专项领导小组成员，办公室设在国家标准委。

（二）加强经费保障。在充分利用现有资金渠道，盘活存量资金的基础上，加大对初见成效的标准化项目的资金投入，并探索建立市场化、多元化的经费投入机制，做好行动计划有关项目的经费保障工作。

（三）强化工作落实与监督检查。按照行动计划的职责分工，各部门要进一步梳理落实重点任务和优先推进项目，制定实施计划和时间表，推动形成“一带一路”早期收获。加强对行动计划的督促检查，及时解决存在的问题。加强对行动计划实施情况的跟踪评估，及时提出调整计划、完善政策的意见和建议。

（四）作好政策宣传和引导工作。切实加强对行动计划的宣传引导，加大对相关工作政策和信息的宣传力度，加强对企业的宣传引导，营造社会各界积极参与标准联通“一带一路”建设的良好氛围。

（资料来源：中国一带一路网：https://www.yidaiyilu.gov.cn/wcm.files/upload/CMSydylgw/201702/201702150616033.pdf）

国家卫生计生委关于推进“一带一路”卫生交流合作三年实施方案(2015—2017)

国家卫生计生委

2015年10月23日

建设“丝绸之路经济带”和“21世纪海上丝绸之路”(以下简称“一带一路”)是党中央、国务院作出的重大战略决策,对我国开创全方位对外开放新格局,推进中华民族伟大复兴进程,促进世界和平发展具有重大意义。为推进“一带一路”建设,坚持经济合作与人文交流共同推进,促进我国同沿线国家卫生领域的交流与合作,制定以下实施方案。

一、重要意义

推进“一带一路”卫生交流合作是维护国家安全促进我国和沿线国家经济社会发展的重要保障。健康是发展的核心,是推动经济可持续发展的重要支柱。加强与“一带一路”沿线国家卫生交流与合作,提高我国同沿线国家国民健康水平,既是经济社会发展的目的,也是促进经济增长的必要条件。随着“一带一路”建设不断推进,人员交流往来日益频繁,我国同沿线国家传染性疾病暴发与传播等风险不断升高。强化我国与沿线国家的卫生交流合作,提高联合应对突发公共卫生事件的能力，将为维护我国同沿线国家卫生安全和社会稳定提供有力支撑，为“一带一路”建设保驾护航。

推进卫生交流合作为“一带一路”战略实施打下坚实的社会民意基础。医疗卫生作为社会发展水平的重要指标之一，是各国政府重点关注的民生问题。卫生交流合作以改善人民健康福祉为宗旨，是“一带一路”战略中社会认同度高的合作领域，既是各国政策沟通、设施联通、贸易畅通、资金融通的重要内容，也是各国民心相通的重要纽带。传承和弘扬丝绸之路友好合作精神，推动卫生领域的学术交流、人员往来和项目合作直接惠及各国百姓，有利于为“一带一路”战略推进营造良好的舆论氛围，为深化多领域的合作奠定坚实民意基础。

推进“一带一路”卫生交流合作有助于分享中国医疗卫生领域成功经验。新中国成立以来，中国医疗卫生事业发展取得巨大成就，国民健康水平大幅提高，形成了许多值得发展中国家借鉴的理念和经验。中医药作为我国独特的卫生资源，是古丝绸之路商贸活动的重要组成部分，在“一带一路”沿线国家具有一定群众基础。推动大国卫生外交，加强中国医疗卫生体制政策经验和理念的国际交流，推广中国传统中医药文化，将有力提升中国在区域和全球卫生治理领域的软实力和影响力，提升我大国地位。

推进“一带一路”卫生交流合作是促进健康产业发展与转型的重要机遇。随着“一带一路”战略的实施及卫生对外交流合作的推进，沿线各国在产业合作和服务贸易方面的合作将不断深入，为我国健康产业发展与转型提供了良好机遇。抓住机遇推动我国药品和医疗器械产业，以及保健食品、医疗旅游和健康信息化等健康相关产业快速发展，不仅可以增加健康服务和产品的供给，促进健康服务模式和医疗产品技术创新，同时还有利于促进经济结构调整，释放和拉动消费需求，促进服务贸易增长，为构筑国家全方位对外开放新格局作出重要贡献。

二、总体思路、战略目标和合作原则

（一）总体思路

按照中央关于推进“一带一路”建设的总体部署，紧密围绕《关于贯彻落实〈丝绸之路经济带和21世纪海上丝绸之路建设战略规划〉重要政策举措的分工方案》中我委主要职责和《推进丝绸之路经济带和21世纪海上丝绸之路建设三年（2015—2017年）滚动计划》中我委具体任务，高举和平、发展、合作、共赢的旗帜,积极践行亲诚惠容的周边外交理念,以全方位加强对外卫生合作为主题,以全面提升中国同沿线国家人民健康水平为主线,坚持和平合作、开放包容、互学互鉴、互利共赢的核心价值理念,秉持共商、共建、共赢的合作前提,以周边国家为重点,以多双边合作机制为基础,创新合作模式,推进务实合作,促进我国及沿线国家卫生事业发展,打造“健康丝绸之路”,为“一带一路”建设提供有力支持并作出应有贡献。

根据“一带一路”战略走向,综合考虑沿线国家经济社会和医疗卫生事业发展情况,以及我国与沿线国家的合作基础和比较优势等因素,“一带一路”卫生交流合作将主要按照以下走向展开:一是“丝绸之路经济带”沿线:以中东欧和中亚为重点区域,辐射西亚,以捷克、俄罗斯、蒙古和中亚作为重点国家,以中国—中东欧国家卫生部长论坛和上合组织为主要合作机制。二是“21世纪海上丝绸之路”沿线:以南亚和东南亚为重点区域,以东盟、印度、巴基斯坦、澳大利亚和斐济为重点国家,以中国—东盟、大湄公河次区域经济合作、澜湄合作、亚太经合组织、中巴经济走廊和孟中印缅经济走廊为主要合作机制。

(二)战略目标

近期目标:用1—3年时间,做好对“一带一路”卫生合作的战略研究和实施方案制定工作,夯实合作基础;在前期合作基础上,与沿线有关国家形成广泛共识,初步建立“一带一路”卫生合作机制;稳步实施《推进丝绸之路经济带和21世纪海上丝绸之路建设三年(2015—2017年)滚动计划》中的卫生合作项目,围绕重点合作领域实现先期收获。

中期目标:用3—5年时间,以周边国家和重点国家为基础、面向沿线国家的卫生合作网络初步形成,合作机制进一步稳固;国内政策支持保障体系和协调机制逐步完善,在传染病防治和人才培养等重点领域启动一批具有战略意义的新项目;我在地区性、全球性卫生多边治理机制中的话语权和影响力逐步提高。

远期目标:用5—10年时间,各重点领域合作项目取得显著成效,新一轮合作项目培育形成,惠及各国百姓;我国在地区性、全球性卫生多边治理能力和作用明显增强,与沿线国家在医疗卫生领域合作实现互利共赢,各国朝着互利互惠、共同安全的目标相向而行,“一带一路”沿线国家卫生领域全方位合作新格局基本形成。

(三)合作原则

中央与地方相结合。将中央层面行动计划和实施方案与省级层面的项目活动相统筹，充分调动各省（区、市）的积极性，指导、引导地方发挥主观能动性，开展与沿线国家的卫生合作。发挥国内各省（区、市）比较优势，加强东中西部互动合作，建立国家级和省级各层面合作机制，实施多种形式的合作交流项目，逐步形成中央和地方上下联动的合作格局。

重点与全面相结合。在既往合作基础上，结合沿线国家需求，首先从政治基础和合作基础良好的重要支点国家入手，积极利用现有双多边合作机制，加快在执行项目的实施，对重点领域和优先项目，集中力量取得突破，形成示范带动效应。通过重要支点国家的辐射作用，以点带面，吸纳更多沿线国家参与，逐步形成与“一带一路”沿线国家卫生各领域全方位的合作关系。

多边与双边相结合。强化多边合作机制，发挥上海合作组织、中国—东盟（“10 + 1”）、亚太经合组织（APEC）、大湄公河次区域（GMS）经济合作等现有多边合作机制作用及中国—中东欧国家卫生合作机制、中阿卫生论坛等平台的建设性作用，同时强化与重点国家在重点领域的双边合作，积极签署合作协议，共同实施合作项目，让更多的国家和地区参与“一带一路”建设，实现互利共赢。

政府与民间相结合。“一带一路”卫生合作交流，在发挥政府宏观统筹、政策支持和引导服务作用的同时，动员事业单位、企业、民间团体积极参与，加强与沿线国家非政府组织、民间组织和社会团体的交流合作，重点面向基层民众，开展学术交流、医疗服务和慈善救助等活动。政府与民间互为补充、互相协作，共同推动实现沿线国家国民的健康福祉。

援助与合作相结合。以开展与“一带一路”沿线国家政府间、机构间和人员间交流合作为基础，通过派遣长、短期政府医疗队，应需求派遣紧急医学救援队伍开展灾害卫生应急，实施“光明行”义诊活动等方式为沿线国家提供医疗援助，通过援助与合作相结合的模式促进沿线国家医疗卫生事业的发展。

三、重点合作领域

（一）合作机制建设

加强与“一带一路”沿线国家卫生领域高层互访，推动与沿线国家，特别是周边国家，签署卫生合作协议。逐步形成“一带一路”建设框架下集政府间政策合作、机构间技术交流和健康产业展会为一体的系列卫生合作论坛。在“丝绸之路经济带”方向，举办“丝绸之路卫生合作论坛”、“中国—中东欧国家卫生部长论坛”和“中阿卫生合作论坛”；在“21 世纪海上丝绸之路”方向，举办“中国—

东盟卫生合作论坛"。

(二)传染病防控

逐步建立与周边及沿线国家的常见和突发急性传染病信息沟通机制,强化与周边国家的传染病跨境联防联控机制。重点加强与大湄公河次区域国家在艾滋病、疟疾、登革热、鼠疫、禽流感、流感和结核病等防控方面的合作,加强与中亚国家在包虫病、鼠疫等人畜共患病防控方面的合作,与西亚国家开展脊髓灰质炎消除等方面的合作,建立重大传染病疫情通报制度和卫生应急处置协调机制,提高传染病防控快速响应能力。加强传染病防治技术交流合作。

(三)能力建设与人才培养

加强与沿线国家卫生领域专业人才培养合作,帮助沿线国家提高公共卫生管理和疾病防控能力。依托新疆、广西、云南、黑龙江、内蒙古和福建等省(区)建立高层次医疗卫生人才培养基地,继续开展多种形式、长短期结合的进修和培训项目,实施中国—东盟公共卫生人才培养百人计划。建设中国—中东欧国家医院和公共卫生机构合作网络和中俄医科大学联盟,鼓励学术机构、医学院校及民间团体开展教学、科研和人员交流活动。三年实现与沿线国家卫生人才交流和培养1000人次。

(四)卫生应急和紧急医疗援助

积极推进与沿线国家在卫生应急领域的交流合作,提高与周边及沿线国家合作处理突发公共卫生事件的能力,开展联合卫生应急演练。建立短期医疗援助和应急医疗救助处置协调机制,根据有关国家的实际需求,派遣短期医疗和卫生防疫队伍,为沿线国家提供紧急医疗援助,并提供力所能及的防护和救治物资。

(五)传统医药

巩固并拓展与沿线国家在传统医药领域的合作,积极推动中医药"走出去"。根据沿线各国传统医药及民族医药特点,开展有针对性的中医药医疗、教育、科研及产业等领域合作。通过政府引导与市场运作相结合的模式,积极扶植和鼓励中医药企业"走出去",拓展国外中药市场。积极推动传统医药相关标准的联合开发与制定,推进传统医药国际认证认可体系建设,提升传统中医药的竞争力和影响力。

(六)卫生体制和政策

推动建立与沿线国家卫生体制和政策交流的长效合作机制,增进与沿线国家在全民健康覆盖、医药卫生体制改革、卫生法制建设、卫生执法和监督、健康促进、人口与发展、家庭发展和人口老龄化等方面的相互了解和交流，促进中国卫生发展理念的传播，鼓励与沿线国家学术机构和专家开展卫生政策研究和交流活动，分享中国在卫生政策制定和卫生体制改革中的经验。

（七）卫生发展援助

在充分调研沿线国家卫生需求的基础上，向部分欠发达国家或地区提供多种形式的卫生援助，派遣中国政府医疗队，可以长短期相结合的方式，先从接壤的国家做起，逐步向沿线国家扩展。派遣医疗卫生人员与公共卫生专家开展技术援助。援建医疗卫生基础设施，捐助药品和物资。开展多种形式的培训项目以及开展“光明行”等短期义诊活动。

（八）健康产业发展

发挥政府的宏观调控和引导作用，鼓励有条件的地区发展医疗旅游和养生保健服务，推动医疗服务与周边国家医疗保险的有效衔接，与周边国家建立跨境远程医疗服务网络，实现优质医疗资源共享。努力推动我国药品和医疗器械产品“走出去”，加大对产品的宣传推介，扶持有实力的医药企业境外投资设厂，鼓励在双边协商的基础上减少贸易壁垒，创新贸易和投资方式，推动健康产业发展。

四、重点项目和活动

根据“一带一路”卫生交流合作总体思路、战略目标和重点领域，计划在3年内开展以下重点项目和活动：

（一）合作机制建设

1. 举办“丝绸之路卫生合作论坛”

为有效发挥新疆丝绸之路经济带核心区作用，推动新疆区域医疗服务中心的建设进程，增进我国与周边国家在医疗卫生领域的交流合作，国家卫生计生委、新疆维吾尔自治区政府将联合举办“丝绸之路卫生合作论坛”，搭建“丝绸之路经济带”沿线国家卫生合作的高层平台。

牵头单位：新疆维吾尔自治区政府、国家卫生计生委

参与单位：国家中医药管理局、新疆维吾尔自治区卫生计生委

2. 举办“中国—东盟卫生合作论坛”

在中国—东盟建立对话关系25周年之际，2016年中国—东盟博览会举办期间，国家卫生计生委和广西壮族自治区政府将联合举办首届“中国—东盟卫

生论坛”,与“21世纪海上丝绸之路”沿线国家围绕公共卫生领域开展政策对话与交流活动。

牵头单位:广西壮族自治区政府、国家卫生计生委

参与单位:国家中医药管理局、广西壮族自治区卫生计生委、广西壮族自治区博览局

3. 举办“中国—中东欧国家卫生部长论坛”

在中国—中东欧国家领导人会晤、部长级会议等合作框架下,中国与中东欧国家在卫生合作领域不断拓展,内容不断丰富。在成功举办两届“中捷卫生论坛”的基础上,与捷克共和国卫生部于2015年在布拉格共同举办“中国—中东欧国家卫生部长论坛”,搭建中国—中东欧国家卫生合作平台,开拓中国—中东欧国家全方位合作新局面,促进中欧全面战略伙伴关系全面、均衡、可持续发展。

牵头单位:国家卫生计生委

参与单位:国家中医药管理局、国家卫生计生委医政医管局和疾控局等,中国疾控中心、中国医院协会

4. 举办“中阿卫生合作论坛”

在2015年中阿博览会期间,国家卫生计生委、宁夏回族自治区政府和阿盟秘书处等共同举办“2015中阿卫生合作论坛”,通过大会、商务洽谈、医药展览等形式围绕论坛“加强医药技术合作推动卫生事业发展”的主题开展相关合作交流活动并讨论通过“银川宣言”。届时,由宁夏医科大学总医院、宁夏区人民医院、宁夏区中医医院牵头国内近20家大型医疗机构将与阿盟相关国家医疗机构筹备组建中阿医疗健康合作发展联盟。

牵头单位:宁夏回族自治区政府、国家卫生计生委

参与单位:宁夏回族自治区卫生计生委、宁夏回族自治区博览局、宁夏回族自治区食品药品监督管理局、国家中医药管理局

(二)传染病防控

5. 中亚地区传染病联防联控机制合作

2015年第四次上合组织防疫部门领导人会议就本地区卫生防疫领域所面临的威胁与挑战,包括主要传染性疾病的预防和控制、大型活动期间卫生防疫保障、食品质量安全与风险评估等议题进行讨论。利用上合组织这一平台和新疆的地理优势,进一步拓展与中亚、西亚国家在传染病防控领域的交流合作,建立跨境传染病疫情通报制度和卫生应急处置协调机制,构建区域传染病联防联

控工作网络，帮助巴基斯坦、阿富汗等国消除脊髓灰质炎，提高中亚和西亚国家重点传染病的综合应对能力。

牵头单位：国家卫生计生委

参与单位：国家卫生计生委国际司、应急办、疾控局，新疆卫生计生委

6. 大湄公河次区域传染病监测与防控项目

根据2015年与大湄公河次区域国家续签的《关于湄公河流域疾病监测合作的谅解备忘录》，联合广西、云南等边境省份，进一步推进与大湄公河次区域国家开展传染性疾病的联合监测合作，形成有效的联防联控机制，提升湄公河次区域传染病防控能力。

牵头单位：国家卫生计生委

参与单位：国家卫生计生委国际司、应急办、疾控局，云南省卫生计生委、广西壮族自治区卫生计生委

7. 大湄公河次区域跨境传染病联防联控项目

由中央财政支持，继续开展大湄公河次区域跨境传染病联防联控项目，与老挝、缅甸和越南开展边境地区艾滋病、疟疾、登革热和鼠疫等传染性疾病防控合作。联合广西、云南等边境省份，进一步推进与东盟国家和大湄公河次区域国家跨境传染病联防联控力度，扩大跨境疾病联防联控的涵盖病种和地域覆盖范围，形成有效的联防联控机制，帮助周边国家提高疾病防控能力。

牵头单位：国家卫生计生委

参与单位：国家卫生计生委国际司、应急办、疾控局，云南省卫生计生委、广西壮族自治区卫生计生委

8. 湄公河流域青蒿素类疟疾治疗药物抗药性联防项目

通过开展湄公河地区青蒿素类疟疾治疗药物抗药性实时监测、研究和信息分享，进一步巩固湄公河地区青蒿素类疟疾治疗药物抗药性流域联防，监测并遏制流域青蒿素类抗疟药抗性传播，确保我国消除疟疾进程。通过合作机制的建立，推动湄公河地区2030年消除疟疾规划目标的按期实现。

牵头单位：中国疾控中心

参与单位：国家卫生计生委疾控局，云南省寄生虫病防治所

9. 湄公河流域血吸虫病消除与控制的合作项目

在亚洲血吸虫病及其他重要蠕虫病防治研究网络（RNAS＋）核心国家17年合作的基础上，沿着21世纪海上丝绸之路所经的主要血吸虫病流行或潜在流行国家（包括老挝、柬埔寨、泰国、缅甸、菲律宾、印度尼西亚等国），建立湄公

河流域消除血吸虫病联合研究中心，推动湄公河流域血吸虫病消除的策略与关键技术研究与应用，培养青年技术骨干，提升整个疾病防控能力与体系的建设，为该地区发展因地制宜的综合防控策略提供理论依据和实践基础。

牵头单位：中国疾控中心

参与单位：国家卫生计生委疾控局

（三）能力建设与人才培养

10. 中国—东盟卫生人才培养百人计划

实施“中国—东盟公共卫生人才培养百人计划（2015—2017）”，在三年内为东盟国家培养100名公共卫生行政管理人才和专业技术人才。借助广西与东盟国家陆海相邻的独特优势，开展“中国—东盟护理人才培训合作项目”、“中国—东盟保健人员培训项目”，以广西医科大学、广西医科大学第一附属医院等单位为依托，与东盟国家的医学院校开展多种形式的教学和培训活动，培养一批具有较强实践能力的高素质卫生专业技术人员。

牵头单位：国家卫生计生委

参与单位：国家卫生计生委国际司、国家卫生计生委国际交流合作中心、国家卫生计生委人才交流服务中心、中国疾病预防控制中心、国家食品安全风险评估中心、广西医科大学、广西医科大学第一附属医院

11. 中国—印尼公共卫生人才合作培训计划

2015年5月，中印尼副总理级人文交流机制联委会第一次会议上宣布将实施中国—印尼公共卫生人才合作培训计划（2015年—2017年），三年为印尼方合作培训100名公共卫生专家和专业技术人员。2015年3月，印尼总统佐科访华期间，两国发表联合声明，将建立中印尼人文交流机制。5月27日，中印尼副总理级人文交流机制联委会第一次会议在雅加达顺利召开，刘延东副总理率中国代表团参会。该机制的成立，将中印尼人文交流提升到了新的高度，也为双方卫生领域的交流提供了新的契机。会上，刘延东同志宣布将实施中国—印尼公共卫生人才合作培训计划（2015年—2017年），三年为印尼方合作培训100名公共卫生专家和专业技术人员。会议发表《联合公报》，双方卫生部门将继续加强在公共卫生、全面健康覆盖、卫生人力发展和健康教育等领域的合作。

会后，我委积极联系各方，认真、逐条落实会议成果：继续通过我驻印尼使馆与印尼方商签关于卫生合作的谅解备忘录。落实中国—印尼公共卫生人才合作培训计划，请印尼方提出感兴趣的公共卫生合作领域及合作方式，以便尽快启动活动设计；并积极联系有关单位，通过亚洲区域合作专项资金等资金渠

道提出项目申请，开展针对印尼的公共卫生领域培训班；利用现有培训项目邀请印尼代表参加等。

牵头单位：国家卫生计生委

参与单位：国家卫生计生委国际司、中国疾控中心、国家卫生计生委人才交流服务中心

12. 中国—中东欧国家公立医院合作网络

为加强中国—中东欧国家医疗机构之间的直接交往，提高公立医疗服务系统效能，在首届“中国—中东欧国家卫生部长论坛”上，推动成立“中国—中东欧国家医院和公共卫生机构合作网络”，促进医疗资源规划与配置、医疗质量管理、公私合作伙伴关系、医疗旅游、医学科研与教育、公共卫生等领域的人员交流与务实合作。

牵头单位：国家卫生计生委

参与单位：国家卫生计生委国际司、医政医管局、疾控局，中国疾控中心、中国医院协会

13. 中俄医科大学联盟

为落实中俄两国元首关于加强两国高校交往和加强医药卫生领域合作的共识，哈尔滨医科大学与莫斯科第一国立医科大学于 2014 年 7 月共同发起成立中俄医科大学联盟，成为中俄两国建立的规模最大、参与院校最多的合作联盟，目前有成员院校 101 所。联盟将开展切实可行的医学交流活动，如共同举办大型国际会议、成立中俄医学研究中心、设立国家医学专业俄语人才培训项目、中俄留学专项基金等，提升双方在医学教育、科研领域的交流合作。

牵头单位：哈尔滨医科大学

参与单位：国家卫生计生委国际司、科教司，北京大学、清华大学等院校

14. 中国—老挝医疗服务共同体项目

由中央财政专项支持，开展北京大学人民医院—西双版纳州医疗单位—老挝北部五省医疗卫生服务共同体项目，旨在依托已建立的北京大学人民医院—西双版纳州医疗单位医疗共同体，以信息化为支撑，通过学科合作、专业技术人员互访交流、举办学术论坛、开展人员培训等多种方式，加强与老挝北部 5 省医院的交流与合作，提升其医疗机构和人员的能力水平。推进中国—老挝医疗服务共同体项目。

从 2014 年起，由中央财政专项支持，我委启动了北京大学人民医院—西双版纳州医疗单位—老挝北部五省医疗卫生服务共同体项目，委托云南省西双版

纳州人民医院与老挝北部五省开展医疗合作建设,逐步探索建立区域医疗合作新机制。2014 年、2015 年,项目经费均为 200 万元人民币。目前,该项目正按照项目年度计划推进实施。

牵头单位:国家卫生计生委

参与单位:国家卫生计生委国际司、医政医管局,北京大学人民医院,云南省西双版纳州人民医院

15. 举办 2016 年第五届世界全球儿科学共识行动儿科健康大会

2016 年 3 月,在陕西省西安市举办第五届世界全球儿科学共识行动儿科健康大会。该项国际性儿科学会议由陕西省医学会与全球儿科学共识行动(CIP)共同举办,通过举办本次国际性专业学术会议,加强国内儿科学界与国际儿科学术界交流,提升我国儿童保健与儿童临床等领域的国际影响力。

牵头单位:陕西省医学会、全球儿科学共识行动(CIP)

参与单位:陕西省卫生计生委

(四)卫生应急和紧急医疗援助

16. 中俄灾害医学合作项目

2015 年 9 月中俄联合在边境地区举行灾害卫生应急联合演练。演练将分为以中方为主导的救援演练、以俄方为主导的救援演练和救援演练整体评估三大部分。拟在此合作基础上,以俄罗斯为支点国家,吸纳和带动更多中亚国家参与灾害医学领域的交流与合作,开展多种形式的培训、交流和合作项目,推动中国与中亚国家在灾害医学与应急救援领域的经验分享,提高沿线国家对各种灾难和突发事件的应急反应能力和医疗救援水平。

牵头单位:国家卫生计生委

参与单位:国家卫生计生委国际司、应急办,上海市卫生计生委、黑龙江省卫生计生委、上海市东方医院

17. 广西海难紧急医学救援中心建设项目

随着“一带一路”战略的推进,广西北部湾海上交通运输量和船舶交通量将不断增长,海上紧急救援面临的压力将日益增大。广西拟依托北海市人民医院建设广西海难救援中心,并考虑在广西设立海难紧急医学救援国家卫生应急队伍。

牵头单位:广西壮族自治区北海市政府、北海市人民医院

参与单位:国家卫生计生委应急办、广西壮族自治区卫生计生委

(五)传统医药

18.“海上丝绸之路东盟行”

通过公开展览形式宣传中医药发展成果,开展中医专家咨询活动向公众普及中医药知识,通过组织合作国与中国中医科学院的中医药专家学者召开中医药学术交流会,探讨合作项目,参观合作国当地医院,举办专题讲座等,开展学术交流工作。项目旨在在东盟地区宣传中医药发展与成果,了解中医药在合作国发展的问题与需求,建立与合作国的进一步科研与交流合作,推动未来相关领域发展。

牵头单位:国家中医药管理局

参与单位:中国中医科学院

19. 中国—东盟传统医药交流合作中心建设项目

2011 年 11 月举行的第十次中国—东盟(10 + 1)领导人会议上,温家宝总理提出倡议设立中国—东盟传统医药交流合作中心。2013 年经国家中医药管理局和外交部同意,设立中国—东盟传统医药交流合作中心,争取到 2017 年,建成“一中心、二平台、三基地、四园区”。

牵头单位:广西壮族自治区人民政府

参与单位:广西壮族自治区卫生计生委

20. 第十六届世界传统药物学大会

广西在继 2006 年承办第九届世界传统药物学大会基础上,经国际传统药物学会理事会同意,将于 2016 年 5 月在广西壮族自治区玉林市举办第十六届世界传统药物学大会。届时,来自世界多个国家的专家与学者将主要围绕传统药物学的“保护、继承、创新、发展”展开深入的探讨,推广中国在中药资源研究、保护和开发利用领域的成功经验,提升影响力,促进玉林市中医药产业的快速发展。

牵头单位:中国中医科学院、广西玉林市人民政府

参与单位:广西壮族自治区政府卫生计生委、广西壮族自治区药用植物园

21. 2015 中国—东盟传统医药健康旅游国际论坛(巴马论坛)

此为中国—东盟博览会系列国际性论坛之一,邀请国内外政府官员及行业专家就传统医药健康旅游的多边交流与发展,共建中国—东盟传统医药健康旅游合作机制等议题进行研讨,从而推进传统医药与健康旅游融合发展,发挥产业集聚功能与示范带动效应,提升传统医药健康旅游品牌形象和市场影响。

牵头单位:广西壮族自治区政府、国家中医药管理局

参与单位:国家旅游局、广西壮族自治区中医药管理局、广西壮族自治区旅游局

22. 第三届中国(宁夏)民族医药博览会

在2015年中阿博览会期间,宁夏回族自治区计划举办第三届中国(宁夏)民族医药博览会,集中展示传统医药与民族医药健康产业相关产品,加大向阿拉伯国家和穆斯林地区的对外宣传,吸引更多海内外投资者来宁展示交流和品牌推广,促进医药技术合作和经济贸易。

牵头单位:宁夏回族自治区政府

参与单位:中国民族贸易促进会、中国民族医药协会

23. 中国—捷克中医中心建设项目

上海市2013年与捷克卫生部签署传统医学领域合作协议,此后双方互访频繁,探讨在捷克赫拉德茨-克拉洛韦市大学医院共同建设“中国—捷克中医中心”,推进在传统医学领域的合作。2015年在首届中国—中东欧国家卫生部长论坛期间,“中国—捷克中医中心”正式挂牌成立,为中医药在捷克的发展创造良好条件。

牵头单位:国家中医药管理局

参与单位:国家卫生计生委国际司、上海市卫生计生委、上海中医药大学等

24. “中国泉州—东南亚中医药学术研讨会”(意向实施)

“中国泉州—东南亚中医药学术研讨会”自1991年创办以来,至今已成功举办十一届,成为福建省与东南亚各国中医药领域交流的重要平台。福建省拟以此为契机,继续举办“中国泉州—东南亚中医药学术研讨会”,继续弘扬传统中医文化,增进与东南亚各国及港澳台地区在中医药领域的学术交流,促进中医药产业发展。

牵头单位:福建省卫生计生委

参与单位:中华中医药学会、福建省中医药学会、泉州市中医药学会

25. 阿曼中医孔子学院建设项目(意向实施)

2013年中阿博览会期间,宁夏医科大学与阿曼卡布斯大学签署合作框架协议,拟在阿曼推动建立中医孔子学院,把传统和现代中医药科学同汉语教学相融合,将为阿拉伯国家民众开启一扇了解中国文化新的窗口,为加强两国人民心灵沟通、增进传统友好搭起一座新的桥梁。

牵头单位:宁夏医科大学

参与单位:宁夏回族卫生计生委

26. 捷克伊赫拉瓦医院中医中心项目(意向实施)

2015年6月,湖北省中医院和捷克伊赫拉瓦医院正式建立友好关系,双方

将互派医生到对方医院学习工作，增进对双方医院运行机制的了解，促进医院双方开展务实交流合作。2016年湖北省中医院与捷克伊赫拉瓦医院将进一步深化合作，在捷克伊赫拉瓦医院共建中国中医中心，进一步扩大中医实用技术在捷克的应用和影响力。

牵头单位：湖北省中医院

参与单位：湖北省卫生计生委

27. 捷克皮尔森州州立医院中医诊疗中心项目（意向实施）

2015年6月，浙江省卫生计生委组团前往捷克布拉格参加“中国—中东欧国家卫生部长论坛”，期间，代表团两次赴皮尔森州（浙江省友城），于皮尔森州州立医院达成共建中医诊疗中心初步合作意向。

牵头单位：浙江省卫生计生委

（六）卫生体制和政策

28. APEC经济体全民健康覆盖进展监测研究网络

为落实2014年亚太经合组织（APEC）中国年领导人会议宣言和双部长会议联合声明提出的“健康亚太2020”倡议，发起成立APEC全民健康覆盖进展监测研究网络，为APEC经济体卫生决策者、专家、学者的信息交流、能力建设提供支持平台。召开APEC全民健康覆盖进展监测的国际研讨会，促进区域内经济体交流实现全面健康覆盖的进展、主要做法和经验交流。

牵头单位：国家卫生计生委卫生发展研究中心

参与单位：国家卫生计生委国际司

29. 2015丝绸之路经济带战略与健康促进研讨会

2015年，由陕西省卫生计生委联合中国健康教育中心共同举办2015丝绸之路经济带战略与健康促进研讨会，借助西洽会暨丝博会交流平台，探讨将健康促进融入经济发展战略，积极参与全球公共卫生事务，交流健康促进最新成果与经验，开展务实合作，共同推进“将健康融入所有政策”策略的有效实施。

牵头单位：陕西省卫生计生委、中国健康教育中心

参与单位：国家卫生计生委宣传司

（七）卫生发展援助

30. 开展“光明行”眼科义诊活动

由国家卫生计生委国际交流中心执行马尔代夫、坦桑尼亚、厄立特里亚和加纳的“光明行”眼科义诊活动。根据工作计划，我司将继续与马尔代夫、驻马尔代夫使馆协商，推进马尔代夫“光明行”各项准备工作，以最终促成今年年底

前组派专家组赴马尔代夫开展“光明行”工作。根据工作计划,我司将继续与马尔代夫、驻马尔代夫使馆协商,推进马尔代夫“光明行”各项准备工作,以最终促成今年年底前组派专家组赴马尔代夫开展“光明行”工作。根据工作计划,我司将继续与马尔代夫、驻马尔代夫使馆协商,推进马尔代夫“光明行”各项准备工作,以最终促成今年年底前组派专家组赴马尔代夫开展“光明行”工作。

牵头单位:国家卫生计生委国际交流中心

参与单位:国家卫生计生委国际司

31. 赴苏丹开展“光明行”活动

2016 年,陕西省卫生计生委将组织西安市第一医院赴苏丹开展为期 3 个月的“光明行”义诊项目,计划完成 1000 例白内障复明手术。

牵头单位:陕西省卫生计生委

参与单位:西安市第一医院

32. 赴缅甸开展“光明行”活动

云南省卫生计生委会同云南省外事办公室,自 2013 年 2 月起,组织医疗队赴缅甸曼德勒开展“光明行”活动,已为当地白内障患者免费实施 500 余例复明手术。按照《云南省人民政府办公厅关于印发云南省代表团访问大湄公河次区域五国后续工作任务分解方案的通知》,云南省卫生计生委下一步将继续加强与缅方联络,深入了解对方需求,通过组派医疗队,继续开展“光明行”活动。

牵头单位:云南省卫生计生委

参与单位:云南省第一人民医院

(八)健康产业发展及其他支撑项目

33. 新疆丝绸之路经济带核心区医疗服务中心建设项目

地处丝绸之路经济带核心区的新疆结合区情,提出把新疆努力建成丝绸之路经济带上重要医疗服务中心的规划,新疆维吾尔自治区人民医院、新疆医科大学第一附属医院、自治区肿瘤医院、自治区中医医院、自治区维吾尔医医院开放的国际医疗服务床位数将不少于 500 张。发挥新疆维吾尔自治区中医民族医药特色优势,依托自治区中医医院、自治区维吾尔医医院(和田地区维吾尔医医院)、阿勒泰地区哈萨克医医院,打造“中国中医药、中国维吾尔医药、中国哈萨克医药国际医疗服务平台”。发挥国家和援疆省市政策、智力、资金等作用,广泛联合国内知名医院通过各种形式联合建设开展国际医疗服务。在乌鲁木齐高铁新区新建乌鲁木齐国际医院。新疆还将以信息通道的互联互通为突破口,实现便捷高效的国际医疗服务合作,力争与周边国家医疗市场形成跨境远程医疗服务网络格局,实现医疗信息共享,最终建成丝绸之路经济带核心区医疗服务中心。

牵头单位:新疆维吾尔自治区人民政府

参与单位:新疆维吾尔自治区卫生计生委、新疆维吾尔自治区人民医院、新疆医科大学第一附属医院、自治区肿瘤医院、自治区中医医院、自治区维吾尔医医院

34. 哈萨克斯坦“陕西村”医院援建项目

2015 丝绸之路经济带战略与健康促进研讨会上,陕西省卫生计生委与哈萨克斯坦东干协会签订了关于援建“陕西村”医院的框架协议。根据协议,陕西省将协助援建哈萨克斯坦江布尔州库尔带县马三奇医院、援助新渠和阿伍特乡(陕西村)两所医院部分医疗设备,预计 2017 年投入使用。医院建成后,将成为“陕西村”规模最大、接诊能力最强的医院。

牵头单位:陕西省卫生计生委

35. 中国—中亚国家中国制造医疗设备推广应用合作项目(意向实施)

通过引导中国医疗设备制造企业参加国际医疗器械展览,以及邀请“一带一路”参加我国医疗设备展览会,搭建中国制造医疗设备推广应用国际合作平台,促进国内产能与国际需求对接,引领中国制造走出国门,开拓国际市场。

牵头单位:国家卫生计生委

参与单位:国家卫生计生委规划司、国际司、科教司,国家卫生计生委国际交流合作中心、国药励展公司、中国医学装备协会和中国医疗器械行业协会

36. 内蒙古国际蒙医医院蒙古国分院建设项目(意向实施)

为便于蒙古国公民在本国接受安全有效、方便价廉的蒙医药传统诊疗服务,内蒙古国际蒙医医院与蒙古国拟合作建立集医疗、康复、蒙医药应用与制剂生产为一体的综合性医院。2015 年,内蒙古国际蒙医医院与蒙古国“爱如蒙古”航空公司签订战略合作协议,双方将在各自领域互相宣传,内蒙古国际蒙医医院为乘坐该航空公司的蒙古国患者提供减免费用、专车接送、免费体检等服务。

牵头单位:内蒙古国际蒙医医院

参与单位:内蒙古自治区卫生计生委

37. 阿联酋中阿友好医院建设项目(意向实施)

第三届中阿经贸论坛期间,阿联酋 A&A 希诺投资控股集团与宁夏卫生计生委签订战略合作协议,双方拟在阿联酋迪拜市建设中阿友好医院,拟设 1000

张床位,计划投资10亿元人民币,建设资金全部由阿联酋A&A希诺投资控股集团负责筹集完成,宁夏人民医院选派高层次医疗服务人员赴阿工作。

牵头单位:宁夏人民医院

参与单位:宁夏回族自治区卫生计生委

38. 中国—东盟医疗保健合作中心建设项目(意向实施)

为进一步推进与东盟在医疗保健领域合作,广西壮族自治区拟依托广西医科大学第一附属医院,建立中国—东盟医疗保健合作中心(广西)。该中心功能涵盖临床医疗、教学培训、科研、体检、保健康复等方面。具体包括:一是承担中国与东盟国家在医药卫生领域的交流合作;二是作为临床教学培训和科研基地,为东盟国家培养高层次临床医学人才;三是促进医疗保健合作,为区内外人士尤其是知华人士提供医疗保健服务,扩大医疗保健领域的合作和交流;四是将医疗服务辐射到广西及东盟等周边国家和地区广大群众。

牵头单位:广西壮族自治区人民政府

参与单位:广西医科大学第一附属医院、广西壮族自治区卫生计生委

五、组织实施

(一)强化组织领导

按照中央统一部署,在委外事工作领导小组的统一领导下,建立推进“一带一路”卫生计生交流与合作委内协调机制,明确各相关业务司局职责分工,统筹整合资源,推进各重点项目的实施。

(二)加强分工协作

委外事主管部门负责整体工作的统筹协调,根据实施方案,分解落实各项任务,明确时间表,推进各项任务全面落实。委各业务司局和各省(区、市)积极参与、协调配合,发挥自身优势,按照方案稳步推进项目落实。主动加强与相关部委、国际组织、驻外使(领)馆、各国驻华使馆的协调与协作。及时跟踪合作动态,加强宣传,为方案实施提供切实保障。

(三)加大财政投入

争取财政加大投入,为项目实施提供有力保障。多渠道筹措资金,鼓励民间资本参与合作,发挥市场机制作用。加强与有关部委磋商,探讨设立“一带一路”卫生合作专项经费的可能性。

(四)抓好督查评估

切实做好“一带一路”卫生合作相关重大项目机制的设立、论证和监督工

作。建立项目督导检查工作制度,对项目进行清单式管理,每半年对项目开展一次进展评估工作,每年年终汇总项目执行情况形成年度工作总结。在评估和总结中及时解决存在的问题,提出调整建议,确保项目顺利实施。

(资料来源:新华丝路网:http://silkroad.news.cn/2018/0528/97802.shtml)

推进共建“一带一路”教育行动计划

教育部

2016年7月13日

推进共建“丝绸之路经济带”和“21世纪海上丝绸之路”(以下简称“一带一路”),为推动区域教育大开放、大交流、大融合提供了大契机。“一带一路”沿线国家教育加强合作、共同行动,既是共建“一带一路”的重要组成部分,又为共建“一带一路”提供人才支撑。中国愿与沿线国家一道,扩大人文交流,加强人才培养,共同开创教育美好明天。

一、教育使命

教育为国家富强、民族繁荣、人民幸福之本,在共建“一带一路”中具有基础性和先导性作用。教育交流为沿线各国民心相通架设桥梁,人才培养为沿线各国政策沟通、设施联通、贸易畅通、资金融通提供支撑。沿线各国唇齿相依,教育交流源远流长,教育合作前景广阔,大家携手发展教育,合力推进共建“一带一路”,是造福沿线各国人民的伟大事业。

中国将一以贯之地坚持教育对外开放,深度融入世界教育改革发展潮流。推进“一带一路”教育共同繁荣,既是加强与沿线各国教育互利合作的需要,也是推进中国教育改革发展的需要,中国愿意在力所能及的范围内承担更多责任义务,为区域教育大发展做出更大的贡献。

二、合作愿景

沿线各国携起手来，增进理解、扩大开放、加强合作、互学互鉴，谋求共同利益、直面共同命运、勇担共同责任，聚力构建“一带一路”教育共同体，形成平等、包容、互惠、活跃的教育合作态势，促进区域教育发展，全面支撑共建“一带一路”，共同致力于：

推进民心相通。开展更大范围、更高水平、更深层次的人文交流，不断推进沿线各国人民相知相亲。

提供人才支撑。培养大批共建“一带一路”急需人才，支持沿线各国实现政策互通、设施联通、贸易畅通、资金融通。

实现共同发展。推动教育深度合作、互学互鉴，携手促进沿线各国教育发展，全面提升区域教育影响力。

三、合作原则

育人为本，人文先行。加强合作育人，提高区域人口素质，为共建“一带一路”提供人才支撑。坚持人文交流先行，建立区域人文交流机制，搭建民心相通桥梁。

政府引导，民间主体。沿线国家政府加强沟通协调，整合多种资源，引导教育融合发展。发挥学校、企业及其他社会力量的主体作用，活跃教育合作局面，丰富教育交流内涵。

共商共建，开放合作。坚持沿线国家共商、共建、共享，推进各国教育发展规划相互衔接，实现沿线各国教育融通发展、互动发展。

和谐包容，互利共赢。加强不同文明之间的对话，寻求教育发展最佳契合点和教育合作最大公约数，促进沿线各国在教育领域互利互惠。

四、合作重点

沿线各国教育特色鲜明、资源丰富、互补性强、合作空间巨大。中国将以基础性、支撑性、引领性三方面举措为建议框架，开展三方面重点合作，对接沿线各国意愿，互鉴先进教育经验，共享优质教育资源，全面推动各国教育提速发展。

(一)开展教育互联互通合作

加强教育政策沟通。开展“一带一路”教育法律、政策协同研究,构建沿线各国教育政策信息交流通报机制,为沿线各国政府推进教育政策互通提供决策建议,为沿线各国学校和社会力量开展教育合作交流提供政策咨询。积极签署双边、多边和次区域教育合作框架协议,制定沿线各国教育合作交流国际公约,逐步疏通教育合作交流政策性瓶颈,实现学分互认、学位互授联授,协力推进教育共同体建设。

助力教育合作渠道畅通。推进“一带一路”国家间签证便利化,扩大教育领域合作交流,形成往来频繁、合作众多、交流活跃、关系密切的携手发展局面。鼓励有合作基础、相同研究课题和发展目标的学校缔结姊妹关系,逐步深化拓展教育合作交流。举办沿线国家校长论坛,推进学校间开展多层次多领域的务实合作。支持高等学校依托学科优势专业,建立产学研用结合的国际合作联合实验室(研究中心)、国际技术转移中心,共同应对经济发展、资源利用、生态保护等沿线各国面临的重大挑战与机遇。打造“一带一路”学术交流平台,吸引各国专家学者、青年学生开展研究和学术交流。推进“一带一路”优质教育资源共享。

促进沿线国家语言互通。研究构建语言互通协调机制,共同开发语言互通开放课程,逐步将沿线国家语言课程纳入各国学校教育课程体系。拓展政府间语言学习交换项目,联合培养、相互培养高层次语言人才。发挥外国语院校人才培养优势,推进基础教育多语种师资队伍建设和外语教育教学工作。扩大语言学习国家公派留学人员规模,倡导沿线各国与中国院校合作在华开办本国语言专业。支持更多社会力量助力孔子学院和孔子课堂建设,加强汉语教师和汉语教学志愿者队伍建设,全力满足沿线国家汉语学习需求。

推进沿线国家民心相通。鼓励沿线国家学者开展或合作开展中国课题研究,增进沿线各国对中国发展模式、国家政策、教育文化等各方面的理解。建设国别和区域研究基地,与对象国合作开展经济、政治、教育、文化等领域研究。逐步将理解教育课程、丝路文化遗产保护纳入沿线各国中小学教育课程体系,加强青少年对不同国家文化的理解。加强“丝绸之路”青少年交流,注重利用社会实践和志愿服务、文化体验、体育竞赛、创新创业活动和新媒体社交等途径,增进不同国家青少年对其他国家文化的理解。

推动学历学位认证标准连通。推动落实联合国教科文组织《亚太地区承认高等教育资历公约》,支持教科文组织建立世界范围学历互认机制,实现区域内双边多边学历学位关联互认。呼吁各国完善教育质量保障体系和认证机制，加快推进本国教育资历框架开发，助力各国学习者在不同种类和不同阶段教育之间进行转换，促进终身学习社会建设。共商共建区域性职业教育资历框架，逐步实现就业市场的从业标准一体化。探索建立沿线各国教师专业发展标准，促进教师流动。

（二）开展人才培养培训合作

实施“丝绸之路”留学推进计划。设立“丝绸之路”中国政府奖学金，为沿线各国专项培养行业领军人才和优秀技能人才。全面提升来华留学人才培养质量，把中国打造成为深受沿线各国学子欢迎的留学目的地国。以国家公派留学为引领，推动更多中国学生到沿线国家留学。坚持“出国留学和来华留学并重、公费留学和自费留学并重、扩大规模和提高质量并重、依法管理和完善服务并重、人才培养和发挥作用并重”，完善全链条的留学人员管理服务体系，保障平安留学、健康留学、成功留学。

实施“丝绸之路”合作办学推进计划。有条件的中国高等学校开展境外办学要集中优势学科，选好合作契合点，做好前期论证工作，构建人才培养模式、运行管理模式、服务当地模式、公共关系模式，使学校顺利落地生根、开花结果。发挥政府引领、行业主导作用，促进高等学校、职业院校与行业企业深化产教融合。鼓励中国优质职业教育配合高铁、电信运营等行业企业走出去，探索开展多种形式的境外合作办学，合作设立职业院校、培训中心，合作开发教学资源和项目，开展多层次职业教育和培训，培养当地急需的各类“一带一路”建设者。整合资源，积极推进与沿线各国在青年就业培训等共同关心领域的务实合作。倡议沿线国家之间开展高水平合作办学。

实施“丝绸之路”师资培训推进计划。开展“丝绸之路”教师培训，加强先进教育经验交流，提升区域教育质量。加强“丝绸之路”教师交流，推动沿线各国校长交流访问、教师及管理人员交流研修，推进优质教育模式在沿线各国互学互鉴。大力推进沿线各国优质教学仪器设备、教材课件和整体教学解决方案输出，跟进教师培训工作，促进沿线各国教育资源和教学水平均衡发展。

实施“丝绸之路”人才联合培养推进计划。推进沿线国家间的研修访学活动。鼓励沿线各国高等学校在语言、交通运输、建筑、医学、能源、环境工程、水利工程、生物科学、海洋科学、生态保护、文化遗产保护等沿线国家发展急需的专业领域联合培养学生，推动联盟内或校际间教育资源共享。

(三)共建丝路合作机制

加强"丝绸之路"人文交流高层磋商。开展沿线国家双边多边人文交流高层磋商,商定"一带一路"教育合作交流总体布局,协调推动沿线各国建立教育双边多边合作机制、教育质量保障协作机制和跨境教育市场监管协作机制,统筹推进"一带一路"教育共同行动。

充分发挥国际合作平台作用。发挥上海合作组织、东亚峰会、亚太经合组织、亚欧会议、亚洲相互协作与信任措施会议、中阿合作论坛、东南亚教育部长组织、中非合作论坛、中巴经济走廊、孟中印缅经济走廊、中蒙俄经济走廊等现有双边多边合作机制作用,增加教育合作的新内涵。借助联合国教科文组织等国际组织力量,推动沿线各国围绕实现世界教育发展目标形成协作机制。充分利用中国—东盟教育交流周、中日韩大学交流合作促进委员会、中阿大学校长论坛、中非高校20+20合作计划、中日大学校长论坛、中韩大学校长论坛、中俄大学联盟等已有平台,开展务实教育合作交流。支持在共同区域、有合作基础、具备相同专业背景的学校组建联盟,不断延展教育务实合作平台。

实施"丝绸之路"教育援助计划。发挥教育援助在"一带一路"教育共同行动中的重要作用,逐步加大教育援助力度,重点投资于人、援助于人、惠及于人。发挥教育援助在"南南合作"中的重要作用,加大对沿线国家尤其是最不发达国家的支持力度。统筹利用国家、教育系统和民间资源,为沿线国家培养培训教师、学者和各类技能人才。积极开展优质教学仪器设备、整体教学方案、配套师资培训一体化援助。加强中国教育培训中心和教育援外基地建设。倡议各国建立政府引导、社会参与的多元化经费筹措机制,通过国家资助、社会融资、民间捐赠等渠道,拓宽教育经费来源,做大教育援助格局,实现教育共同发展。

开展"丝路金驼金帆"表彰工作。对于在"一带一路"教育合作交流和区域教育共同发展中做出杰出贡献、产生重要影响的国际人士、团队和组织给予表彰。

五、中国教育行动起来

中国倡导沿线各国建立教育共同体,聚力推进共建"一带一路",首先需要中国教育领域和社会各界率先垂范、积极行动。

加强协调推动。加强国内各部门各地方的统筹协调工作,有序开展"一带一路"教育合作交流。推动中国教育治理体系完善、相关法律法规修订和教育综合改革，提升中国开展“一带一路”教育行动的质量和水平。教育部与国家发展改革委、外交部、商务部等部门和全国性行业组织紧密配合，围绕共建“一带一路”大局，寻找合作重点、建立运行保障机制，畅通教育国际合作交流渠道，对接沿线各国教育发展战略规划。

地方重点推进。突出地方推进共建“一带一路”的主体性、支撑性和落地性，要求各地发挥区位优势和地方特色，抓紧制定本地教育和经济携手走出去行动计划，紧密对接国家总体布局。有序与沿线国家地方政府建立“友好省州”“姊妹城市”关系，做好做实彼此间人文交流。充分利用地方调配资源优势，积极搭建海内外平台，促进校企优势互补、良性合作、共同发展。多措并举，支持指导本地教育系统与“一带一路”沿线国家广泛开展合作交流，打造教育合作交流区域高地，助力做强本地教育。

各级学校有序前行。各级各类学校秉承“己欲立而立人”的中国传统，有序与沿线各国学校扩大合作交流，整合优质资源走出去，选择优质资源引进来，兼容并包、互学互鉴，共同提升教育国际化水平和服务共建“一带一路”能力。中小学校要广泛建立校际合作交流关系，重点开展师生交流、教师培训和国际理解教育。高等学校、职业院校要立足各自发展战略和本地区参与共建“一带一路”规划，与沿线各国开展形式多样的合作交流，重点做好完善现代大学制度、创新人才培养模式、提升来华留学质量、优化境外合作办学、助推企业成长等各项工作的协同发展。

社会力量顺势而行。开展更大范围、更深层次、更高水平的“一带一路”教育民间合作交流，吸纳更多民间智慧、民间力量、民间方案、民间行动。大力培育和发展我国非营利组织，通过购买服务、市场调配等举措，大力支持社会机构和专业组织投身教育对外开放事业，活跃民间教育国际合作交流。加快推动教学仪器和中医诊疗服务走出去步伐，支持企业和个人按照市场规则依法参与中外合作办学、合作科研、涉外服务等教育对外开放活动。企业要积极与学校合作走出去，联合开展人才培养、科技创新和成果转化，积极服务“一带一路”国家经贸发展。

助力形成早期成果。实施高度灵活、富有弹性的合作机制，优先启动各方认可度高、条件成熟的项目，明确时间节点，争取短期内开花结果。2016 年，各省市制定并呈报本地“一带一路”教育行动计划，有序推进教育互联互通、人才培养培训及丝路合作机制建设。2017 年，基于三方面重点合作的沿线各国教育共同行动深入开展。未来 3 年，中国每年面向沿线国家公派留学生 2500 人；未来5年,建成10个海外科教基地,每年资助1万名沿线国家新生来华学习或研修。

六、共创教育美好明天

独行快,众行远。合作交流是沿线各国共建“一带一路”教育共同体的主要方式。通过教育合作交流,培养高素质人才,推进经济社会发展,提高沿线各国人民生活福祉,是我们共同的愿望。通过教育合作交流,扩大人文往来,筑牢地区和平基础,是我们共同的责任。

中国愿与沿线各国一道,秉持开放合作、互利共赢理念,共同构建多元化教育合作机制,制订时间表和路线图,推动弹性化合作进程,打造示范性合作项目,满足各方发展需要,促进共同发展。

中国教育部倡议沿线各国积极行动起来,加强战略规划对接和政策磋商,探索教育合作交流的机制与模式,增进教育合作交流的广度和深度,追求教育合作交流的质量和效益,互知互信、互帮互助、互学互鉴,携手推动教育发展,促进民心相通,构建“一带一路”教育共同体,共创人类美好生活新篇章。

(资料来源:中华人民共和国教育部网:http://www.moe.gov.cn/srcsite/A20/s7068/201608/t20160811_274679.html)

关于加快推进“一带一路”空间信息走廊建设与应用的指导意见

国防科工局、发展改革委

2016年10月22日

推进“一带一路”建设工作领导小组各成员单位，各有关部门(单位)，各省、自治区、直辖市、新疆生产建设兵团推进“一带一路”建设工作领导小组：

为进一步发挥我国空间技术资源优势，推动空间信息产业的市场化和国际化发展，有效推进国家“一带一路”建设工作，根据国家推进“一带一路”建设有关要求以及《国家民用空间基础设施中长期发展规划(2015—2025年)》，经推进“一带一路”建设工作领导小组审议通过，提出如下指导意见：

一、重要意义

经过六十年自主发展，我国已建立起较为完善的航天科技工业体系，航天技术步入国际先进行列，初步建成了以通信、导航和对地观测卫星为主体的应用卫星系统。同时，我国已与30多个国家签署了航天合作协议，与“一带一路”沿线国家建立了良好的政府和商业合作机制，奠定了空间信息技术应用推广的良好基础。但总体来看，我国卫星应用技术水平有待进一步提高，急需充分发挥现有卫星资源效益，培育具有国际市场竞争力的空间信息服务龙头企业，加强服务我国企业“走出去”的能力，提升空间信息技术应用的产业化、市场化和国际化水平。

“一带一路”空间信息走廊以在轨和规划建设中的通信卫星、导航卫星及遥感卫星资源为主，适当补充完善天基资源和地面信息共享网络，形成“感、传、知、用”四位一体的空间信息服务系统，为“一带一路”沿线国家及区域提供空间信息服务能力，实现信息互联互通。推进“一带一路”空间信息走廊建设与应用，是推进“一带一路”建设工作确立的重要任务，也是推进“一带一路”建设工作的有力抓手。做好这项工作，有利于促进我国与“一带一路”沿线国家在高新技术领域的合作，提高与沿线国家产业合作的层次和水平；有利于推动与沿线国家在防灾减灾、生态环境监测、科学研究等领域的国际合作，为“一带一路”建设提供公共产品，增进民心相通和人文交流，塑造我国负责任大国形象；有利于增强我国企业“走出去”的国际竞争力；有利于提高我国空间基础设施利用效率和技术水平，提升空间信息产业的国际化水平，促进技术、产品和服务走出去。

二、总体要求

（一）指导思想

全面贯彻落实党的十八大和十八届三中、四中、五中全会精神，以习近平总书记系列重要讲话精神为指导，按照推进“一带一路”建设工作总体部署，推动军民深度融合，统筹建设和利用我国空间信息资源，打造技术先进可靠、服务优质广泛的空间信息走廊，积极服务于我国与“一带一路”沿线国家全方位互利合作，为“一带一路”建设提供强大动力，带动提升我国空间信息产业市场化、国际化水平。

（二）基本原则

统筹规划，突出重点。统筹国内与国外、建设与应用、技术与产业协调发展，发挥行业部门和地方政府的积极性，扎实推进重点国别、优先领域、关键项目的合作，形成示范带动效应。

政府引导，市场运作。发挥政府宏观谋划、政策支持和指导服务作用，完善空间信息走廊建设、运行、服务与产业化发展机制，充分发挥市场配置资源的决定性作用，突出企业主体地位，创新商业模式，积极推动市场化、国际化发展。

共建共享，互利共赢。秉持开放包容精神，加强与“一带一路”沿线国家沟通协商，做好与国家相关科技专项的衔接和成果共享，推动空间信息走廊建设、运行和应用的深度合作，为沿线国家经济社会发展提供空间信息服务支持。

集约资源，重在应用。以满足国内外空间信息服务需求为目标，充分利用现有和规划建设的空间基础设施，完善空间信息系统，大力开展空间技术应用推广，加强技术成果的集成和转化应用，提升空间信息服务能力。

（三）总体目标

经过10年左右的努力，基本建成以东南亚、南亚、西亚、中亚、北非为重点，辐射大洋洲、中东欧、非洲等区域，设施齐全、服务高效的“一带一路”空间信息走廊，成为我国与沿线国家共建“一带一路”的崭新亮点，使我国空间信息产业在走廊区域的市场化、国际化达到世界先进水平，为走向世界奠定坚实基础，惠及“一带一路”沿线国家经济社会发展。

三、主要任务

（一）提升“一带一路”空间信息覆盖能力

1. 加速国家卫星系统建设。立足我国现有在轨卫星资源，加快高分辨率对地观测系统和第二代卫星导航系统重大专项工程实施，推进国家民用空间基础设施卫星研制发射及应用，启动天地一体化信息网络重大工程建设，构建“一带一路”空间信息走廊基础架构，提升我国自主卫星系统服务保障能力。

2. 加强与国际相关卫星系统合作。通过空间资源合作、融合发展、数据交换、联合观测等方式，建立“一带一路”宽带通信卫星网络、导航卫星增强系统、气象卫星及高分辨率卫星联合观测系统协同机制。与亚太空间合作组织、金砖国家等国际合作组织及政府间、企业间联合建设若干虚拟星座，构建综合地球观测系统，联合研制移动、宽带及多功能复合的通信卫星、数据采集卫星星座等新型卫星系统，形成目标一致、标准统一的卫星服务系统。

3. 积极推动商业卫星系统发展。积极推进“一带一路”沿线国家政府对“一带一路”空间数据和服务的采购力度，不断探索政府引导下的市场运行新机制。支持以企业为主体、市场为导向的商业航天发展新模式，通过政府和社会资本合作模式（PPP）等多种模式鼓励社会和国际商业投资建设商业卫星和技术试验卫星，完善空间信息走廊。鼓励商业化公司为各国政府和大众提供市场化服务。

4. 完善空间信息地面应用服务设施。面向“一带一路”空间信息开放服务和集成应用需求，进一步完善国家统筹建设的数据中心和应用服务平台，建立“一带一路”空间信息任务需求、地面接收、应用服务的联动机制，定期发布空间信息服务指南。鼓励利用国家公共应用平台服务沿线国家相关应用并共建必要服务设施，与沿线国家共同打造若干分布式卫星应用中心和空间信息服务平台，提高空间信息走廊的运行服务能力。

5. 构建空间信息共享服务网络。鼓励企业参与投资建设和合作运营北斗卫星导航增强系统、通信卫星电信港、遥感卫星接收站网、分发服务网络和区域云数据中心，构建多级在线空间信息共享交换和协同工作平台，提供在线影像地图与基于位置的信息服务，具备面向社会公众、企业的空间信息服务扩展能力。

（二）支撑我国企业“走出去”

1. 助推基础设施建设企业“走出去”。聚焦铁路、水利水电、港口、信息通信等重点基础设施领域，支持国家“一带一路”重大工程开展空间信息应用，针对工程设计、建设监管、运行管理等方面的需求，提供卫星遥感监测与评估、位置信息采集、时间基准和卫星宽带信息传输等空间信息服务。为公路、铁路设计施工和运营管理企业及时提供卫星遥感影像和实时采集导航信息服务，支持车辆调度和安全运行，提高交通通行效率。为水利水电勘察选址、建设监管和运行管理提供卫星遥感信息支持。在国内沿海港口开展试点应用的基础上，加强与沿线港口建设运营企业合作，提升港口和航运的信息获取、精准定位和通信传输能力。

2. 促进资源类企业及重大装备“走出去”。支持油气和矿产资源相关企业项目建设，为资源勘探、开采、运输和监管等全过程提供空间信息支持和自然资源与生态环境影响监测服务。支持高端装备、智能制造企业的产品研发植入卫星通信、导航和遥感技术和数据服务，为重大装备售后服务企业提供远程监测、远程诊断、产品维护等空间信息服务手段。

3. 支持现代服务业“走出去”。为金融保险企业“走出去”提供安全可控的通信保障和统一的时空基准服务。发挥卫星通信覆盖、精确定位和大范围观测优势，支持传统电信企业和互联网企业开拓服务领域。鼓励重大工程承包企业与空间信息服务企业强强联合，同步建设、运营重大工程和空间信息服务设施，促进携手开拓国际市场。

(三)提供公共服务产品

1. 搭建应急服务平台。依托空间信息走廊,建立跨国合作的空间信息应急响应机制和服务网络,与沿线国家共同建设空间信息的快速获取、分析判读、紧急救援、指挥调度等星地一体化设施,为区域自然灾害监测以及各种紧急事件处置提供遥感影像采集、应急通信及导航定位服务等空间信息保障,推动空间信息服务于国际人道主义救援、灾难预警、安全合作、反恐处突等公共事务。

2. 完善海上空间信息保障。加速中国—东盟卫星应用信息中心建设,依托海洋环境监测卫星、高分辨率卫星、风云气象卫星、导航卫星及搜救卫星系统,进一步拓展服务区域,建立覆盖海上丝绸之路的天空海立体化的海上空间信息服务体系,提升海上维权执法、海上航道安全、海上搜救、海洋资源开发、海洋防灾减灾、海岸带环境监测等领域空间信息服务能力。

3. 支持跨界河流沿线合作发展。推动澜沧江—湄公河空间信息交流合作中心等项目实施,推广使用高分辨率卫星、卫星定位与导航系统和卫星数据采集系统等空间信息服务,促进“一带一路”沿线国家跨境河流、界河资源开发和信息化管理合作,带动沿流域信息互联互通,促进流域经济、社会和生态合作发展。

4. 支持企业开展公共服务领域合作经营。积极支持空间信息企业与“一带一路”沿线国家开展合作,提供应急通信、位置服务、资源调查、环境生态监测、灾情监测与评估及空间信息综合服务平台等产品,强化公共服务产品生产与规范化,提升沿线国家公共服务能力和社会治理水平。

(四)带动空间信息装备与服务出口

1. 积极支持整星出口。实施老挝一号通信卫星、白俄罗斯通信卫星、巴基斯坦遥感卫星研制和发射等整星出口项目,鼓励企业拓展宽带通信、移动通信及高分辨率卫星及服务的国际市场,针对沿线国家需求联合开展微小卫星及星座建设等商业化项目合作。

2. 促进卫星关联产品及标准出口。支持与沿线国家开展卫星系统联合设计、协同研制、运营管理等多种模式合作,推动卫星技术标准、卫星总装集成测试设备、关键产品、元器件出口,努力打造中国卫星品牌。

3. 鼓励运营服务及应用系统出口。鼓励企业开展“一带一路”通信卫星电信港和陆地卫星接收处理站网的投资、建设和运营,大力推广气象卫星数据广播、海洋卫星信息服务和卫星测绘地理信息产品与服务。加强基于北斗系统的位置、导航和授时的商业化服务，支持使用北斗系统的移动通信终端产品出口，积极发挥我国空间信息技术对“一带一路”沿线国家经济发展支撑作用。

（五）加强区域空间信息产业合作

1. 加强中亚、西亚、北非等区域空间信息产业合作。加快新疆维吾尔自治区高分辨率对地观测系统应用示范区、北斗导航应用示范项目、反恐维稳空间信息综合服务系统建设，打造空间信息服务研发基地，加强与中亚国家合作。支持宁夏回族自治区充分利用中国—阿拉伯合作平台，依托中关村西部云基地，构建“一带一路”区域数据中心和云计算平台，促进与阿拉伯国家空间信息产业合作，探索建设国际空间信息港，拓展当地的空间信息消费市场，带动我国空间信息产能输出。构建统一标准的空间信息服务体系，促进区域内空间信息设施共建、共用和共享。

2. 加强21世纪海上丝绸之路空间信息产业合作。结合福建省自身发展需求，探索建立卫星海洋应用研发基地，开展海洋生态环境保护、海洋资源开发、海岸带经济发展相关卫星应用产品研发，拓展东盟及南亚沿海国家空间信息服务市场。推动中国—马来西亚钦州卫星应用产业园区、巴基斯坦电信港和中国—东盟信息港建设与合作。支持相关企业在泰国、老挝、印度尼西亚、柬埔寨等东盟国家合作建设北斗地基增强系统及基于北斗的室内外位置服务系统，促进北斗卫星导航系统在东盟地区的应用。

3. 推动航空物流空间信息服务示范。推动郑州航空物流空间信息港建设，推广卫星导航、ADS-B等技术在航空物流中的应用，探索航空物流空间信息服务体系，促进区域航空物流服务的互联互通和融合发展。

4. 加强“空间信息+”产业生态圈建设。结合“一带一路”六大经济走廊建设，积极推进与沿线国家开展多层次、全方位的空间信息产业合作。支持在东南亚、南亚、中亚、西亚、北非等区域联合建设空间信息产业发展与应用推广示范区，促进空间信息与大数据、物联网、移动通信、数字电视和云计算等高新技术的融合发展，构建“空间信息+”产业发展生态圈，拓展空间信息在智慧城市、智慧水利、智慧港口、智慧物流、智能电网等领域的服务。

（六）大幅度提高市场化、国际化水平

1. 做大卫星运营服务企业。鼓励社会资本参与具有市场价值的高分辨率对地观测卫星、移动通信卫星星座、数据采集卫星星座等空间基础设施建设与运营服务，积极支持我国卫星运营企业与沿线国家企业联合组建产业联盟，合作开展卫星通信、卫星遥感、卫星导航等相关领域服务，培养具有国际竞争力的卫星运营服务公司。

2. 做强空间信息服务企业。鼓励社会资本参与建设和运营基于空间信息的行业和区域云数据中心，提升空间信息“一站式”服务能力，拓展“空间信息+”增值服务产业发展空间。培育一批自主发展能力强、具有国际影响力的空间信息服务企业。

3. 加强空间信息成果共享服务。实施东盟、南亚、西亚、北非区域性空间信息应用推广计划，拓展空间信息在“一带一路”沿线国家位置服务、通信、文化、医疗、教育、食品安全、水安全、公共安全等领域应用的深度、广度和市场化程度。

(七)促进空间信息科技合作与交流

1. 共同支持空间信息相关科学前沿研究。建立空间技术与应用开放实验室，开展空间信息技术与服务的前沿方向研究。共同支持“一带一路”沿线国家开展碳源碳汇、土地退化、土壤侵蚀、气溶胶微观特性等影响区域长期稳定、可持续发展的重大科学问题研究。积极推动基于空间信息的厄尔尼诺现象、拉尼娜现象、水循环、生态变化、气候演化等涉及全球变化的重大课题研究合作。

2. 联合开展地球综合观测相关领域科技攻关。面向“一带一路”沿线国家对地球空间信息与技术的需求，充分利用多边和双边合作机制，合作开展综合地球观测，在生态环境、水资源、气象、交通、城镇化、矿产资源和能源、地质灾害、世界遗产保护与利用以及卫星测绘、数值预报等方面联合科技攻关，共同应对可持续发展、全球变化和重大灾害的挑战。

3. 加强多层次沟通与交流。发挥相关学会、行业协会、产业联盟的作用，定期举办空间信息技术应用推广、培训和技术交流活动，促进供需衔接。鼓励采取多种形式开展沟通与合作，促进卫星应用相关领域人才交流。

四、组织保障

(一)加强组织协调

各地区、各相关部门和企业在推进“一带一路”建设工作中，要把空间信息技术合作和推广应用作为一项重要任务，按照职能分工，狠抓落实。国防科工局(国家航天局)会同有关部门研究制定“一带一路”空间信息走廊建设与应用实施方案，并组织实施。发展改革委、国防科工局加强协调指导和督促检查，每年末汇总各项工作进展情况，提出下一年度工作计划，报请推进“一带一路”建设工作领导小组审议。

(二)做好对外宣传推介

“一带一路”外交、经贸、人文、应对气候变化等交流活动中,更加注重空间信息技术合作和推广应用,积极主动地宣传介绍我国空间信息技术新的发展成就。按照我国对外援助统一政策,结合对象国急需,支持利用我国航天技术、产品及获取的空间信息开展对外援助。利用双边和多边航天合作机制,努力推进项目实施。发挥现有对外交流平台的建设性作用,通过国际论坛、会展等对外交流活动,充分展示我国空间信息技术产品。调动相关协会、学会、商会、产业联盟的积极性,开展全方位、多层次宣传和推介工作。

(三)完善政策措施

有关部门在研究制定“一带一路”国别合作、经济走廊、经贸合作区等建设规划时,要纳入空间信息走廊建设应用内容。积极商对外援助受援国完善空间信息基础设施,推动实施采用我国空间信息技术产品的援外项目。加强卫星频率和轨道资源的规划、协调与指导,研究放宽卫星系统、地面系统、相关设备及服务的(生产制造、运营服务等)行业准入和出口限制,研究探索建立民用卫星发射场的可行性,鼓励社会资本参与“一带一路”空间信息走廊建设和运行服务。加快实施国家民用空间基础设施中长期发展规划以及中国第二代卫星导航系统和高分辨率对地观测系统重大专项建设,为“一带一路”空间信息走廊建设应用提供空间基础设施保障。加快出台国家民用遥感卫星数据政策以及鼓励政府加大遥感数据采购服务的相关政策。

(四)强化资金支持

鼓励引导社会资本参与“一带一路”空间信息走廊建设与应用。中央和地方财政相关专项资金应按照有关政策规定,对符合条件的“一带一路”空间信息走廊建设应用项目予以支持。丝路基金、中国—东盟海上合作基金、中国—中东欧投资合作基金、中国—欧亚经济合作基金等金融平台,要在规定的业务范围内研究参与投资空间信息走廊建设应用项目。国家开发银行、中国进出口银行、出口信用保险公司等开发性、政策性、商业性金融机构,在符合规定、风险可控的条件下,要积极为相关建设应用企业提供金融服务。研究鼓励社会资本采取市场化方式主导建立“一带一路”空间信息走廊建设应用基金。

(五)加强人才培养培训

鼓励相关部门利用国家援外培训计划,申报相关主题培训,支持相关部门和单位利用自有资金自主开展培训活动,培养“一带一路”沿线国家空间信息应用与服务人才。通过联合国附属空间科学与技术教育亚太区域中心、亚太空间合作组织(APSCO)教育培训中心等,开展线上线下结合的空间信息技术与应用培训。着力培养我国具有国际视野、通晓空间信息技术、熟悉沿线国家国情的复合型人才。

(资料来源:中国一带一路网:http://www.yidaiyilu.gov.cn/zchj/zcfg/2966.htm)

中欧班列建设发展规划
（2016—2020年）

国家发展改革委

2016年10月24日

中欧班列（英文名称CHINA RAILWAY Express，缩写CR express）是由中国铁路总公司组织，按照固定车次、线路、班期和全程运行时刻开行，运行于中国与欧洲以及“一带一路”沿线国家间的集装箱等铁路国际联运列车，是深化我国与沿线国家经贸合作的重要载体和推进“一带一路”建设的重要抓手。为推进中欧班列健康有序发展，根据《中华人民共和国国民经济和社会发展第十三个五年规划纲要》、《推动共建丝绸之路经济带和21世纪海上丝绸之路的愿景与行动》、《中长期铁路网规划》，制定本规划。

一、发展环境

亚欧大陆拥有世界人口的75%，地区生产总值约占世界总额的60%，东面是活跃的东亚经济圈，西面是发达的欧洲经济圈，中间广大腹地经济发展潜力巨大，特别是“一带一路”沿线国家资源禀赋各异，经济互补性强，合作空间广阔。“十二五”期间，中欧进出口贸易总额30230亿美元，同比增长33%，双向开放、产业联动效益初显。为促进中欧及沿线国家经贸往来，我国充分利用多双边机制，推动与沿线国家铁路、海关、检验检疫等方面合作,简化国际铁路运输过境手续,为班列开行创造有利条件。

目前,依托西伯利亚大陆桥和新亚欧大陆桥,已初步形成西中东三条中欧班列运输通道。自 2011 年首次开行以来,中欧班列发展势头迅猛,辐射范围快速扩大,货物品类逐步拓展,开行质量大幅提高。截至 2016 年 6 月底,中欧班列累计开行 1881 列,其中回程 502 列,国内始发城市 16 个,境外到达城市 12 个,运行线达到 39 条,实现进出口贸易总额约 170 亿美元。中欧班列全程服务平台组建运行,服务范围逐步拓展,全程服务能力稳步提升。

随着“一带一路”建设不断推进,我国与欧洲及沿线国家的经贸往来发展迅速,物流需求旺盛,贸易通道和贸易方式不断丰富和完善,为中欧班列带来了难得的发展机遇,也对中欧班列建设提出了新的更高要求。但是也要看到,中欧班列仍处于发展初期,还存在综合运输成本偏高、无序竞争时有发生、供需对接不充分、通关便利化有待提升,以及沿线交通基础设施和配套服务支撑能力不足等问题,迫切需要加以规范和发展完善。

二、总体要求

(一)指导思想

全面贯彻落实中央关于推进“一带一路”建设的战略部署,牢固树立和贯彻落实创新、协调、绿色、开放、共享的新发展理念,以提高发展质量和综合效率为中心,以优化服务、提供有效供给为主线,统筹兼顾当前和长远、地方和全局、陆运和海运、我国与沿线国家利益的关系,充分发挥政府、市场、企业的作用,着力完善国际贸易通道,提升贸易便利化水平;着力优化运输组织,提高班列运行质量;着力加强资源整合,降低全程物流成本;着力创新服务模式,增强综合服务能力,将中欧班列打造成为具有国际竞争力和良好商誉度的世界知名物流品牌,成为“一带一路”建设的重要平台。

(二)基本原则

合理布局、畅通联运。以铁路基础设施互联互通为支撑,强化向东联接,扩大向西开放,优化空间布局,合理布设枢纽节点,更好地利用国内国际两种资源、两个市场,打造安全高效便捷的国际联运走廊。

统筹协调、区域联动。围绕中欧班列组织和运营,加强跨行业、跨部门、跨地区的统筹协调,完善合作机制,加强分工协作,实现优势互补,避免无序竞争,推动形成联动发展新格局。

市场运作、政府引导。遵循市场经济规律,充分发挥市场在资源配置中的决定性作用,提升班列质量和效益。更好发挥政府作用,完善体制机制,营造良好发展环境,推动中欧班列健康有序发展。

开放包容、共建共享。发扬和平合作、开放包容、互学互鉴、互利共赢的丝绸之路精神,密切与沿线国家合作,寻找利益契合点和合作最大公约数,充分发挥各方优势与潜能,努力实现互利共赢。

(三)发展目标

到2020年,基本形成布局合理、设施完善、运量稳定、便捷高效、安全畅通的中欧班列综合服务体系。中欧铁路运输通道基本完善,中欧班列枢纽节点基本建成,货运集聚效应初显;中欧班列年开行5000列左右,回程班列运量明显提高,国际邮件业务常态化开展;方便快捷、安全高效、绿色环保的全程物流服务平台基本建成,品牌影响力大幅提升;通关便利化水平大幅提升,“单一窗口”模式基本实现全线覆盖。

三、空间布局

(一)中欧铁路运输通道

——**西通道。**一是由新疆阿拉山口(霍尔果斯)口岸出境,经哈萨克斯坦与俄罗斯西伯利亚铁路相连,途经白俄罗斯、波兰、德国等,通达欧洲其他各国。二是由霍尔果斯(阿拉山口)口岸出境,经哈萨克斯坦、土库曼斯坦、伊朗、土耳其等国,通达欧洲各国;或经哈萨克斯坦跨里海,进入阿塞拜疆、格鲁吉亚、保加利亚等国,通达欧洲各国。三是由吐尔尕特(伊尔克什坦),与规划中的中吉乌铁路等连接,通向吉尔吉斯斯坦、乌兹别克斯坦、土库曼斯坦、伊朗、土耳其等国,通达欧洲各国。

——**中通道。**由内蒙古二连浩特口岸出境,途经蒙古国与俄罗斯西伯利亚铁路相连,通达欧洲各国。

——**东通道。**由内蒙古满洲里(黑龙江绥芬河)口岸出境,接入俄罗斯西伯利亚铁路,通达欧洲各国。

中欧班列通道不仅连通欧洲及沿线国家,也连通东亚、东南亚及其他地区;不仅是铁路通道,也是多式联运走廊。

专栏1　三大通道主要货源吸引区
西通道：西北、西南、华中、华南等地区，经陇海、兰新等铁路干线运输。 中通道：华北、华中、华南等地区，经京广、集二等铁路干线运输。 东通道：东北、华东、华中等地区，经京沪、哈大等铁路干线运输。

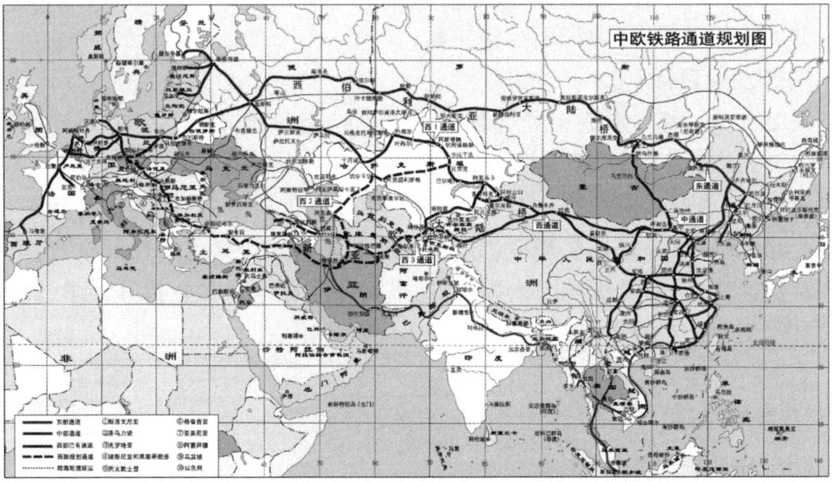

图1　中欧铁路通道规划图

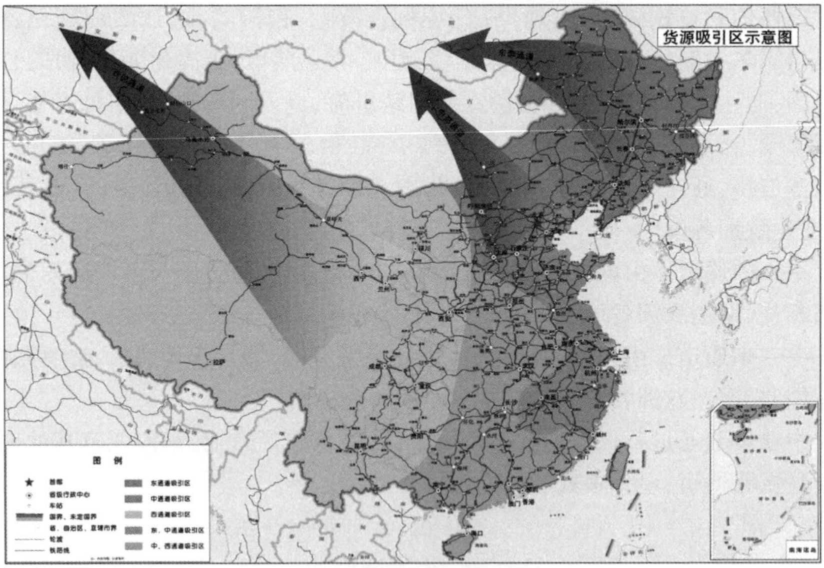

图2　三大通道货源吸引区示意图

(二)中欧班列枢纽节点

按照铁路“干支结合、枢纽集散”的班列组织方式,在内陆主要货源地、主要铁路枢纽、沿海重要港口、沿边陆路口岸等地规划设立一批中欧班列枢纽节点。

——内陆主要货源节点。具备稳定货源,每周开行 2 列以上点对点直达班列,具有回程班列组织能力,承担中欧班列货源集结直达功能。

——主要铁路枢纽节点。在国家综合交通网络中具有重要地位,具备较强的集结编组能力,承担中欧班列集零成整、中转集散的功能。

——沿海重要港口节点。在过境运输中具有重要地位,具备完善的铁水联运条件,每周开行 3 列以上点对点直达班列,承担中欧班列国际海铁联运功能。

——沿边陆路口岸节点。中欧班列通道上的重要铁路国境口岸,承担出入境检验检疫、通关便利化、货物换装等功能。

鼓励其他城市(地区)积极组织货源,在中欧班列枢纽节点集结,以提高整体效率和效益。

依据境外货源集散点及铁路枢纽情况,合理设置中欧班列境外节点。

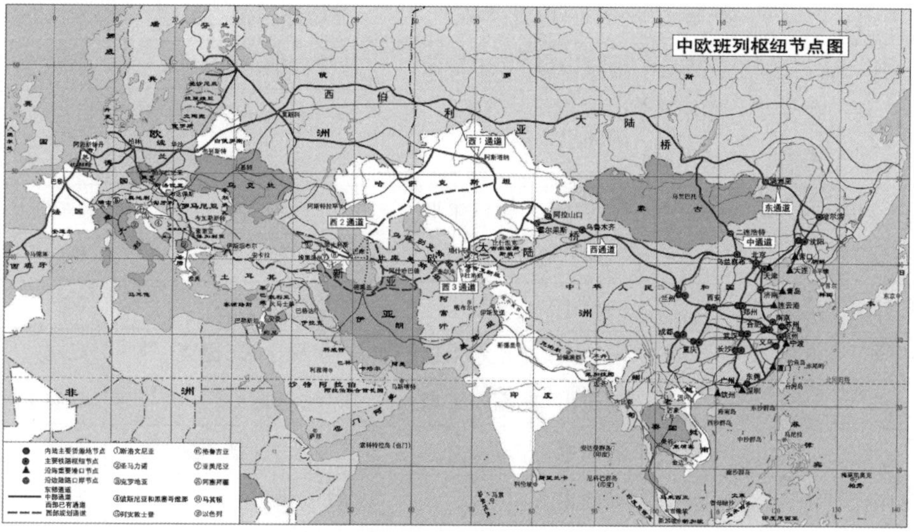

图 3 中欧班列枢纽节点规划图

专栏2　中欧班列枢纽节点
内陆主要货源地节点：重庆、成都、郑州、武汉、苏州、义乌、长沙、合肥、沈阳、东莞、西安、兰州。主要铁路枢纽节点：北京（丰台西）、天津（南仓）、沈阳（苏家屯）、哈尔滨（哈尔滨南）、济南（济西）、南京（南京东）、杭州（乔司）、郑州（郑州北）、合肥（合肥东）、武汉（武汉北）、长沙（株洲北）、重庆（兴隆场）、成都（成都北〉、西安（新丰镇）、兰州（兰州北）、乌鲁木齐（乌西）、乌兰察布（集宁）。沿海重要港口节点：大连、营口、天津、青岛、连云港、宁波、厦门、广州、深圳、钦州。 沿边陆路口岸节点：阿拉山口、霍尔果斯、二连浩特、满洲里。

（三）中欧班列运行线

中欧班列运行线分为中欧班列直达线和中欧班列中转线。中欧班列直达线是指内陆主要货源地节点、沿海重要港口节点与国外城市之间开行的点对点班列线；中欧班列中转线是指经主要铁路枢纽节点集结本地区及其他城市零散货源开行的班列线。

专栏3　既有中欧铁路直达班列线

序号	国内发（到）城市	边境口岸	境外到（发）城市	方向
1	重庆	阿拉山口（霍尔果斯）	杜伊斯堡（德国）等	双向
2		满洲里	切尔克斯克（俄罗斯）等	去程
3	郑州	阿拉山口（霍尔果斯）	汉堡（德国）等	双向
4		二连浩特	汉堡（德国）等	双向
5	成都	阿拉山口（霍尔果斯）	罗兹（波兰）等	双向
6	武汉	阿拉山口（霍尔果斯）	帕尔杜比采（捷克）等	双向
7	武汉	阿拉山口（霍尔果斯）	汉堡（德国）等	双向
8		满洲里	托木斯克（俄罗斯）等	回程
9	苏州	满洲里	华沙（波兰）等	去程
10		满洲里	布列斯特（白俄罗斯）等	回程
11	义乌	阿拉山口（霍尔果斯）	马德里（西班牙）等	双向

续表

序号	国内发(到)城市	边境口岸	境外到(发)城市	方向
12	沈阳	满洲里	汉堡(德国)等	双向
13	长沙	满洲里	汉堡(德国)等	去程
14	兰州	阿拉山口(霍尔果斯)	汉堡(德国)等	双向
15	北京—天津	二连浩特	乌兰巴托(蒙古)等	双向
16	连云港	阿拉山口(霍尔果斯)	阿拉木图(哈萨克斯坦)等	双向
17	营口	满洲里	后贝加尔(俄罗斯)等	双向
18	青岛	阿拉山口(霍尔果斯)	阿拉木图(哈萨克斯坦)等	去程
19	乌鲁木齐	阿拉山口(霍尔果斯)	阿拉木图(哈萨克斯坦)等	去程
20	西安	阿拉山口(霍尔果斯)	阿拉木图(哈萨克斯坦)等	双向
21	合肥	阿拉山口(霍尔果斯)	阿拉木图(哈萨克斯坦)等	去程
22	济南	阿拉山口(霍尔果斯)	阿拉木图(哈萨克斯坦)等	去程

专栏4　规划中欧铁路直达班列线

序号	国内发(到)城市	边境口岸	境外到(发)城市	方向
1	石家庄—保定	阿拉山口(霍尔果斯) 二连浩特	明斯克(白俄罗斯)等	双向
2	昆明	阿拉山口(霍尔果斯) 二连浩特	鹿特丹(荷兰)等	双向
3	贵阳	阿拉山口(霍尔果斯) 二连浩特	杜伊斯堡(德国)等	双向

续表

序号	国内发(到)城市	边境口岸	境外到(发)城市	方向
4	厦门	阿拉山口(霍尔果斯)满洲里	罗兹(波兰)等	双向
5	库尔勒	阿拉山口(霍尔果斯)	杜伊斯堡(德国)等	双向
6	太原	阿拉山口(霍尔果斯)二连浩特	阿拉木图(哈萨克斯坦)等 莫斯科(俄罗斯)等	双向
7	南昌	阿拉山口(霍尔果斯)二连浩特	阿拉木图(哈萨克斯坦)等 莫斯科(俄罗斯)等	双向
8	南京	阿拉山口(霍尔果斯)满洲里	阿拉木图(哈萨克斯坦)等 莫斯科(俄罗斯)等	双向
9	南宁	二连浩特 满洲里	乌兰巴托(蒙古国)等莫斯科(俄罗斯)等	双向
10	哈尔滨	满洲里	比克良(俄罗斯)等	双向
11	长春	满洲里	施瓦茨海德(德国)等	双向
12	大连	满洲里	汉堡(德国)等	双向
13	银川	阿拉山口(霍尔果斯)	德黑兰(伊朗)等	双向
14	西宁	阿拉山口(霍尔果斯)	阿拉木图(哈萨克斯坦)等 杜伊斯堡(德国)等	双向
15	包头	阿拉山口(霍尔果斯)二连浩特	德黑兰(伊朗)等乌兰巴托(蒙古国)等	双向
16	临沂	阿拉山口(霍尔果斯)二连浩特	阿拉木图(哈萨克斯坦)等 乌兰巴托(蒙古国)等	双向
17	武威	阿拉山口(霍尔果斯)	阿拉木图(哈萨克斯坦)等	双向

续表

序号	国内发(到)城市	边境口岸	境外到(发)城市	方向
18	义乌	阿拉山口(霍尔果斯)	德黑兰(伊朗)等	双向
19	连云港	阿拉山口(霍尔果斯)	伊斯坦布尔(土耳其)等	双向
20	天津	阿拉山口(霍尔果斯)满洲里	莫斯科(俄罗斯)等	双向

四、重点任务

(一)完善国际贸易通道

1. 重点完善境内通道网络。畅通瓶颈路段,提升三大通道境内段路网运能。加快库尔勒—格尔木、兰渝等铁路建设,推进集宁—二连浩特等铁路扩能改造。根据需要和进展情况,适时开展阿克苏—喀什段扩能、和田—若羌—罗布泊、喀什—红其拉甫等铁路项目前期研究。

2. 有序推动境外通道建设。积极推动与中欧班列沿线国家共同制定欧亚铁路规划,稳步推进境外铁路建设。加快推动中吉乌、中巴等铁路项目前期研究。欢迎蒙古国和俄罗斯铁路对陈旧线路进行升级改造,改善沿线国境站、换装站的场站布局和配套设施设备,促进中俄蒙三方铁路点线能力的匹配衔接。

(二)加强物流枢纽设施建设

围绕中欧班列枢纽节点打造一批具有多式联运功能的大型综合物流基地,完善冷链物流基地、城市配送中心布局,支持在物流基地建设具有海关、检验检疫等功能的铁路口岸,加强与港口、机场、公路货运站以及产业园区的统筹布局和联动发展,形成水铁、空铁、公铁国际多式联运体系,实现无缝高效衔接。鼓励国内企业在国外重要节点城市和与我国产能合作密切城市,通过收购、合资、合作等方式,加强物流基地、分拨集散中心、海外仓等建设,提升物流辐射和服务能力。

(三)加大资源整合力度

1. 优化运输组织。加大中欧班列组织力度,稳定既有直达班列,发展中转班列,力争到2020年,集装箱铁路国际联运总量中班列占比达到80%。加强调度指挥和监督考核,完善过程组织,实现全程盯控,强化应急处理,提高班列正点率。根据市场需求增加班列线，结合中欧通道实际运输能力，组织制订中欧班列开行及优化调整方案。加强与国外铁路协作，建立班列运行信息交换机制，强化班列全程监控，联合铺画全程运行图，压缩班列全程运行时间，达到日均运行1300公里左右运输组织水平。

2. 强化货源支撑。国家有关部门、单位在对外投资、物流园区建设时，要将中欧班列作为物流配套方式，同步规划、同步建设、同步推进。加强与沿线国家政府相关方面的合作，以国际产能和备制造合作为契机，推动中欧班列向我国在沿线国家建设的境外经贸合作区、有关国家工业园区、自由港区延伸，吸引更多货源通过中欧班列运输。

地方政府支持区域内企业扩大与中欧班列沿线国家的产能合作、贸易往来，增加中欧班列货源。

铁路部门要加强与国内外大型物流企业、港口企业、货代公司合作，发挥集货作用，促进优势互补。鼓励我国企业在境外重点区域设立办事机构，推进合资建立经营网点，提高境外物流经营能力。

3. 加强品牌建设。中欧班列品牌由中国铁路总公司负责建设与管理。作为国家支持建设的国际物流知名品牌，地方政府、企业要按照《中欧班列品牌建设方案》的要求共同推进中欧班列品牌建设。中国铁路总公司制定出台管理办法，加强中欧班列品牌管理。

4. 加快境外经营网点建设。按照中欧铁路通道、节点、境外产业、贸易等布局，分批建设境外分拨集散中心，形成中欧班列境外快捷集疏运能力。

（四）创新运输服务模式

1. 提供全程物流服务。围绕物流链全流程，强化运输、仓储、配送、检验检疫、通关、结算等环节高效对接，提供一站式综合服务。鼓励公路、水运、航空等运输方式与中欧班列有效衔接，打造全程化物流服务链条。建立中欧班列客户服务中心，为客户提供业务受理、单证制作、报关报检、货物追踪、应急处置等服务。

2. 拓展国际邮件运输。参照货物监管方式，结合国际邮件特性，推行国际邮件“属地查验、口岸验放”模式。大力推进电子化通关，加强与国外邮政、海关、检验检疫、铁路部门合作，推进邮递物品海关监管互认。设立若干国际邮件铁路口岸重点交换站，加快推进中欧班列进出口国际邮件相关工作，实现国际邮件常态化运输。进一步优化国际铁路运邮作业组织、通关和换装流程，提升邮件运输时效，改善数据反馈的及时性和准确性。

专栏 5　中欧班列邮件运输线路规划			
始发站	集散范围	国境站	到站
郑州	华中、华北地区邮件	阿拉山口/二连浩特	莫斯科/杜伊斯堡/汉堡
重庆	华南、西南地区邮件	阿拉山口	莫斯科/杜伊斯堡/汉堡
乌鲁木齐	西北地区邮件	阿拉山口	阿拉木图/莫斯科
苏州	华东地区邮件	满洲里	莫斯科/杜伊斯堡/汉堡
哈尔滨	东北地区邮件	满洲里	莫斯科

3. 推行电子货物清单。根据跨境电商的运输需求,采用拼箱运输方式,协调国外铁路、海关和检验检疫等部门,推行电子快递清单,研究开展中欧班列国际快件运输。

4. 提升物流增值服务。拓展国际代理采购、国际保险理赔、货物质押等增值服务。利用相关口岸节点及综合保税区布局优势,支持跨境货物加工与转口贸易。

5. 推动建立统一的规则体系。积极推动与铁路合作组织、国际铁路联盟、世界海关组织、万国邮政联盟等国际组织的合作,建立统一互认的单证格式、货物安全、保险理赔、通关便利、数据共享等相关规则和技术标准,提高班列运行质量和效率。

(五)建立完善价格机制

遵循市场规则,根据运量变化情况,按照量价捆绑原则,建立灵活的中欧班列全程定价机制。有效集中各地货源,依托常态化、规模化运营能力,统一开展境外价格谈判,提高全程价格主导权,有效降低国际联运全程物流成本。

(六)构建信息服务平台

1. 推进物流公共信息平台发展。整合国内相关行业、部门、企业信息资源,建设中欧班列信息服务平台,逐步实现与沿线国家铁路、海关、检验检疫等信息系统的电子数据交换与共享,打通物流信息链,推行海关、检验检疫、铁路、港口单据电子化,打造"数字化"中欧班列。

2. 强化智能监控监管。引入北斗卫星定位技术实施全程定位,增加集装箱安全智能防盗设施;保持与沿途国家的密切沟通,建立中欧班列安全合作机制,提高班列运行全程监控能力,保障货物运输安全。

(七)推进便利化大通关

1. 加强沿线国家海关国际合作。与中欧班列沿线国家海关建立国际合作机制，推进信息互换、监管互认、执法互助的海关合作，扩大海关间监管结果参考互认、商签海关合作协定等，推行中欧“经认证经营者”互认合作，提高通关效率。支持将铁路运输模式纳入中欧安全智能贸易（简称“安智贸”）航行试点计划。

推动全国通关一体化，企业可以选择任何一个海关申报、缴纳税款。加强重要物流节点的多式联运监管中心建设，实现一次申报、指运地（出境地）一次查验，对换装地不改变施封状态的直接放行。海关、检验检疫等口岸查验机构加强协作，力争使班列在口岸停留时间不超过6小时。

加快推进物流监控信息化建设，提高多式联运管控的信息化、智能化、规范化水平，建立集约、快速、便捷、安全的多式联运监管模式。

2. 推进检验检疫一体化。加强沿线国家检验检疫国际合作，推进疫情区域化管理和互认，在中欧班列沿线区域打造无特定动植物疾病绿色通道，在班列沿线检验检疫机构间实施“通报、通检、通放”，实现沿线“出口直放、进口直通”，对符合条件的中欧班列集装箱货物实施免于开箱查验、口岸换证等政策。

打造铁海（水、陆）联运国际中转（过境）物流通道，建立中欧班列检验检疫信息化系统，实现全口径进出境班列数据共享，简化纸质单证，推进检验检疫无纸化，实施“进境口岸检疫、境内全程监控、出境直接核放”监管模式。

3. 进一步扩大口岸开放。支持有条件的地方建设进境肉类、水产品、粮食、水果、种苗、汽车整车、木材等国家指定口岸，对符合国家要求的，优先审批，优先安排验收。在获得指定口岸正式资质前，对具备相应检验检疫监管条件的，允许其作为相应品类进口口岸，先行先试。

加强与沿线国家（地区）间的口岸交流合作，适时修订和完善双边陆地边境口岸管理协定。加强边境口岸设施建设，提高进出境通关能力。科学布设内陆铁路口岸，满足中欧班列发展需要。

推进国际贸易“单一窗口”、口岸管理共享平台建设，简化单证格式，统一数据标准，优化口岸监管、执法、通关流程，提高口岸智能化水平。

五、保障措施

（一）加强组织领导

发挥推进“一带一路”建设工作领导小组办公室专题协调机制作用，加强各部门、各地方政府的沟通协调，提升整体竞争优势。发挥好中央、地方、企业等各方作用,统筹协调,为中欧班列营造良好运营环境和发展条件。

(二)推进对外协调

国家发展和改革委员会、外交部、商务部、交通运输部等国家部委将中欧班列有关议题纳入我国与沿线国家双多边投资、贸易、外交、运输等磋商机制。发挥我驻外使领馆与驻在国政府对接协调作用,做好国内外信息沟通和情况通报。利用多双边机制,强化与国际机构及相关行业协会、智库合作,加强与沿线各国海关及检验检疫部门合作。视需要要求驻中欧班列沿线重点国家使馆指定外交人员协调相关工作,逐步建立涵盖境内外铁路、海关、检验检疫等部门以及地方政府和货代、物流等企业的中欧班列协调机制。

(三)加大资金投入

在遵循多边程序和市场化规则的基础上,利用亚洲基础设施投资银行、丝路基金等金融投资机构,在规定业务范围内支持中欧铁路通道和节点建设,支持重大动植物疾病疫情防控与交流合作。发挥各类投融资基金作用,鼓励境内基金机构"走出去",以股权投资、债务融资等方式支持中欧班列建设。加大中央预算内投资对中欧铁路通道国内段建设的支持力度。吸引社会资本投入,鼓励铁路、地方、企业共同出资建设,共享投资收益。

(四)完善政策支持

加大土地等政策支持力度,保障通道、枢纽等建设用地。落实相关税收政策、执行相关税收协定,清理不合规的口岸收费,加大对阿拉山口、霍尔果斯等口岸建设和运行支持力度,保证口岸的正常建设和运营。加大进出口配额等贸易政策支持力度。完善境外投资管理制度,提高企业对外投资便利化水平。利用领事磋商等渠道,推动人员往来便利化。

(五)加强科技创新

统筹利用国家铁路智能运输系统工程技术研究中心和轨道交通系统测试国家工程实验室等相关国家科技创新平台,开展铁路物流科技装备、冷链关键技术等研发工作。充分发挥科研机构、高校、协会的积极作用,及时开展中欧班列建设发展相关问题研究。广泛吸纳国内外科技人才,加强精通语言、熟知专业知识的复合型人才培养。

(资料来源:中国一带一路网:https://www.yidaiyilu.gov.cn/wcm.files/upload/CMSydylgw/201701/201701100443041.pdf)

中医药"一带一路"发展规划（2016—2020年）

国家中医药管理局、国家发展和改革委员会
2016年12月26日

为贯彻落实《推动共建丝绸之路经济带和21世纪海上丝绸之路的愿景与行动》，加强与"一带一路"沿线国家在中医药（含民族医药）领域的交流与合作，开创中医药全方位对外开放新格局，制定本规划。

一、基本形势

自古以来，中医药就是古丝绸之路沿线国家交流合作的重要内容，伴随早期的商贸活动在沿线国家落地生根，以不同形态成为沿线民众共享共建的卫生资源。近年来，随着健康观念和医学模式的转变，中医药在防治常见病、多发病、慢性病及重大疾病中的疗效和作用日益得到国际社会的认可和接受。目前，中医药已传播到183个国家和地区，中国已同外国政府、地区主管机构和国际组织签署了86个中医药合作协议。屠呦呦研究员因发现青蒿素获得2015年诺贝尔生理学或医学奖，表明中医药为人类健康做出卓越贡献。中医针灸列入联合国教科文组织"人类非物质文化遗产代表作名录"，《本草纲目》和《黄帝内经》列入"世界记忆名录"。国际标准化组织（ISO）成立中医药技术委员会（ISO/TC249），并陆续制定颁布10余项中医药国际标准。以中医药为代表的传统医学首次纳入世界卫生组织国际疾病分类代码(ICD-11),中医药作为国际医学体系的重要组成部分,正为促进人类健康发挥积极作用。

与此同时,我们也清醒地认识到,中医药“一带一路”发展还面临着诸多困难和挑战。由于文化背景和理论体系的差异,沿线卫生管理模式大部分建立在现代医学体系上,中医药面临政策和技术等方面的壁垒。传统医药在大多数国家处于补充和替代地位,发展环境不容乐观。国内中医药事业发展质量和效益尚显薄弱,“走出去”的基础有待加强。同时,现有外向型合作机制还不能很好地适应形势发展需要,具有国际竞争力的外向型团队尚未形成,中医药参与“一带一路”建设的任务依然十分艰巨。

推动中医药“一带一路”建设,对服务国家战略具有重要意义。中医药凝聚着中华民族传统文化的精华,是中华文明与沿线国家人文交流的重要内容,有助于促进与沿线国家民心相通。中医药是中国特色医药卫生事业的重要组成部分,可以为沿线国家解决医疗可持续发展提供借鉴参考,满足沿线各国建设民生的普遍关切。随着中医药融入国际医学体系的步伐逐渐加快,中医药健康服务业发展存在巨大潜力,能够为促进经济结构转型、拉动经济增长贡献力量。积极参与“一带一路”建设,有利于促进中医药传承创新,促进中医药原创思维与现代科技融合发展,为维护人类健康做出新的贡献。

二、总体要求

(一)指导思想。

认真落实党的十八大和十八届二中、三中、四中、五中、六中全会精神,深入贯彻习近平总书记系列重要讲话精神,按照“一带一路”愿景与行动倡议总体部署,秉持亲诚惠容,坚持共商、共建、共享理念,遵循中医药发展规律,充分利用国内国际两种资源、两个市场、两类规则,立足沿线各国不同发展现状,丰富对外合作内涵,提高对外合作水平,统筹推进中医药医疗、保健、教育、科研、文化和产业的对外交流与合作,实现中医药与沿线各国传统医学和现代医学的融合发展,为“一带一路”倡议服务,为维护人类健康服务。

(二)基本原则。

依托优势,服务大局。充分发挥中医药作为卫生资源、经济资源、科技资源、文化资源和生态资源等五大资源优势,服从和服务于国家全方位对外开放新格局的整体部署,推动中医药与沿线各国深度融合。

政府引领,市场运作。充分利用政府间现有多边、双边机制,搭建稳固合作平台。发挥各类机构在对外合作中的主体作用,充分遵循市场规律,加强供给侧和需求侧协同发展,扩大有效和中高端供给。

因地制宜,分类施策。立足沿线各国不同发展现状,针对当地民众医疗保健需求,有区别地选择合作领域、模式和项目,制定和实施符合实际的合作路线和措施。

上下联动,内外统筹。统筹国际和区域发展布局,有效引导地方依据自身特色与沿线国家开展交流合作,形成错位发展、分工协作、步调一致、共同推进的工作局面。

(三)发展目标。

到2020年,中医药“一带一路”全方位合作新格局基本形成,国内政策支撑体系和国际协调机制逐步完善,以周边国家和重点国家为基础,与沿线国家合作建设30个中医药海外中心,颁布20项中医药国际标准,注册100种中药产品,建设50家中医药对外交流合作示范基地。中医药医疗与养生保健的价值被沿线民众广泛认可,更多沿线国家承认中医药的法律地位,中医药与沿线合作实现更大范围、更高水平、更深层次的大开放、大交流、大融合。

三、主要任务

(一)政策沟通,完善政府间交流合作机制。

充分利用现有政府间合作机制,加强传统医学政策法规、人员资质、产品注册、市场准入、质量监管等方面的交流沟通和经验分享,为有条件的中医药机构“走出去”搭建平台,为中医药对外合作提供政策支持。深化与世界卫生组织、国际标准化组织、上海合作组织、中东欧、欧盟、东盟等多边合作机制,积极参与国际组织发展战略、运行规则、政策动态和标准规范的研究与制定,营造有利于中医药海外发展的国际环境。

专栏 1　政府间合作机制建设
双边合作机制项目 落实中医药双边合作协议，构建政府间磋商和协调机制，加强政策沟通，协调解决重大问题，为中医药沿“一带一路”走出去营造良好政策环境。 国际组织平台项目 充分发挥世界卫生组织、国际标准化组织等多边组织作用，利用国际植物药法规与监管合作组织(IRCH)、中国—中东欧、中国—东盟、西太区草药协调论坛等多边机制，积极参与国际传统医学发展战略和标准规范研究与制定工作。

(二)资源互通，与沿线国家共享中医药服务。

回应国际需求，做好区域布局，支持各类优秀中医药机构与沿线国家合作建设中医药中心，结合不同国家的常见病、多发病、慢性病以及重大疑难疾病，面向沿线民众提供中医医疗和养生保健服务，推动中医药理论、服务、文化融入沿线国家卫生体系。以医带药，针对不同国家的药品规管制度，推动成熟的中药产品以药品、保健品、功能食品等多种方式在沿线国家进行注册，形成知名品牌，扩大中药产品在国际市场所占份额。

专栏 2　中医药国际医疗服务体系建设
中医药海外中心项目 支持与沿线国家政府开展合作，本着政府支持、民间运作、服务当地、互利共赢的原则，沿中蒙俄、中国—中亚—西亚、中国—中南半岛、新亚欧大陆桥、中巴、孟中印缅等国际经济合作走廊，在中亚、西亚、南亚、东南亚、中东欧、欧洲、大洋洲、非洲等区域建设 30 个中医药海外中心。 中医药国际医疗基地项目 依托各类中医药机构，在国内建设一批中医药国际医疗合作基地，提升外向型合作水平，吸引沿线民众来华接受中医药医疗保健服务。支持有实力的中医医疗机构获得国际知名保险机构的认证，提高国内中医医疗机构的服务品质，推动纳入国际医疗保险体系。 中药产品海外注册项目 搭建中药海外注册的公共服务平台，支持 100 种成熟的中药产品以药品、保健品、功能食品等多种方式在沿线国家进行注册，进入沿线国家医疗卫生体系，不断完善销售渠道，形成知名品牌，扩大国际市场份额。

(三)民心相通，加强与沿线国家人文交流。

开展中医药公共外交，以中医药为载体传播中华传统文化，用国际化语言讲述中国故事，促进中医药文化在沿线国家传播与推广，将中医药打造成中国在国际舞台的一张亮丽名片。优化中医药对外教育结构、提高教育质量，鼓励中医药高等院校、社会团体等机构与沿线著名大学合作，将中医药学科建设纳入沿线高等教育体系。面向沿线国家开展中医药学历教育、短期培训和进修，提高沿线中医药从业人员的素质和水平。

专栏3　中医药国际教育及文化传播体系建设
与沿线国家合作办学项目 与沿线知名大学合作办学，将中医药纳入沿线国家高等教育体系，扩大中医药在沿线国家的学历教育和继续教育规模，提升教学质量。在条件成熟的沿线国家开设更多的中医孔子学院。 中医药国际教育基地项目 遴选一批具备条件的中医药高等院校，面向沿线国家开展中医药学历教育、短期培训以及临床实习。加强海外中医医师规范化培训，提高服务能力和诊疗水平。支持中医药院校开展非学历远程教育。 中医药国际文化传播项目 积极利用驻外使领馆、中医药海外中心、孔子学院和海外中国文化中心等多种平台，举办大型中医药文化展览、义诊、健康讲座和科普宣传活动，制作中医药国际宣传材料，促进沿线民众对中医药理论和医疗保健服务作用的了解与认同。

（四）科技联通，推动中医药传承创新。

支持中医医疗机构、科研院所、高等院校和中药企业与沿线一流机构开展科技合作，建立协同创新机制和合作平台，运用现代科学技术和中医药传统研究方法，开展多领域、跨学科联合攻关，加强中医药领域国际科技合作，并转化为产品、技术和服务。遵照国际标准制定规则，充分借助世界卫生组织和国际标准化组织等平台，研究制定符合中医药特点的疾病诊断、治疗方法、疗效评价、质量控制等国际标准和规范，在沿线国家推广应用。优化中医药知识产权公共服务，加强中药资源和中医药知识产权保护。

专栏4　中医药国际科技体系建设
高层次中医药国际科技合作项目 支持中医药科研机构和高等院校与沿线国家共建联合实验室或研究中心，利用国际先进的现代科学技术和方法，进行科研大协作，开展中医药基础理论、临床和中药产品等重点领域研究。针对沿线国家常见病、多发病、重大疾病，开展中医药循证医学研究，为中医药进入沿线国家主流医药市场发挥支撑引领作用。 中医药国际标准化项目 以世界卫生组织国际疾病分类代码传统医学章节（ICTM）项目和国际标准化组织中医药技术委员会（ISO/TC249）平台为重点，围绕中医、中药材、中药产品、中医药医疗器械设备、中医药名词术语与信息学等领域颁布20项国际标准，并开展采标、认证、推广等合作。

(五)贸易畅通,发展中医药健康服务业。

充分利用“互联网 +”等新兴业态,加强供给侧改革,建立以沿线市场需求为导向的中医药贸易促进体系和国际营销体系。拓展中医药服务贸易市场,发挥中医药医疗保健、教育培训等传统服务贸易领域的规模优势,支持在海内外设立中医药服务贸易机构,巩固传统市场,挖掘服务出口潜力,提高新兴国家市场占比。支持有实力的中药企业通过新设、并购、租赁、联合投资等方式在沿线国家建立子公司或分公司,构建跨国营销网络,建设中医药物流配送中心和经济联盟。利用多边、双边自由贸易区谈判,推动中医药产品和服务贸易发展。

专栏5　中医药国际贸易体系建设
中医药服务贸易项目 建立以跨境支付、境外消费、商业存在和自然人移动四种模式协调发展的中医药服务贸易体系,扶持一批市场优势明显、具有发展前景的中医药服务贸易示范项目,建设一批特色突出、能够发挥引领辐射作用的中医药服务贸易骨干机构,创建若干个综合实力强、国际影响力突出的中医药服务贸易重点区域。 中医药健康旅游项目 整合中医药医疗机构、养生保健机构、生产企业等资源,建设以中医药文化传播和体验为主题,融中医医疗、养生、康复、养老、文化传播、商务会展、中药材科考与旅游于一体的10个中医药健康旅游示范区、100个示范基地和1000个示范项目。 中医药参与中外自贸区谈判项目 积极参与中外自贸区谈判,推动将中医药纳入中外自贸协定内容,扩大沿线国家对中医药的市场开放,降低对中医药服务和产品的准入壁垒。

四、保障措施

(一)完善政策机制。

建立多部门协调机制,推动将“一带一路”中医药建设纳入国家外交、卫生、科技、文化、贸易等发展战略中,制定扶持政策,实施优惠措施,为中医药与“一带一路”沿线国家合作提供强有力的政策保障。推动将中医药合作纳入与沿线国家多、双边合作机制,加强与沿线国家在传统医药、中医药相关法律法规、政策措施等领域信息交流,加大政府间磋商力度,推动沿线国家放宽对中医药服务及产品的准入限制。

(二)加大金融财税支持。

充分发挥丝路基金作用,对中医药“一带一路”建设项目给予支持。鼓励国家政策性银行在业务范围内为符合条件的中医药服务出口项目提供信贷支持。

鼓励社会资本积极参与中医药“一带一路”建设,以多种形式成立中医药“一带一路”基金。支持保险公司对中医药“一带一路”建设项目和服务出口项目提供保险服务,鼓励保险资金参与中医药“一带一路”建设项目。建设以各类中医药机构为主体、以项目为基础、各类基金为引导、社会各界广泛参与的多元化投融资模式。符合条件的经认定为高新技术企业的中医药骨干企业可按税收法律法规规定,减按 15% 的税率征收企业所得税。对企业从事中药材的种植、牧畜、家禽的饲养以及濒危野生动植物养殖(种植)等项目所得,可按税收法律法规规定减免企业所得税。

(三)强化人才队伍建设。

通过多种途径和渠道,培养一批中医药基本功扎实、熟练使用外国语言、熟悉国际规则的复合型人才。加强海外高层次人才的引进,聘请有国际交流与合作经验及影响力的专家、知名人士作为中医药对外交流与合作顾问,推动建设中医药对外交流合作专家智库。有针对性地选派优秀人才到国际组织任职锻炼,建设国际人才梯队,逐步打造一支高素质的国际人才队伍。

(四)加强组织实施。

发挥推进“一带一路”建设工作领导小组和国家中医药工作部际联席会议制度作用,制定任务分工方案,协调解决重大问题,加强对政策落实的指导、督促和检查。地方各级政府要将中医药“一带一路”工作纳入经济社会发展规划,加强组织领导,健全统筹协调机制和工作机制,制定具体实施方案,鼓励相关机构开展中医药“一带一路”合作,实现各地方分工协作、错位协调发展态势。

(资料来源:中国一带一路网:https://www.yidaiyilu.gov.cn/wcm.files/upload/CMSydylgw/201703/201703200329031.pdf)

文化部“一带一路”文化发展行动计划(2016—2020年)

文化部

2016年12月29日

为深入贯彻十八大和十八届三中、四中、五中、六中全会精神,深入贯彻习近平总书记系列重要讲话精神,落实经国务院授权,由国家发展改革委、外交部、商务部联合发布的《推动共建丝绸之路经济带和21世纪海上丝绸之路的愿景与行动》(以下简称《愿景与行动》),加强与“一带一路”沿线国家和地区的文明互鉴与民心相通,切实推动文化交流、文化传播、文化贸易创新发展,特制定本行动计划。

一、指导思想与基本原则

(一)指导思想

高举中国特色社会主义伟大旗帜,以邓小平理论、“三个代表”重要思想和科学发展观为指导,深入贯彻落实习近平总书记系列重要讲话精神,坚持社会主义先进文化前进方向,认真贯彻落实《愿景与行动》的整体部署,助推“一带一路”沿线国家和地区积极参与文化交流与合作,传承丝路精神,促进文明互鉴,实现亲诚惠容、民心相通,推动中华文化“走出去”,扩大中华文化的国际影响力,为实现《愿景与行动》总体目标和全面推进“一带一路”建设,夯实民意基础。

(二)基本原则

政府主导,开放包容。坚持文化对外开放战略布局,发挥政府引领统筹作用,加强与“一带一路”沿线国家和地区政府间文化交流,着力建立长效合作机制,充分发挥国内各省区市优势,鼓励社会力量积极参与、共同建设。

交融互鉴,创新发展。秉承和而不同、互鉴互惠的理念,尊重“一带一路”沿线国家和地区人民的精神创造和文化传统,以创新为动力,充分运用互联网思维和新科技手段,推动“一带一路”多元文化深度融合。

市场引导,互利共赢。兼顾各方利益和关切,遵循国际规则和市场规律,充分发挥市场在资源配置中的重要作用,调动各方积极性,将文化与外交、经贸密切结合,形成文化交流、文化传播、文化贸易协调发展态势,实现互利共赢。

二、发展目标

准确把握“一带一路”倡议精神,全方位提升我国文化领域开放水平,秉承立足周边、辐射“一带一路”、面向全球的合作理念,构建文化交融的命运共同体。着力实现以下目标:

——文化交流合作机制逐步完善。与“一带一路”沿线国家和地区政府、民间文化交流合作机制进一步健全,部际、部省等工作机制进一步完善。形成政府统筹、社会参与、市场运作的整体发展机制和跨地区、跨部门、跨行业的文化交流合作协调发展态势。

——文化交流合作平台基本形成。加快在“一带一路”沿线国家和地区设立中国文化中心,形成布局合理、功能完备的设施网络。以“一带一路”为主题的各类艺术节、博览会、交易会、论坛、公共信息服务等平台建设逐步实现规范化和常态化。

——文化交流合作品牌效应充分显现。打造文化交流合作知名品牌,继续扩大“欢乐春节”品牌在沿线国家的影响,充分发挥“丝绸之路文化之旅”、“丝绸之路文化使者”等重大文化交流品牌活动的载体作用。

——文化产业及对外文化贸易渐成规模。面向“一带一路”国际文化市场的文化产业发展格局初步形成,文化企业规模不断壮大,文化贸易渠道持续拓展,服务体系建设初见成效。

三、重点任务

(一)健全“一带一路”文化交流合作机制

积极与“一带一路”沿线国家和地区签署政府间文件,深化人文合作委员会、文化联委会等合作机制,为“一带一路”文化发展提供有效保障。加强上海合作组织成员国文化部长会晤、中国—中东欧国家文化部长会议、中阿文化部长论坛、中国与东盟“10+1”文化部长会议等高级别文化磋商。推动与沿线国家和地区建立非物质文化遗产交流与合作机制。与沿线国家和地区建立文化遗产保护和世界遗产申报等方面的长效合作机制。支持国家艺术基金与沿线国家和地区的同类机构建立合作机制。

完善部省合作机制,鼓励各省区市在文化交流、遗产保护、文艺创作、文化旅游等领域开展区域性合作。发挥海外侨胞以及港澳台地区的独特优势,积极搭建港澳台与“一带一路”沿线国家和地区文化交流平台。充分考虑和包含以妈祖文化为代表的海洋文化,构建21世纪海上丝绸之路文化纽带。引导和扶持社会力量参与“一带一路”文化交流与合作。

专栏1 “一带一路”文化交流合作机制建设
1.“一带一路”国际交流机制建设计划 积极贯彻落实我国与“一带一路”沿线国家和地区签订的文化合作(含文化遗产保护)协定、年度执行计划、谅解备忘录等政府间文件,加强我国与“一带一路”沿线国家和地区文化交流与合作机制化发展,推动成立“丝绸之路国际剧院联盟”、“丝绸之路国际图书馆联盟”、“丝绸之路国际博物馆联盟”、“丝绸之路国际美术馆联盟”、“丝绸之路国际艺术节联盟”、“丝绸之路国际艺术院校联盟”等,与“一带一路”沿线地区组织和重点国家逐步建立城际文化交流合作机制。 2.“一带一路”国内合作机制建设计划 建立“一带一路”部省对口合作机制,共同研究制定中长期合作规划,在项目审批、资金、人才、技术等方面予以支持,建立对口项目合作机制和目标任务考核机制,研究提出绩效评估办法。

(二)完善“一带一路”文化交流合作平台

优先推动“一带一路”沿线国家和地区的中国文化中心建设,完善沿线国家和地区的中心布局。着力打造以“一带一路”为主题的国际艺术节、博览会、艺术公园等国际交流合作平台。鼓励和支持各类综合性国际论坛、交易会等设立“一带一路”文化交流板块。逐步建立“丝绸之路”文化数据库,打造公共数字文化支撑平台。

专栏2 “一带一路”文化交流合作平台建设
3.“一带一路”沿线国家中国文化中心建设计划 落实《海外中国文化中心发展规划(2012—2020年)》,优先在缅甸、马来西亚、印度尼西亚、越南、匈牙利、罗马尼亚、保加利亚、哈萨克斯坦、白俄罗斯、塞尔维亚、拉脱维亚、土库曼斯坦、以色列等“一带一路”沿线国家设立中国文化中心。 4.“一带一路”文化交流合作平台建设计划 将“中国新疆国际民族舞蹈节”、“丝绸之路国际艺术节”、“海上丝绸之路国际艺术节”、“丝绸之路(敦煌)国际文化博览会”、“厦门国际海洋周”、“中国海洋文化节”等活动打造成国际交流合作平台,建设“海上丝绸之路(泉州)艺术公园”和“中阿友谊雕塑园”等重点项目平台。 鼓励中国—亚欧博览会、中国—阿拉伯国家博览会、中国—东盟博览会、中国西部国际博览会、中国(深圳)国际文化产业博览交易会、中国西部文化产业博览会等综合性平台设立“一带一路”文化交流板块。

(三)打造“一带一路”文化交流品牌

在“一带一路”沿线国家和地区打造“欢乐春节”、“丝绸之路文化之旅”等重点交流品牌以及互办文化节(年、季、周、日)等活动,扩大文化交流规模。

与“一带一路”沿线国家和地区共同遴选“丝绸之路文化使者”,通过智库学者、汉学家、翻译家交流对话和青年人才培养,促进思想文化交流。推动中外文化经典作品互译和推广。

积极探索与“一带一路”沿线国家和地区开展同源共享的非物质文化遗产的联合保护、研究、人员培训、项目交流和联合申报。加大“一带一路”文化遗产保护力度,促进与沿线国家和地区在考古研究、文物修复、文物展览、人员培训、博物馆交流、世界遗产申报与管理等方面开展国际合作。鼓励地方和社会力量参与文化遗产领域的对外交流与合作。

繁荣“一带一路”主题文化艺术生产,倡导与沿线国家和地区的艺术人才和文化机构联合创作、共同推介,搭建展示平台,提升艺术人才的专业水准和综合素质,为丝路主题艺术创作储备人才资源。

专栏3 “一带一路”文化交流品牌建设
5.“丝绸之路文化之旅”计划 打造“丝绸之路文化之旅”品牌,到2020年,实现与“一带一路”沿线国家和地区文化交流规模达30000人次、1000家中外文化机构、200名专家和100项大型文化年(节、季、周、日)活动。联合沿线国家和地区共同开发“丝绸之路”文化旅游精品线路及相关文创产品。邀请“一带一路”沿线国家和地区知名艺术家来华举行“意会中国”采风创作活动,推动沿线国家的国家级艺术院团及代表性舞台艺术作品开展交流互访,形成品牌活动。 6.“丝绸之路文化使者”计划 开展与“一带一路”沿线国家和地区的智库交流与合作,举办青年汉学家、翻译家研修活动,邀请800名著名智库学者、汉学家、翻译家来华交流、研修。实施“一带一路”中国文化译介人才发展计划。与周边国家举办文化论坛。与沿线国家和地区合办代表国家水准和民族特色的优秀艺术家互访、文化艺术人才培训和青少年交流活动。培养150名国际青年文物修复和博物馆管理人才。 7.“一带一路”艺术创作扶持计划 支持与“一带一路”沿线国家和地区文化机构在戏剧、音乐、舞蹈、美术等领域开展联合创作,在国内“一带一路”沿线区域实施“中华优秀传统艺术传承发展计划”,通过国家艺术基金对“一带一路”主题艺术创作优秀项目予以支持。 8.“一带一路”文化遗产长廊建设计划 与“一带一路”沿线国家和地区共同实施考古合作、文物科技保护与修复、人员培训等项目,实施文物保护援助工程。举办以“丝绸之路文化遗产”为主题的研讨交流活动。推进海上丝绸之路申遗以及世界文化遗产“丝绸之路:长安—天山廊道的路网”扩展项目。

(四)推动“一带一路”文化产业繁荣发展

建立和完善文化产业国际合作机制,加快国内“丝绸之路文化产业带”建设。以文化旅游、演艺娱乐、工艺美术、创意设计、数字文化为重点领域,支持“一带一路”沿线地区根据地域特色和民族特点实施特色文化产业项目,加强与“一带一路”国家在文化资源数字化保护与开发中的合作,积极利用“一带一路”文化交流合作平台推介文化创意产品,推动动漫游戏产业面向“一带一路”国家发展。顺应“互联网+”发展趋势,推进互联网与文化产业融合发展,鼓励和引导社会资本投入“丝绸之路文化产业带”建设。持续推进藏羌彝文化产业走廊建设。

专栏4 "一带一路"文化产业发展
9."丝绸之路文化产业带"建设计划 鼓励国内"一带一路"沿线文化企业跨区域经营,实现文化旅游互为目的地和客源地,建设具有代表性的特色文化产品生产和销售基地。运用文化产业项目服务平台,加强对丝绸之路文化产业重点项目征集发布、宣传推介、融资洽谈、对接落地等全方位服务。将国内"一带一路"沿线区域符合条件的城市纳入扩大文化消费试点范围,逐步建立促进文化消费的长效机制。 10.动漫游戏产业"一带一路"国际合作行动计划 发挥动漫游戏产业在文化产业国际合作中的先导作用,面向"一带一路"各国,聚焦重点,广泛开展。搭建交流合作平台、开展交流推广活动,促进互联互通,构建产业生态体系。发挥中国动漫游戏产业创新能力强、产业规模大的优势,培育重点企业,实施重点项目,开展国际产能合作,实现中国动漫游戏产业与沿线国家合作规模显著扩展、水平显著提升,为青少年民心相通发挥独特作用。 11."一带一路"文博产业繁荣计划 推进"互联网+中华文明"及"文物带你看中国"项目,提高"一带一路"文化遗产与旅游、影视、出版、动漫、游戏、建筑、设计等产业结合度,促进文物资源、新技术和创意人才等产业要素的国际流通。

(五)促进"一带一路"文化贸易合作

围绕演艺、电影、电视、广播、音乐、动漫、游戏、游艺、数字文化、创意设计、文化科技装备、艺术品及授权产品等领域,开拓完善国际合作渠道。推广民族文化品牌,鼓励文化企业在"一带一路"沿线国家和地区投资。鼓励国有企业及社会资本参与"一带一路"文化贸易,依托国家对外文化贸易基地,推动骨干和中小文化企业的联动整合、融合创新,带动文化生产与消费良性互动。

专栏5 "一带一路"文化贸易合作
12."一带一路"文化贸易拓展计划 扶持外向型骨干文化企业与"一带一路"沿线国家和地区文化企业围绕重点领域开展项目合作。开展1000人次文化贸易职业经理人、创意策划人和经营管理人才的交流互访。在国内举办的国际文化会展推出"一带一路"专馆或专区,支持国内文化企业到"一带一路"沿线国家和地区参加知名文化会展。

四、保障措施

(一)组织保障

运用好对外文化工作部际联席会议机制,在文化部"一带一路"工作领导小组指导下,根据本规划明确职责分工,制定实施方案,强化督促检查,形成工作合力。

(二)政策法规保障

签署和落实国际间政府文化合作协定,全面落实国家文化、外交和贸易政策,加强文化领域知识产权保护。建立和完善文化事业、文化产业和对外文化贸易的相关法律法规体系,引导企业自觉遵守国际法律和贸易规则。

(三)资金保障

完善财政投入机制,设立文化部“一带一路”文化交流专项资金。鼓励社会力量参与,引导社会资本投入“一带一路”文化发展建设。鼓励政策性、商业性金融机构发挥优势探索支持“一带一路”文化发展建设的有效模式,为“一带一路”文化项目提供多元化金融服务。

(四)人才保障

培养一支政治坚定、业务精通、外语娴熟、纪律严明、作风过硬的文化外交人才队伍。加大非通用语人才储备,引导文化艺术专业技术人才和复合型经营管理人才投身于“一带一路”文化工作。有针对性地开展“一带一路”文化交流培训工作,加强“一带一路”文化人才队伍建设,提升人才队伍的素质和能力。

(五)评估落实

建立“一带一路”文化发展重点项目库,定期对落实情况进行检查、评估、总结,宣传推广先进经验和有效做法。

(资料来源:中华人民共和国中央人民政府网:www. gov. cn/gongbao/content/2017/content_5216447. htm)

关于进一步做好税收服务“一带一路”建设工作的通知

国家税务总局

2017 年 4 月 24 日

各省、自治区、直辖市和计划单列市国家税务局、地方税务局：

为深入贯彻落实党中央、国务院关于扎实推进“一带一路”建设的要求，更好发挥税收作用，现就进一步做好相关工作通知如下：

一、高度重视税收服务“一带一路”工作

“一带一路”战略是党中央、国务院打造我国对外开放新格局的重大发展战略。战略提出以来，“一带一路”建设进展迅速，取得了令人瞩目的成绩。2017 年政府工作报告中明确提出“扎实推进‘一带一路’建设。坚持共商共建共享，加快陆上经济走廊和海上合作支点建设，构建沿线大通关合作机制”。2017 年 5 月，我国将主办“一带一路”国际合作高峰论坛，共商合作大计，共建合作平台，共享合作成果，为促进世界经济增长、深化区域合作打造坚实基础。

税收作为全球经济治理的重要组成部分，有助于优化生产要素配置、消除跨境投资障碍、推动国际经济合作，对推进“一带一路”建设发挥着重要作用。各级税务机关要充分认识“一带一路”建设的重要意义，主动

服务国家对外开放大局,落实2017年全国税务工作会议相关工作要求,进一步完善税收服务“一带一路”工作体系,为我国企业参与国际经济合作创造良好的税收环境。

二、认真落实税收服务“一带一路”工作

(一)做好税收协定执行

落实税收协定政策,营造优良营商环境,保障我国“走出去”企业的合法权益。加强我国居民享受税收协定待遇的服务、管理、统计分析工作,跟踪我国对外投资企业经营情况,及时反映境外涉税争议,配合税务总局与“一带一路”沿线国家税务主管当局就跨境纳税人提起的涉税争议开展相互协商。

(二)落实相关国内税收政策

结合全面推开营改增试点工作,落实跨境应税服务退税或免税政策、天然气等资源进口税收优惠政策、对外投资和对外承包工程出口货物退(免)税政策;按照所得税政策规定,落实境外所得税收抵免政策,减轻企业税收负担,促进国际资源共享和国际产能合作。

(三)优化“走出去”税收服务

落实“放管服”改革要求,推动税收服务优化升级。落实出口退(免)税企业分类管理、简化出口退(免)税流程、简化消除双重征税政策适用手续等规定,进一步减轻纳税人办税负担。做好《中国税收居民身份证明》开具工作,便利纳税人境外享受税收协定待遇,助力“走出去”企业和“一带一路”建设重点项目。创新境外税收服务模式与内容,提高服务的针对性和有效性,探索对“走出去”纳税人实行分类服务。针对大型跨国企业着重提供政策确定性相关的个性化服务,针对中小型企业着重提供政策宣传辅导的普惠性服务。发挥优势,运用“互联网+”思维,提升国际税收办税便利度。

(四)深化国别税收信息研究

深入推进国别税收信息研究工作,做好境外税收政策跟踪和更新,配合税务总局陆续发布国别投资税收指南,实现年底前全面发布“一带一路”重点国家的投资税收指南,进一步完善和丰富纳税人可获取的境外税收信息。

(五)完善税收政策咨询

丰富政策咨询途径,有条件的地区要加强12366国际税收服务专席或“走出去”服务专线建设。按照“互联网+税务”工作要求,丰富网站、微信、微博等

税收咨询服务渠道，提升咨询服务水平。以“走出去”企业涉税风险为重点，探索为纳税人提供专家咨询、定制咨询、预约咨询等服务，响应涉税需求，促进纳税遵从。建立和完善国际税收知识库，整理并发布国际税收问题答疑手册。

（六）开展税收宣传与辅导

开展“走出去”税收政策大宣传、大辅导。按照税务总局总体工作要求，配合“一带一路”国际合作高峰论坛，结合“便民办税春风行动”，集中开展主题鲜明、形式多样、内容丰富的“走出去”专题宣传与辅导。结合《国家税务总局关于完善关联申报和同期资料管理有关事项的公告》（国家税务总局公告 2016 年第 42 号）、《国家税务总局关于完善预约定价安排管理有关事项的公告》（国家税务总局公告 2016 年第 64 号）、《国家税务总局关于发布〈特别纳税调查调整及相互协商程序管理办法〉的公告》（国家税务总局公告 2017 年第 6 号）等重要文件，就二十国集团税改及税基侵蚀和利润转移行动计划成果落地、国际税收征管改革、税收协定解释和执行、国际税收其他政策更新等及时做好政策宣传与辅导。

（七）加强数据统计分析

各地税务机关应积极落实对外投资、所得报告相关制度，结合各地区特点以及“走出去”企业类型、所属行业、对外投资目的地等，有针对性地开展数据统计和税收分析，并在此基础上归纳税收风险类型，有针对地为纳税人提示风险。

（八）深化国际税收合作

配合做好“一带一路”国际合作高峰论坛相关工作；落实好已签署的双边合作备忘录，加强与毗邻国家税务部门的信息交流与合作；积极参与亚欧博览会、中阿博览会等区域性交流合作平台，推动税收在相关交流活动中发挥更加突出的作用。

三、有关工作要求

（一）统筹安排，加强领导

各省税务机关要从服务国家战略的高度出发，紧密结合《深化国税、地税征管体制改革方案》要求，加强对税收服务“一带一路”工作的规划指导，统筹内部相关部门、所辖税务机关做好对外投资税收服务和管理工作。

（二）密切合作，主动协调

做好税务机关内部各部门的统筹协调，规范新闻宣传工作，落实相关工作责任。加强国税、地税合作,完善合作机制、深化合作路径、丰富合作事项,持续抓好"走出去"税收服务与管理事项的落实。积极推进与外部门合作,探索与外汇、商务、发改、海关、出入境管理等部门建立合作机制,共享跨境交易信息,形成服务合力。

(三)总结经验,注重提升

各级税务机关要结合本地区实际,主动作为,将税收服务"一带一路"各项措施落到实处,并在此基础上创新方式方法,及时总结经验,注重深化、拓展,不断提升工作质效。

(资料来源:国家税务总局网:http://www.chinatax.gov.cn/n810341/n810755/c2584841/content.html)

关于推进绿色“一带一路”建设的指导意见

环境保护部、外交部、发展改革委、商务部
2017 年 4 月 24 日

丝绸之路经济带和 21 世纪海上丝绸之路(以下简称“一带一路”)建设,是党中央、国务院着力构建更全面、更深入、更多元的对外开放格局,审时度势提出的重大倡议,对于我国加快形成崇尚创新、注重协调、倡导绿色、厚植开放、推进共享的机制和环境具有重要意义。为深入落实《推动共建丝绸之路经济带和 21 世纪海上丝绸之路的愿景与行动》,在“一带一路”建设中突出生态文明理念,推动绿色发展,加强生态环境保护,共同建设绿色丝绸之路,现提出以下意见。

一、重要意义

(一)推进绿色“一带一路”建设是分享生态文明理念、实现可持续发展的内在要求。绿色“一带一路”建设以生态文明与绿色发展理念为指导,坚持资源节约和环境友好原则,提升政策沟通、设施联通、贸易畅通、资金融通、民心相通(以下简称“五通”)的绿色化水平,将生态环保融入“一带一路”建设的各方面和全过程。推进绿色“一带一路”建设,加强生态环境保护,有利于增进沿线各国政府、企业和公众的相互理解和支持,分享我国生态文明和绿色发展理念与实践,提高生态环境保护能力,防范生态环境风险,促进沿线国家和地区共同实现2030年可持续发展目标,为"一带一路"建设提供有力的服务、支撑和保障。

(二)推进绿色"一带一路"建设是参与全球环境治理、推动绿色发展理念的重要实践。绿色发展成为各国共同追求的目标和全球治理的重要内容。推进绿色"一带一路"建设,是顺应和引领绿色、低碳、循环发展国际潮流的必然选择,是增强经济持续健康发展动力的有效途径。推进绿色"一带一路"建设,应将资源节约和环境友好原则融入国际产能和装备制造合作全过程,促进企业遵守相关环保法律法规和标准,促进绿色技术和产业发展,提高我国参与全球环境治理的能力。

(三)推进绿色"一带一路"建设是服务打造利益共同体、责任共同体和命运共同体的重要举措。全球和区域生态环境挑战日益严峻,良好生态环境成为各国经济社会发展的基本条件和共同需求,防控环境污染和生态破坏是各国的共同责任。推进绿色"一带一路"建设,有利于务实开展合作,推进绿色投资、绿色贸易和绿色金融体系发展,促进经济发展与环境保护双赢,服务于打造利益共同体、责任共同体和命运共同体的总体目标。

二、总体要求

(一)总体思路

按照党中央和国务院决策部署,以和平合作、开放包容、互学互鉴、互利共赢的"丝绸之路"精神为指引,牢固树立创新、协调、绿色、开放、共享发展理念,坚持各国共商、共建、共享,遵循平等、追求互利,全面推进"五通"绿色化进程,建设生态环保交流合作、风险防范和服务支撑体系,搭建沟通对话、信息支撑、产业技术合作平台,推动构建政府引导、企业推动、民间促进的立体合作格局,为推动绿色"一带一路"建设作出积极贡献。

(二)基本原则

——理念先行,合作共享。突出生态文明和绿色发展理念,注重生态环保与社会、经济发展相融合,积极与沿线国家或地区相关战略、规划开展对接,加强生态环保政策对话,丰富合作机制和交流平台,促进绿色发展成果共享。

——绿色引领,环保支撑。推动形成多渠道、多层面生态环保立体合作模式,加强政企统筹,鼓励行业和企业采用更先进、环境更友好的标准,提高绿色竞争力,引领绿色发展。

——依法依规，防范风险。推动企业遵守国际经贸规则和所在国生态环保法律法规、政策和标准，高度重视当地民众生态环保诉求，加强企业信用制度建设，防范生态环境风险，保障生态环境安全。

——科学统筹，有序推进。加强部门统筹和上下联动，根据生态环境承载力，推动形成产能和装备制造业合作的科学布局；依托重要合作机制，选择重点国别、重点领域有序推进绿色“一带一路”建设。

（三）主要目标

根据生态文明建设、绿色发展和沿线国家可持续发展要求，构建互利合作网络、新型合作模式、多元合作平台，力争用3—5年时间，建成务实高效的生态环保合作交流体系、支撑与服务平台和产业技术合作基地，制定落实一系列生态环境风险防范政策和措施，为绿色“一带一路”建设打好坚实基础；用5—10年时间，建成较为完善的生态环保服务、支撑、保障体系，实施一批重要生态环保项目，并取得良好效果。

三、主要任务

（一）全面服务“五通”，促进绿色发展，保障生态环境安全

1. 突出生态文明理念，加强生态环保政策沟通，促进民心相通。按照“一带一路”建设总体要求，围绕生态文明建设、可持续发展目标以及相关环保要求，统筹国内国际现有合作机制，发挥生态环保国际合作窗口作用，加强与沿线国家或地区生态环保战略和规划对接，构建合作交流体系；充分发挥传统媒体和新媒体作用，宣传生态文明和绿色发展理念、法律法规、政策标准、技术实践，讲好中国环保故事；支持环保社会组织与沿线国家相关机构建立合作伙伴关系，联合开展形式多样的生态环保公益活动，形成共建绿色“一带一路”的良好氛围，促进民心相通。

2. 做好基础工作，优化产能布局，防范生态环境风险。了解项目所在地的生态环境状况和相关环保要求，识别生态环境敏感区和脆弱区，开展综合生态环境影响评估，合理布局产能合作项目；加强环境应急预警领域的合作交流，提升生态环境风险防范能力，为“一带一路”建设提供生态环境安全保障。

3. 推进绿色基础设施建设，强化生态环境质量保障。制定基础设施建设的环保标准和规范，加大对“一带一路”沿线重大基础设施建设项目的生态环保服务与支持，推广绿色交通、绿色建筑、清洁能源等行业的节能环保标准和实践，推动水、大气、土壤、生物多样性等领域环境保护,促进环境基础设施建设,提升绿色化、低碳化建设和运营水平。

4. 推进绿色贸易发展,促进可持续生产和消费。研究制定政策措施和相关标准规范,促进绿色贸易发展。将环保要求融入自由贸易协定,做好环境与贸易相关协定谈判和实施;提高环保产业开放水平,扩大绿色产品和服务的进出口;加快绿色产品评价标准的研究与制定,推动绿色产品标准体系构建,加强国际交流与合作,推广中国绿色产品标准,减少绿色贸易壁垒。加强绿色供应链管理,推进绿色生产、绿色采购和绿色消费,加强绿色供应链国际合作与示范,带动产业链上下游采取节能环保措施,以市场手段降低生态环境影响。

5. 加强对外投资的环境管理,促进绿色金融体系发展。推动制定和落实防范投融资项目生态环保风险的政策和措施,加强对外投资的环境管理,促进企业主动承担环境社会责任,严格保护生物多样性和生态环境;推动我国金融机构、中国参与发起的多边开发机构以及相关企业采用环境风险管理的自愿原则,支持绿色"一带一路"建设;积极推动绿色产业发展和生态环保合作项目落地。

(二)加强绿色合作平台建设,提供全面支撑与服务

1. 加强环保合作机制和平台建设,完善国际环境治理体系。以绿色"一带一路"建设为统领,统筹并充分发挥现有双边、多边环保国际合作机制,构建环保合作网络,创新环保国际合作模式,建设政府、智库、企业、社会组织和公众共同参与的多元合作平台,强化中国—东盟、上海合作组织、澜沧江—湄公河、亚信、欧亚、中非合作论坛、中国—阿拉伯等合作机制作用,推动六大经济走廊的环保合作平台建设,扩大与相关国际组织和机构合作,推动国际环境治理体系改革。

2. 加强生态环保标准与科技创新合作,引领绿色发展。建设绿色技术银行,加强绿色、先进、适用技术在"一带一路"沿线发展中国家转移转化。鼓励相关行业协会制定发布与国际标准接轨的行业生态环保标准、规范及指南,促进先进生态环保技术的联合研发、推广和应用。加强环保科技人员交流,推动科研机构、智库之间联合构建科学研究和技术研发平台,为绿色"一带一路"建设提供智力支持。

3. 推进环保信息共享和公开,提供综合信息支撑与保障。加强环保大数据建设,发挥国家空间和信息基础设施作用,加强环境信息共享,合作建设绿色"一带一路"生态环保大数据服务平台,推动环保法律法规、政策标准与实践经验交流与分享,加强部门间统筹合作与项目生态环保信息共享与公开,提升对境外项目生态环境风险评估与防范的咨询服务能力,推动生态环保信息产品、技术和服务合作,为绿色“一带一路”建设提供综合环保信息支持与保障。

(三)制定完善政策措施,加强政企统筹,保障实施效果

1. 加大对外援助支持力度,推动绿色项目落地实施。以生态环保、污染防治、环保技术与产业、人员培训与交流等为重点领域,优先开展节能减排、生态环保等基础设施及能力建设项目,探索在境外设立生态环保合作中心。发挥南南合作援助基金作用,支持社会组织开展形式多样的生态环保类项目,服务“一带一路”建设。

2. 强化企业行为绿色指引,鼓励企业采取自愿性措施。鼓励环保企业开拓沿线国家市场,引导优势环保产业集群式“走出去”,借鉴我国的国家生态工业示范园区建设标准,探索与沿线国家共建生态环保园区的创新合作模式。落实《对外投资合作环境保护指南》,推动企业自觉遵守当地环保法律法规、标准和规范,履行环境社会责任,发布年度环境报告;鼓励企业优先采用低碳、节能、环保、绿色的材料与技术工艺;加强生物多样性保护,优先采取就地、就近保护措施,做好生态恢复;引导企业加大应对气候变化领域重大技术的研发和应用。

3. 加强政企统筹,发挥企业主体作用。研究制定相关文件,规范指导相关企业在“一带一路”建设过程中履行环境社会责任。完善企业对外投资审查机制,有关行业协会、商会要建立企业海外投资行为准则,通过行业自律引导企业规范环境行为。

(四)发挥地方优势,加强能力建设,促进项目落地

1. 发挥区位优势,明确定位与合作方向。充分发挥各地在“一带一路”建设中区位优势,明确各自定位。加快在有条件的地方建设“一带一路”环境技术创新和转移中心以及环保技术和产业合作示范基地,建设面向东盟、中亚、南亚、中东欧、阿拉伯、非洲等国家的环保技术和产业合作示范基地;推动和支持环保工业园区、循环经济工业园区、主要工业行业、环保企业提升国际化水平,推动长江经济带、环渤海、珠三角、中原城市群等支持环保技术和产业合作项目落地,支撑绿色“一带一路”建设。

2. 加大统筹协调和支持力度,加强环保能力建设。推动绿色“一带一路”建设融入地方社会、经济发展规划、计划,科学规划产业空间布局,制定严格的环保制度,推动地方产业转型升级和经济绿色发展。重点加强黑龙江、内蒙古、吉林、新疆、云南、广西等边境地区环境监管和治理能力建设,推动江苏、广东、陕西、福建等“一带一路”沿线省份提升绿色发展水平;鼓励各地积极参加双多边环保合作,推动建立省级、市级国际合作伙伴关系,积极创新合作模式,推动形成上下联动、政企统筹、智库支撑的良好局面。

四、组织保障

(一)加强组织协调。建立健全综合协调和落实机制,加强政府部门之间、中央和地方之间、政府与企业及公众之间多层次、多渠道的沟通交流与良性互动,分工负责,统筹推进,细化工作方案,确保有关部署和举措落实到各部门、各地方以及每个项目执行单位和企业。

(二)强化资金保障。鼓励符合条件的“一带一路”绿色项目按程序申请国家绿色发展基金、中国政府和社会资本合作(PPP)融资支持基金等现有资金(基金)支持。发挥国家开发银行、进出口银行等现有金融机构引导作用,形成中央投入、地方配套和社会资金集成使用的多渠道投入体系和长效机制。发挥政策性金融机构的独特优势,引导、带动各方资金,共同为绿色“一带一路”建设造血输血。继续通过现有国际多双边合作机构和基金,如丝路基金、南南合作援助基金、中国—东盟合作基金、中国—中东欧投资合作基金、中国—东盟海上合作基金、亚洲区域合作专项资金、澜沧江—湄公河合作专项基金等对“一带一路”绿色项目给予积极支持。

(三)加强人才队伍建设。构建绿色“一带一路”智力支撑体系,建设“绿色丝绸之路”新型智库;创新、完善人才培养机制,重点培养具有国际视野、掌握国际规则、熟悉环保业务的复合型人才,提高对绿色“一带一路”建设的人才支持力度。

(资料来源:国务院新闻办公室网:http://www.scio.gov.cn/xwfbh/xwbfbh/wqfbh/37601/38609/xgzc38615/Document/1633106/1633106.htm)

共建“一带一路”:理念、实践与中国的贡献

推进“一带一路”建设工作领导小组办公室

2017 年 5 月 10 日

前　言

2013 年 9 月和 10 月,中国国家主席习近平先后提出共建“丝绸之路经济带”和“21 世纪海上丝绸之路”(以下简称“一带一路”)倡议,得到国际社会的高度关注和有关国家的积极响应。共建“一带一路”倡议借用古丝绸之路的历史符号,融入了新的时代内涵,既是维护开放型世界经济体系,实现多元、自主、平衡和可持续发展的中国方案;也是深化区域合作,加强文明交流互鉴,维护世界和平稳定的中国主张;更体现了中国作为最大的发展中国家和全球第二大经济体,对推动国际经济治理体系朝着公平、公正、合理方向发展的责任担当。

值此“一带一路”国际合作高峰论坛召开之际,作为共建“一带一路”倡议的发起者,中国发表《共建“一带一路”:理念、实践与中国的贡献》,以期增进国际社会对共建“一带一路”倡议的进一步了解,展示共建“一带一路”的丰富成果,增进各国战略互信和对话合作,为携手打造你中有我、我中有你的人类命运共同体作出新的更大贡献。

一、时代呼唤:从理念到蓝图

当今世界,经济全球化、区域一体化激发出强大的

生产潜力,科技进步极大地提高了生产和生活效率,人类在物质和精神财富的创造方面达到了前所未有的高度。与此同时,随着经济社会的快速发展,各国之间的利益纽带不断密切,共同面临的挑战也日益增多:世界经济增长乏力,传统增长引擎对经济的拉动作用减弱;全球化面临新的艰难险阻,符合全人类利益的开放合作理念面临威胁;全球经济治理体系未能反映客观变化,体制机制革新进展缓慢;发达经济体进入后工业化阶段,一些发展中国家却尚未开启现代化的大门;全球贸易投资体系有待完善,互利共赢的全球价值链尚未成型;相当多的国家基础设施不足,区域、次区域发展面临瓶颈制约。面对困难挑战,唯有加强合作才是根本出路,正基于此,中国提出共建“一带一路”的合作倡议。

共建“一带一路”倡议是促进全球和平合作和共同发展的中国方案。共建“一带一路”合作是所有国家不分大小、贫富,平等相待共同参与的合作;是公开、透明、开放,为世界和平与发展增添正能量的合作;是传承丝绸之路精神,追求互利共赢和优势互补的合作;是各国共商共建共享,共同打造全球经济治理新体系的合作;是推动要素高效流动和市场深度融合,实现多元、自主、平衡和可持续发展的合作;是推动地区发展,促进繁荣稳定,扩大文明对话和互学互鉴的合作。

中国愿意将自身发展形成的经验和基础,与各国的发展意愿和比较优势结合起来,以共建“一带一路”作为重要契机和合作平台,促进各国加强经济政策协调,提高互联互通水平,开展更大范围、更高水平、更深层次的双多边合作,共同打造开放、包容、均衡、普惠的新型合作架构。共建“一带一路”倡议以其平等包容的外在特征和契合实际的内在特点,体现了包括中国在内的“一带一路”沿线各国的共同利益,是面向未来的国际合作新共识,展现了中国梦与世界梦相互联通,各国携手打造人类命运共同体的美好愿景。

为推动理念变为现实,2015 年 3 月,中国政府授权有关部门对外发布了《推动共建丝绸之路经济带和 21 世纪海上丝绸之路的愿景与行动》,提出了共建“一带一路”的顶层设计框架,为共建“一带一路”的未来描绘了宏伟蓝图。

二、合作框架:从方案到实践

中国秉持“和平合作、开放包容、互学互鉴、互利共赢”的丝绸之路精神,坚持共商、共建、共享原则,不断扩大与“一带一路”沿线国家的合作共识,推动共建“一带一路”由规划设计方案变为各方参与的合作行动。

(一)达成合作共识

中国主动推动共建“一带一路”倡议与“一带一路”沿线国家的国家战略、发展愿景、总体规划等有效对接,寻求共建“一带一路”的合适切入点。截至2016年底,已有100多个国家表达了对共建“一带一路”倡议的支持和参与意愿,中国与39个国家和国际组织签署了46份共建“一带一路”合作协议,涵盖互联互通、产能、投资、经贸、金融、科技、社会、人文、民生、海洋等合作领域。2015年7月10日,上海合作组织发表了《上海合作组织成员国元首乌法宣言》,支持中国关于建设丝绸之路经济带的倡议。2016年11月17日,联合国193个会员国协商一致通过决议,欢迎共建“一带一路”等经济合作倡议,呼吁国际社会为“一带一路”建设提供安全保障环境。2017年3月17日,联合国安理会一致通过第2344号决议,呼吁国际社会通过“一带一路”建设加强区域经济合作。中国积极履行国际责任,在共建“一带一路”框架下深化同各有关国际组织的合作,与联合国开发计划署、亚太经社会、世界卫生组织签署共建“一带一路”的合作文件。

中国政府对共建“一带一路”高度重视,成立了推进“一带一路”建设工作领导小组,在国家发展和改革委员会设立领导小组办公室。为落实好已签署的共建“一带一路”合作协议,领导小组办公室制定了工作方案,有步骤地推进同相关国家的合作。按照协商一致的原则,与先期签署备忘录的国家共同编制双边合作规划纲要,编制并签署中蒙俄经济走廊建设规划纲要和中哈(萨克斯坦)、中白(俄罗斯)、中捷(克)对接合作文件,开展同老挝、柬埔寨、孟加拉国、塔吉克斯坦、沙特阿拉伯、波兰、匈牙利等国的规划对接。

(二)构建顶层框架

根据中国国家主席习近平的倡议和新形势下推进国际合作的需要,结合古代陆海丝绸之路的走向,共建“一带一路”确定了五大方向:丝绸之路经济带有三大走向,一是从中国西北、东北经中亚、俄罗斯至欧洲、波罗的海;二是从中国西北经中亚、西亚至波斯湾、地中海;三是从中国西南经中南半岛至印度洋。21世纪海上丝绸之路有两大走向,一是从中国沿海港口过南海,经马六甲海峡到印度洋,延伸至欧洲;二是从中国沿海港口过南海,向南太平洋延伸。

根据上述五大方向,按照共建“一带一路”的合作重点和空间布局,中国提出了“六廊六路多国多港”的合作框架。“六廊”是指新亚欧大陆桥、中蒙俄、中国—中亚—西亚、中国—中南半岛、中巴和孟中印缅六大国际经济合作走廊。“六路”指铁路、公路、航运、航空、管道和空间综合信息网络,是基础设施互联互通的主要内容。“多国”是指一批先期合作国家。“一带一路”沿线有众多国家，中国既要与各国平等互利合作，也要结合实际与一些国家率先合作，争取有示范效应、体现“一带一路”理念的合作成果，吸引更多国家参与共建“一带一路”。“多港”是指若干保障海上运输大通道安全畅通的合作港口，通过与“一带一路”沿线国家共建一批重要港口和节点城市，进一步繁荣海上合作。“六廊六路多国多港”是共建“一带一路”的主体框架，为各国参与“一带一路”合作提供了清晰的导向。

（三）共建经济走廊

新亚欧大陆桥、中蒙俄、中国—中亚—西亚经济走廊经过亚欧大陆中东部地区，不仅将充满经济活力的东亚经济圈与发达的欧洲经济圈联系在一起，更畅通了连接波斯湾、地中海和波罗的海的合作通道，为构建高效畅通的欧亚大市场创造了可能，也为地处“一带一路”沿线、位于亚欧大陆腹地的广大国家提供了发展机遇。中国—中南半岛、中巴和孟中印缅经济走廊经过亚洲东部和南部这一全球人口最稠密地区，连接沿线主要城市和人口、产业集聚区。澜沧江—湄公河国际航道和在建的地区铁路、公路、油气网络，将丝绸之路经济带和21世纪海上丝绸之路联系到一起，经济效应辐射南亚、东南亚、印度洋、南太平洋等地区。

新亚欧大陆桥经济走廊。新亚欧大陆桥经济走廊由中国东部沿海向西延伸，经中国西北地区和中亚、俄罗斯抵达中东欧。新亚欧大陆桥经济走廊建设以中欧班列等现代化国际物流体系为依托，重点发展经贸和产能合作，拓展能源资源合作空间，构建畅通高效的区域大市场。截至2016年底，中欧班列运行路线达39条，开行近3000列，覆盖欧洲9个国家、14个城市，成为沿途国家促进互联互通、提升经贸合作水平的重要平台。中哈国际物流合作项目进展顺利，已成为哈萨克斯坦开展贸易和跨境运输合作的重要窗口。中哈霍尔果斯国际边境合作中心建设稳步推进。比雷埃夫斯港运营顺利，为中希（腊）互利共赢作出贡献。

中蒙俄经济走廊。2014年9月11日，中国国家主席习近平在出席中国、俄罗斯、蒙古国三国元首会晤时提出，将“丝绸之路经济带”同“欧亚经济联盟”、蒙古国“草原之路”倡议对接，打造中蒙俄经济走廊。2015年7月9日，三国有关部门签署了《关于编制建设中蒙俄经济走廊规划纲要的谅解备忘录》。2016年6月23日，三国元首共同见证签署了《建设中蒙俄经济走廊规划纲要》，这是共建“一带一路”框架下的首个多边合作规划纲要。在三方的共同努力下，规划纲要已进入具体实施阶段。

中国—中亚—西亚经济走廊。中国—中亚—西亚经济走廊由中国西北地区出境,向西经中亚至波斯湾、阿拉伯半岛和地中海沿岸,辐射中亚、西亚和北非有关国家。2014 年 6 月 5 日,中国国家主席习近平在中国—阿拉伯国家合作论坛第六届部长级会议上提出构建以能源合作为主轴,以基础设施建设、贸易和投资便利化为两翼,以核能、航天卫星、新能源三大高新领域为突破口的中阿“1 +2 +3”合作格局。2016 年 G20 杭州峰会期间,中哈(萨克斯坦)两国元首见证签署了《中哈丝绸之路经济带建设和“光明之路”新经济政策对接合作规划》。中国与塔吉克斯坦、吉尔吉斯斯坦、乌兹别克斯坦等国签署了共建丝绸之路经济带的合作文件,与土耳其、伊朗、沙特、卡塔尔、科威特等国签署了共建“一带一路”合作备忘录。中土双方就开展土耳其东西高铁项目合作取得重要共识,进入实质性谈判阶段。

中国—中南半岛经济走廊。中国—中南半岛经济走廊以中国西南为起点,连接中国和中南半岛各国,是中国与东盟扩大合作领域、提升合作层次的重要载体。2016 年 5 月 26 日,第九届泛北部湾经济合作论坛暨中国—中南半岛经济走廊发展论坛发布《中国—中南半岛经济走廊倡议书》。中国与老挝、柬埔寨等国签署共建“一带一路”合作备忘录,启动编制双边合作规划纲要。推进中越陆上基础设施合作,启动澜沧江—湄公河航道二期整治工程前期工作,开工建设中老铁路,启动中泰铁路,促进基础设施互联互通。设立中老磨憨—磨丁经济合作区,探索边境经济融合发展的新模式。

中巴经济走廊。中巴经济走廊是共建“一带一路”的旗舰项目,中巴两国政府高度重视,积极开展远景规划的联合编制工作。2015 年 4 月 20 日,两国领导人出席中巴经济走廊部分重大项目动工仪式,签订了 51 项合作协议和备忘录,其中近 40 项涉及中巴经济走廊建设。“中巴友谊路”——巴基斯坦喀喇昆仑公路升级改造二期、中巴经济走廊规模最大的公路基础设施项目——白沙瓦至卡拉奇高速公路顺利开工建设,瓜达尔港自由区起步区加快建设,走廊沿线地区能源电力项目快速上马。

孟中印缅经济走廊。孟中印缅经济走廊连接东亚、南亚、东南亚三大次区域,沟通太平洋、印度洋两大海域。2013 年 12 月,孟中印缅经济走廊联合工作组第一次会议在中国昆明召开,各方签署了会议纪要和联合研究计划,正式启动孟中印缅经济走廊建设政府间合作。2014 年 12 月召开孟中印缅经济走廊联合工作组第二次会议,广泛讨论并展望了孟中印缅经济走廊建设的前景、优先次序和发展方向。

三、合作领域：从经济到人文

共建“一带一路”以政策沟通、设施联通、贸易畅通、资金融通、民心相通为主要内容，既开展互联互通、产能合作、贸易投资等重点领域的务实合作，也重视推动沿线国家之间多种形式的人文交流，实现经济和文化的共同繁荣发展。

（一）促进基础设施互联互通

加强基础设施建设，推动跨国、跨区域互联互通是共建“一带一路”的优先合作方向。中国政府鼓励实力强、信誉好的企业走出国门，在“一带一路”沿线国家开展铁路、公路、港口、电力、信息通信等基础设施建设，促进地区互联互通，造福广大民众。

——对接建设规划。中国与“一带一路”沿线国家对接基础设施建设规划，建立由主管部门牵头的双多边互联互通政策协商和对话机制，同时重视发展互联互通伙伴关系，将加强基础设施互联互通纳入共建“一带一路”合作协议。中国政府部门与欧盟委员会签署谅解备忘录，启动中欧互联互通平台合作。中国、老挝、缅甸和泰国等四国共同编制了《澜沧江—湄公河国际航运发展规划（2015—2025年）》。2016年9月，《二十国集团领导人杭州峰会公报》通过中国提出的建立“全球基础设施互联互通联盟”倡议。

——衔接质量技术体系。中国在尊重相关方主权和关切的基础上，推动与“一带一路”相关国家在标准、计量和认证认可体系方面的合作。中国政府部门发布了《标准联通“一带一路”行动计划（2015—2017年）》、《共同推动认证认可服务“一带一路”建设的愿景与行动》、《“一带一路”计量合作愿景和行动》，推进认证认可和标准体系对接，共同制定国际标准和认证认可规则。中国将与“一带一路”沿线国家共同努力，促进计量标准“一次测试、一张证书、全球互认”，推动认证认可和检验检疫“一个标准、一张证书、区域通行”。

——促进运输便利化。中国与“一带一路”沿线15个国家签署了包括《上海合作组织成员国政府间国际道路运输便利化协定》、《关于沿亚洲公路网国际道路运输政府间协定》在内的16个双多边运输便利化协定，启动《大湄公河次区域便利货物及人员跨境运输协定》便利化措施，通过73个陆上口岸开通了356条国际道路运输线路。与“一带一路”沿线47个国家签署了38个双边和区域海运协定，与62个国家签订了双边政府间航空运输协定，民航直航已通达43

个国家。中国政府有关部门还发布了《关于贯彻落实"一带一路"倡议加快推进国际道路运输便利化的意见》,推动各国互联互通法规和体系对接,增进"软联通"。

——推动项目建设。中老铁路、匈塞铁路、中俄高铁、印尼雅万高铁、巴基斯坦白沙瓦至卡拉奇高速公路、中巴喀喇昆仑公路二期升级改造、比雷埃夫斯港、汉班托塔港、瓜达尔港等标志性项目建设取得进展。埃塞俄比亚的斯亚贝巴—吉布提铁路建成通车,这是非洲第一条跨国电气化铁路。哈萨克斯坦南北大通道 TKU 公路、白俄罗斯铁路电气化改造,以及中国企业在乌兹别克斯坦、塔吉克斯坦实施的铁路隧道等项目,将有效提升所在国运输能力。中国愿与有关国家一道,继续打造连接亚洲各次区域以及亚非欧之间的交通基础设施网络,提升互联互通水平和区域、次区域物流运输效率。

——联通能源设施。中国积极推动与相关国家的能源互联互通合作,推进油气、电力等能源基础设施建设,与相关国家共同维护跨境油气管网安全运营,促进国家和地区之间的能源资源优化配置。中俄原油管道、中国—中亚天然气管道 A/B/C 线保持稳定运营,中国—中亚天然气管道 D 线和中俄天然气管道东线相继开工,中巴经济走廊确定的 16 项能源领域优先实施项目已有 8 项启动建设。中国与俄罗斯、老挝、缅甸、越南等周边国家开展跨境电力贸易,中巴经济走廊、大湄公河次区域等区域电力合作取得实质性进展,合作机制不断完善。中国企业积极参与"一带一路"沿线国家电力资源开发和电网建设改造,中兴能源巴基斯坦 QA 光伏发电项目建成后将成为全球规模最大的单体光伏发电项目,吉尔吉斯斯坦达特卡—克明输变电、老挝胡埃兰潘格雷河水电站、巴基斯坦卡洛特水电站等项目有助于缓解当地电力不足的矛盾。

——打造信息网络。"一带一路"沿线国家共同推进跨境光缆等通信网络建设,提高国际通信互联互通水平。截至 2016 年底,中国通过国际海缆可连接美洲、东北亚、东南亚、南亚、大洋洲、中东、北非和欧洲地区,通过国际陆缆连接俄罗斯、蒙古国、哈萨克斯坦、吉尔吉斯斯坦、塔吉克斯坦、越南、老挝、缅甸、尼泊尔、印度等国,延伸覆盖中亚、东南亚、北欧地区。中国政府有关部门还与土耳其、波兰、沙特阿拉伯等国机构签署了《关于加强"网上丝绸之路"建设合作促进信息互联互通的谅解备忘录》,推动互联网和信息技术、信息经济等领域合作。

(二)提升经贸合作水平

中国与"一带一路"沿线国家已经建立了紧密的经贸联系,有力地促进了各国经济和产业发展。中国重视进一步发展与"一带一路"沿线国家互利共赢的经贸伙伴关系,致力于建立更加均衡、平等和可持续的贸易体系。

——**密切经贸联系**。中国与"一带一路"沿线国家贸易规模与结构持续优化,货物贸易平稳增长,服务贸易合作出现新亮点。在全球贸易持续低迷的背景下,2016 年中国与"一带一路"沿线国家货物贸易总额 9478 亿美元,占同期中国货物进出口总额的 25.7%。与"一带一路"沿线国家服务进出口总额 1222 亿美元,占同期中国服务进出口总额的 15.2%,比 2015 年提高 3.4 个百分点。在产业转型升级、内需持续增长和消费需求升级的多重驱动下,中国巨大的国内市场也为"一带一路"沿线各国提供了广阔的经贸合作机遇。

——**构建"一带一路"自贸区网络**。中国倡导更具包容性的自由贸易,与"一带一路"沿线经济体积极开展贸易协定谈判。中国—东盟自贸区升级、中国—格鲁吉亚自贸谈判已经完成,区域全面经济伙伴关系协定(RCEP)谈判取得积极进展,中国—马尔代夫自贸区等协定谈判取得重要突破。推进中国—海合会、中国—以色列、中国—斯里兰卡以及中国—巴基斯坦自贸区第二阶段谈判,推动中国—尼泊尔、中国—孟加拉国自贸区和中国—摩尔多瓦自贸协定联合可行性研究。

——**推动贸易便利化**。中国与"一带一路"沿线国家共同推进海关大通关体系建设,与沿线海关开展"信息互换、监管互认、执法互助"合作。启动国际贸易"单一窗口"试点,加快检验检疫通关一体化建设,实现"进口直通、出口直放"。在口岸开辟哈萨克斯坦、吉尔吉斯斯坦、塔吉克斯坦农产品快速通关"绿色通道"。发布《"一带一路"检验检疫合作重庆联合声明》、《"一带一路"食品安全合作联合声明》、《第五届中国—东盟质检部长会议联合声明》。与"一带一路"沿线国家和地区签署了 78 项合作文件,推动工作制度对接、技术标准协调、检验结果互认、电子证书联网。

(三)扩大产能与投资合作

开展国际产能和装备制造合作,扩大相互投资,是共建"一带一路"的另一优先合作方向。中国是世界制造业大国,一些产业具有较强的国际竞争力。中国政府支持本国优势产业走出去,以严格的技术和环保标准,在"一带一路"沿线国家开展多元化投资,培育双边经济合作新亮点。

——**扩大合作共识**。截至 2016 年底,中国已同哈萨克斯坦、埃塞俄比亚等 27 个国家签订了国际产能合作文件,与东盟 10 国发表《中国—东盟产能合作联合声明》,与湄公河 5 国发表《澜沧江—湄公河国家产能合作联合声明》,开展了规划、政策、信息、项目等多种形式的对接合作。与俄罗斯在总理定期会晤机制下成立了中俄投资合作委员会,协调两国非能源产业的投资合作。在形成共识的基础上,中国按照市场主导和互利共赢原则,与有关国家围绕原材料、装备制造、轻工业、清洁能源、绿色环保和高技术产业等领域,实施了一系列合作项目,提升东道国产业发展水平,创造税收和就业岗位。

——共建合作平台。截至2016年底,中国在沿边省区设立了7个重点开发开放试验区、17个边境经济合作区和2个双边边境经济合作区,并与尼泊尔、缅甸、蒙古国、越南等周边国家就双边边境经济合作区建设开展深入磋商,取得积极进展。中国企业在"一带一路"沿线20个国家正在建设的56个经贸合作区,累计投资超过185亿美元,是深化投资合作、移植复制中国发展经验的重要载体。中白工业园、泰中罗勇工业园、埃及苏伊士经贸合作区等境外园区建设成效显著,成为中国企业集群式走出去的平台和友好合作的象征。中国部分地区结合自身特色,积极探索建设"一带一路"经贸合作园区,打造面向欧亚、对接周边的现代国际贸易聚集平台。

——促进投资便利化。作为吸引外资和对外投资大国,中国支持跨国跨地区的投资便利化。中国政府大力推进简政放权,放宽外资准入,加快推进自由贸易试验区建设,营造高标准的国际营商环境,吸引各国来华投资。同时,"一带一路"沿线国家也成为中国对外投资的重要目的地。2016年,中国对这一区域投资145亿美元,占同期对外投资总额的8.5%,新签署对外承包工程合同额1260亿美元,增长36%。双边投资保护协定谈判进程加快,截至2016年底,中国与"一带一路"沿线53个国家签署了双边投资协定,与大部分国家建立了经贸和投资合作促进机制。中国还与"一带一路"沿线54个国家签署了避免双重征税协定,共同为企业享有税收公平待遇、有效解决纠纷创造了良好的税收和法律环境。

(四)拓展金融合作空间

加强金融合作,促进货币流通和资金融通,能够为"一带一路"建设创造稳定的融资环境,也有利于引导各类资本参与实体经济发展和价值链创造,推动世界经济健康发展。中国与"一带一路"沿线国家及有关机构开展了多种形式的金融合作,推动金融机构和金融服务网络化布局,创新融资机制支持"一带一路"建设。

——加强金融合作机制对接。中国与东盟金融合作日益密切,与俄罗斯、中亚地区金融合作不断深化,与欧盟的金融合作水平持续提升。发挥东盟与中日韩（10+3）金融合作机制、上合组织财长和央行行长会议、上合组织银联体、东亚及太平洋中央银行行长会议组织、中国—东盟银联体以及中亚、黑海及巴尔干地区央行行长会议组织等机制作用，加强金融政策沟通。推进清迈倡议多边化并建立2400亿美元的区域外汇储备，促进地区金融形势稳定。中国于2016年1月正式加入欧洲复兴开发银行，通过高层交往、联合融资、贸易投资合作和政策沟通等方式，不断加深交流合作。

——**打造新型合作平台和创新融资机制。**2015年12月25日，中国倡议的亚洲基础设施投资银行（以下简称亚投行）正式成立，法定资本1000亿美元，重点支持地区互联互通和产业发展。截至2016年底，亚投行已为9个项目提供了17亿美元贷款，涉及印度尼西亚、塔吉克斯坦、巴基斯坦、孟加拉国等国的能源、交通和城市发展等急需项目。中国出资400亿美元设立丝路基金，首期注册资本金100亿美元，通过以股权为主的多种方式为共建“一带一路”提供资金支持。截至2016年底，丝路基金已签约15个项目，承诺投资额累计约60亿美元，项目覆盖俄罗斯、蒙古国以及中亚、南亚、东南亚等地区，涵盖基础设施、资源利用、产能合作、金融合作等领域。丝路基金还出资20亿美元设立了中哈产能合作基金。中国提出中国—中东欧协同投融资框架，包括100亿美元专项贷款、中东欧投资合作基金在内的多种融资机制共同发挥作用，为中东欧地区提供融资支持。中国工商银行牵头成立了中国—中东欧金融控股有限公司并设立中国—中东欧基金。

——**深化金融机构及金融市场合作。**中国政府鼓励开发性、政策性金融机构积极参与“一带一路”金融合作。共建“一带一路”倡议提出以来，中国国家开发银行在“一带一路”沿线国家签约项目100余个，金额超过400亿美元，发放贷款超过300亿美元；中国进出口银行在“一带一路”沿线国家签约项目1100余个，金额超过1000亿美元，发放贷款超过800亿美元；中国出口信用保险公司承保“一带一路”沿线国家出口和投资超过3200亿美元。截至2016年底，共有9家中资银行在“一带一路”沿线26个国家设立了62家一级分支机构，“一带一路”沿线20个国家的54家银行在华设立了6家子行、20家分行和40家代表处。2017年1月，中国金融期货交易所等与巴方伙伴合作收购巴基斯坦证券交易所30%的股权。上海黄金交易所和迪拜黄金与商品交易所签署协议，在国际金融市场首次应用“上海金”。

——**扩大本币互换与跨境结算。**中国与“一带一路”沿线22个国家和地区签署了本币互换协议，总额达9822亿元人民币。与越南、蒙古国、老挝、吉尔吉斯斯坦签订了边贸本币结算协定，与俄罗斯、哈萨克斯坦、白俄罗斯、尼泊尔签署了一般贸易和投资本币结算协定。人民币业务清算行已有23家，其中6家在“一带一路”沿线。通过中国银行间外汇市场开展人民币对21种非美元货币的直接交易。建立人民币跨境支付系统（CIPS），为境内外金融机构从事人民币业务提供服务。

——**加强金融监管合作**。中国推动签署监管合作谅解备忘录，在区域内建立高效监管协调机制，完善金融危机管理和处置框架，提高共同应对金融风险的能力。截至2016年底，中国人民银行已与42个境外反洗钱机构签署合作谅解备忘录，中国银监会与29个“一带一路”沿线国家金融监管当局签署了双边监管合作谅解备忘录或合作换文，中国保监会与“一带一路”沿线国家商签监管合作谅解备忘录并成立亚洲保险监督官论坛（AFIR）。

（五）加强生态环保合作

中国致力于建设“绿色丝绸之路”，用绿色发展理念指导“一带一路”合作，分享中国在生态文明建设、环境保护、污染防治、生态修复、循环经济等领域的最新理念、技术和实践，积极履行应对气候变化等国际责任。

——**建设合作平台**。中国努力打造以“绿色丝绸之路”为主题的合作平台，举办中国—阿拉伯国家环境合作论坛、中国—东盟环境合作论坛等活动，设立中国—东盟环境保护合作中心。签署《中国环境保护部与联合国环境署关于建设绿色“一带一路”的谅解备忘录》。建立“一带一路”环境技术交流与转移中心等机构，推动环保领域先进技术的国际交流与应用。

——**推进水利合作**。中国政府积极推进与周边国家在跨界河流保护与开发利用方面的政策沟通、技术分享和工程技术合作。开展跨界河流水资源保护与利用联合研究，共同做好跨界河流水资源的保护工作。推动跨界河流汛期水文数据共享，建立中俄防汛防洪合作机制，积极推动中哈霍尔果斯河友谊联合引水枢纽工程建设和流域冰湖泥石流防护合作。中国提供融资的斯里兰卡最大水利枢纽工程—莫拉格哈坎达灌溉项目已完成阶段性建设，除农业灌溉外，还将为几百万人提供清洁饮水。

——**加强林业和野生物种保护合作**。中国与“一带一路”沿线国家签署了35项林业合作协议，建立中国—东盟、中国—中东欧林业合作机制，推动林业产业可持续发展和森林资源保护。举办首届大中亚地区林业部长级会议、中国—东盟林业合作论坛、中俄林业投资政策论坛，发布《“一带一路”防治荒漠化共同行动倡议》。在中蒙俄经济走廊建设中大力推广绿色理念，与俄罗斯开展森林资源保护利用、边境防火、候鸟保护合作，与蒙古国开展野生物种保护、防沙治沙合作。中国还与埃及、以色列、伊朗、斯里兰卡、巴基斯坦、尼泊尔、老挝、缅甸等国共同实施荒漠化防治、森林可持续利用、野生动植物保护、生态系统综合治理、湿地保护、林业应对气候变化等多方面合作。

——**推动绿色投融资**。中国政府部门发布《关于推进绿色“一带一路”建设的指导意见》，推动提高对外合作的“绿色化”水平。建立“一带一路”生态环境保护制度，出台绿色产业引导政策和操作指南，为建设“绿色丝绸之路”提供制度保障。中国还积极探索将绿色金融理念应用到“一带一路”建设实践，发布《关于构建绿色金融体系的指导意见》，引导资金投向绿色环保产业。

——**应对气候变化**。中国为全球气候治理积极贡献中国智慧和方案，与各国一道推动达成《巴黎协定》，为协定提早生效作出重要贡献。积极开展气候变化南南合作，向“一带一路”沿线国家提供节能低碳和可再生能源物资，开展太阳能、风能、沼气、水电、清洁炉灶等项目合作，实施提高能效、节能环保等对话交流和应对气候变化培训。

（六）有序推进海上合作

共建21世纪海上丝绸之路重点依托海上合作，发展海上贸易、互联互通和海洋经济，打造一批海上合作支点港口，维护海上大通道的安全畅通。同时，中国与“一带一路”沿线国家开展了海洋科技、海洋生态环境保护、海洋防灾减灾、海上执法安全等多领域合作。

——**互联互通合作**。中国坚持公开透明和互利共赢的原则，与有关国家合作建设支点港口，发挥中国的经验优势，帮助东道国发展临港产业和腹地经济。中国企业克服困难，修复和完善瓜达尔港港口生产作业能力，积极推进配套设施建设，大力开展社会公益事业，改善了当地民众生活。中方承建的斯里兰卡汉班托塔港项目进展顺利，建成后将有力地促进斯里兰卡南部地区经济发展和民生就业。中国宁波航交所发布“海上丝绸之路航运指数”，服务21世纪海上丝绸之路航运经济。

——**海洋经济合作**。马来西亚马六甲临海工业园建设加快推进，缅甸皎漂港“港口+园区+城市”综合一体化开发取得进展。中国与荷兰合作开发海上风力发电，与印尼、哈萨克斯坦、伊朗等国的海水淡化合作项目正在推动落实。与有关国家开展海洋油气和渔业捕捞合作，同时充分发挥中国—东盟海上合作基金作用，为部分合作项目提供融资支持。

——**海上执法安全合作**。中国与东盟通过《应对海上紧急事态外交高官热线平台指导方针》,提升海上合作互信水平。中国海警局与越南海警司令部、菲律宾海岸警卫队签署合作谅解备忘录,建立海警海上合作联合委员会等安全执法合作机制,与印度、孟加拉国、缅甸等国海警机构加强对话沟通,与巴基斯坦海上安全局开展机制化合作,共同打击违法犯罪行为,为 21 世纪海上丝绸之路建设提供安全保障。

——**合作机制建设**。中国与泰国、马来西亚、柬埔寨、印度、巴基斯坦等国建立了海洋合作机制,积极推进中泰气候与海洋生态系统联合实验室、中巴联合海洋科学研究中心、中马联合海洋研究中心建设,在海洋与气候变化观测研究、海洋和海岸带环境保护、海洋资源开发利用、典型海洋生态系统保护与恢复、海洋濒危动物保护等多领域开展合作。成立中国—中东欧海运合作秘书处,在华设立国际海事组织海事技术合作中心。建立泛北部湾经济合作机制、中国—东南亚国家海洋合作论坛、东亚海洋合作平台、中国—东盟海事磋商机制、中国—东盟港口发展与合作论坛、中国—东盟海洋科技合作论坛、中国—东盟海洋合作中心、中国—马来西亚港口联盟,筹建澜沧江—湄公河水资源合作中心、执法安全合作中心等次区域合作平台。

(七)深化人文社会及其他领域交流合作

共建“一带一路”离不开各国人民的支持和参与,同时“一带一路”建设也为民众友好交往和商贸、文化、教育、旅游等活动带来了便利和机遇。中国支持开展多层次、多领域的人文交流合作,推动文明互学互鉴和文化融合创新,努力构建不同文明相互理解、各国民众相知相亲的和平发展格局。

——**教育文化合作**。中国每年向“一带一路”沿线国家提供 1 万个政府奖学金名额,实施《推进共建“一带一路”教育行动》。共建“一带一路”倡议提出以来,中国与“一带一路”沿线国家共同举办“国家文化年”等人文交流活动 20 次,签署了 43 项文化交流执行计划等政府间合作协议。截至 2016 年底,中国在“一带一路”沿线国家设立了 30 个中国文化中心,新建了一批孔子学院。举办“丝绸之路(敦煌)国际文化博览会”、“丝绸之路国际艺术节”、“海上丝绸之路国际艺术节”等活动。中国与哈萨克斯坦、吉尔吉斯斯坦联合申报世界文化遗产“丝绸之路:长安—天山廊道的路网”获得成功。实施柬埔寨吴哥古迹茶胶寺、乌兹别克斯坦花剌子模州希瓦古城等援外文化修复项目,向尼泊尔、缅甸提供文化遗产震后修复援助。推动海上丝绸之路申报世界文化遗产,弘扬妈祖海洋文化。

——**科技合作**。中国政府与“一带一路”沿线国家签署了 46 项政府间科技合作协定,涵盖农业、生命科学、信息技术、生态环保、新能源、航天、科技政策与创新管理等领域。设立联合实验室、国际技术转移中心、科技园区等科技创新合作平台。建设中国—东盟海水养殖技术联合研究与推广中心、中国—南亚和中国—阿拉伯国家技术转移中心等一批合作实体,发挥科技对共建“一带一路”的提升和促进作用。强化科技人文交流机制,仅2016年就通过“杰出青年科学家来华工作计划”资助来自印度、巴基斯坦、孟加拉国、缅甸、蒙古、泰国、斯里兰卡、尼泊尔、埃及、叙利亚等国100多名科研人员在华开展科研工作。

——旅游合作。中国与“一带一路”沿线国家互办“旅游年”,开展各类旅游推广与交流活动,相互扩大旅游合作规模。举办世界旅游发展大会、丝绸之路旅游部长会议、中国—南亚国家旅游部长会议、中俄蒙旅游部长会议、中国—东盟旅游部门高官会等对话合作,初步形成了覆盖多层次、多区域的“一带一路”旅游合作机制。中国连续三年举办“丝绸之路旅游年”,建立丝绸之路(中国)旅游市场推广联盟、海上丝绸之路旅游推广联盟、中俄蒙“茶叶之路”旅游联盟,促进旅游品牌提升。体育合作也在蓬勃发展。

——卫生健康合作。中国重视通过共建“一带一路”推动传染病防控、卫生体制和政策、卫生能力建设与人才合作以及传统医药领域合作。发表《中国—中东欧国家卫生合作与发展布拉格宣言》、《第二届中国—中东欧国家卫生部长论坛苏州联合公报》、《中国—东盟卫生合作与发展南宁宣言》,实施中非公共卫生合作计划、中国—东盟公共卫生人才培养百人计划等41个项目。推动与“一带一路”沿线国家在传统医药领域扩大交流合作,设立中捷(克)中医中心等16个中医药海外中心,与15个国家签署了中医药合作协议。中国政府与世界卫生组织签署《关于“一带一路”卫生领域合作备忘录》,携手打造“健康丝绸之路”。在新疆维吾尔自治区设立丝绸之路经济带医疗服务中心,为中亚等周边国家提供医疗服务。

——救灾、援助和减贫。中国参与联合国、世界卫生组织等在叙利亚的人道主义行动,长期派遣援外医疗队赴周边国家和非洲开展医疗救助。积极参与国际防灾减灾,派遣国家救援队及医疗队参与尼泊尔地震救援,向马尔代夫、密克罗尼西亚联邦、瓦努阿图、斐济等国提供紧急救灾援助。向受到“厄尔尼诺”影响遭受严重旱灾的非洲国家提供紧急粮食援助。实施湄公河应急补水,帮助沿河国家应对干旱灾害。向泰国、缅甸等国提供防洪技术援助。开展中非减贫惠民合作计划、东亚减贫合作示范等活动,提供减贫脱困、农业、教育、卫生、环保等领域的民生援助。中国社会组织积极参与“一带一路”沿线国家民生改善事业,实施了一系列惠及普通民众的公益项目。

——便利人员往来。中国与巴基斯坦、俄罗斯、菲律宾、塞尔维亚等“一带一路”沿线55个国家缔结了涵盖不同护照种类的互免签证协定,与哈萨克斯坦、捷克、尼泊尔等15个国家达成19份简化签证手续的协定或安排,阿联酋、伊朗、泰国等22个国家单方面给予中国公民免签或办理落地签证入境待遇。

四、合作机制:从官方到民间

政策沟通是共建“一带一路”的重要保障,合作机制是实现政策沟通的有效渠道。中国与“一带一路”沿线国家共同打造多层次合作机制,加强沟通协调,增进政治互信,为深化合作创造了良好条件。

(一)高层推动

高层访问为共建“一带一路”提供了强大的政治助推力。共建“一带一路”倡议提出以来,中国国家主席习近平、中国国务院总理李克强等国家领导人的出访足迹遍布中亚、东南亚、南亚、中东欧等“一带一路”沿线地区。推动共建“一带一路”是高访的重要内容之一,也得到了相关国家和国际组织的积极回应,形成了包括凝聚合作共识、签署合作协议、推动重大项目建设、扩大各领域交流合作等一系列丰硕成果。

(二)战略对接

中国努力推动共建“一带一路”倡议与“一带一路”沿线国家的发展战略对接,寻求合作的最大公约数。哈萨克斯坦“光明之路”、沙特阿拉伯“西部规划”、蒙古国“草原之路”、欧盟“欧洲投资计划”、东盟互联互通总体规划2025、波兰“负责任的发展战略”、印度尼西亚“全球海洋支点”构想、土耳其“中间走廊”倡议、塞尔维亚“再工业化”战略、亚太经合组织互联互通蓝图、亚欧互联互通合作、联合国2030年可持续发展议程等与“一带一路”倡议高度契合,中国愿意与有关国家和国际组织共同推动实施。

(三)双多边机制

中国与“一带一路”沿线国家在相互尊重、相互信任的基础上,建立了较为完善的合作机制。双边对话是政策沟通的主要渠道,中国与有关国家不断强化双边机制作用,服务互联互通、贸易投资、产能合作、人文交流等共建“一带一路”重点领域合作。中国政府部门还将建设若干国别合作促进中心,推动已签署的共建“一带一路”合作协议加快落实。中国重视维护和促进多边机制作用,通过上合组织峰会、亚信峰会、中非合作论坛、中国—太平洋岛国经济发展合作论坛、泛北部湾经济合作论坛、中国共产党与世界对话会等多边平台,开展合作对话。举办中国—东盟博览会、中国—亚欧博览会、中国—阿拉伯国家博览会、中国—南亚博览会及中国—中东欧国家投资贸易博览会等大型展会,发挥经贸合作的桥梁纽带作用。以领事磋商等为平台,完善外交协调机制,为共建“一带一路”创造有利的人员往来和安全保障条件。

(四)“二轨”对话及交流合作

中国与“一带一路”沿线国家通过政党、议会、地方、民间等交往渠道,开展形式多样的交流合作,增进各国人民的相互理解,广泛凝聚共建“一带一路”的各方共识。加强智库交流合作,建立“一带一路”智库合作联盟等合作机制。中国政府在北京大学设立“南南合作与发展学院”,与发展中国家分享治国理政经验,培养政府管理高端人才。中国国务院发展研究中心与有关国际智库发起成立了“丝路国际智库网络”(SILKS),打造国际智库合作平台与协作网络。促进媒体交流合作,举办媒体论坛、人员互访等活动,开展供版供稿、联合采访、合作拍片、研修培训等合作。推动妇女、青年、创业就业等领域交流,分享促进社会公平进步的理念和经验。这些覆盖广泛的对话交流活动,与政府间合作相互促进,为共建“一带一路”不断营造民意基础。

五、愿景展望:从现实到未来

中国提出“一带一路”倡议,旨在与世界分享中国发展带来的广阔机遇,欢迎各国搭乘中国和地区经济增长的快车,共同谱写合作共赢新乐章。

我们共同的未来应该是更加光明的未来,各个国家、各个民族的利益是全人类共同利益的组成部分,全人类的利益则系于“你中有我、我中有你”的命运共同体。人类命运共同体是平等的共同体,应坚持相互尊重、平等相待,建设一个各国平等参与地区和国际事务的世界;人类命运共同体是和平的共同体,应坚持共同、综合、合作、可持续的安全观,建设一个各国彼此尊重核心利益、和平解决分歧的世界;人类命运共同体是繁荣的共同体,应坚持合作共赢、共同繁荣,建设一个开放发展、包容增长的世界;人类命运共同体是文明的共同体,应坚持不同文明兼容并蓄、交流互鉴,建设一个海纳百川、多彩多姿的世界;人类命运共同体是绿色的共同体,应坚持生态环境保护和资源节约利用,建设一个绿色低碳、永久美丽的世界。

共建“一带一路”为实现人类命运共同体提供了新的助力。亚欧大陆是世界经济增长的重要引擎之一,也是共建“一带一路”的主要地区。促进亚欧大陆及附近海洋的高水平互联互通,深化各领域务实合作,将进一步发掘这一地区巨大的发展潜力,增进各国的思想交流与文明的互学互鉴,共同实现多元、自主、平衡和可持续的发展。共建“一带一路”也是开放的,中国欢迎感兴趣的国家和国际组织以不同方式参与合作,让成果惠及更广区域、更多人民。

——非洲是共建“一带一路”的关键伙伴。中非之间有着深厚的传统友谊,双多边关系密切。非洲部分地区曾经是海上丝绸之路的重要区域,经济繁荣、社会安定、文化发达。长期以来,中国从非洲各国的根本利益出发,为非洲经济社会发展做出了积极贡献。共建“一带一路”倡议为中非互利合作开辟了更为广阔的空间,并进一步将亚欧大陆和非洲紧紧联系在一起,促进亚欧非携手发展。

——中国欢迎拉丁美洲和加勒比地区参与“一带一路”建设。拉丁美洲和加勒比地区是重要的新兴市场,也是中国最重要的贸易伙伴之一。中国致力于同拉丁美洲和加勒比有关国家对接发展战略,用共建“一带一路”的理念、原则和合作方式推动各领域务实合作,不断扩大共同利益。

——大洋洲是“21 世纪海上丝绸之路”的南向延伸地区。中国与新西兰签署了两国政府关于加强“一带一路”倡议合作的安排备忘录。作为发展中国家的重要组成部分,共建 21 世纪海上丝绸之路为太平洋岛国加快自身发展,深化与中国的南南合作创造了新的机遇,岛国对此态度积极,双方合作潜力巨大。

——第三方合作是共建“一带一路”的重要内容。共建“一带一路”是公开透明的合作倡议。中国愿意与有关发达国家一道,发挥技术、资金、产能、市场等互补优势,按照共商共建共享原则,遵循市场规律,在“一带一路”沿线国家开展第三方合作,促进互利共赢。

结束语

中国不仅是共建“一带一路”的倡议者,更是负责任、有担当的实践者。三年多来,“一带一路”建设从无到有、由点及面,取得积极进展,初步形成了共商、共建、共享的合作局面。

当今世界正在发生复杂深刻变化,世界经济在深度调整中缓慢复苏,各国面临的发展问题依然严峻。历史尤其是 20 世纪两次世界大战的惨痛教训告诉我们,当今世界比任何时候都需要加强互联互通,各国比任何时候都需要结成更加紧密的命运共同体,共同创造面向未来的发展新格局,共同维护开放型世界经济体系,共同探索新的增长动力来源。

中国欢迎世界各国和国际、地区组织积极参与共建“一带一路”合作,也愿与各国共同丰富“一带一路”建设的理念和实践,携手打造绿色丝绸之路、健康丝绸之路、智力丝绸之路、和平丝绸之路,建设更具活力、更加开放、更兼稳定、更可持续、更多包容的全球化经济。

(资料来源:国务院新闻办公室网:http://www.scio.gov.cn/31773/35507/htws35512/Document/1551506/1551506.htm)

共同推进“一带一路”建设农业合作的愿景与行动

农业部、国家发展改革委员会、商务部、外交部

2017 年 5 月 13 日

前　言

进入 21 世纪，世界经济一体化加快推进，以和平、发展、合作、共赢为主题的新时代已经开启。2013 年 9 月和 10 月，中国国家主席习近平在出访中亚和东南亚国家期间，先后提出共建“丝绸之路经济带”和“21 世纪海上丝绸之路”（以下简称“一带一路”）的重大倡议，得到国际社会高度关注。“一带一路”倡议秉承共商、共建、共享原则，致力于维护全球自由贸易体系和开放型世界经济，推动沿线各国实现经济政策协调，共同打造开放、包容、均衡、普惠的区域经济合作架构。

农业交流和农产品贸易自古以来就是丝绸之路的主要合作内容。借古丝绸之路，中国从西方引入了胡麻、石榴、苜蓿、葡萄等作物品种，并把掘井、丝绸、茶等生产技术和产品带到了中亚，促进了沿线国家间农业技术和产品的传播交流，亚欧非的农业文明沿着古丝绸之路交流互通，不断发扬光大。新时期，农业发展仍然是“一带一路”沿线国家国民经济发展的重要基础，沿线大部分国家对解决饥饿和贫困问题、保障粮食安全与营养的愿望强烈，开展农业合作是沿线国家的共同诉求。在“一带一路”倡议下，农业国际合作成为沿线国家共

建利益共同体和命运共同体的最佳结合点之一。

"一带一路"倡议提出三年来,中国与沿线国家在双、多边合作机制下积极开展农业领域产业对接,合作领域不断拓展,链条不断延伸,合作主体和方式不断丰富,取得了显著成效。为进一步加强"一带一路"农业合作的顶层设计,制定《共同推进"一带一路"建设农业合作的愿景与行动》。

一、时代背景

当今世界正在发生复杂而深刻的变化,国际金融危机深层次影响继续显现,世界经济复苏缓慢、发展分化,国际投资贸易格局和多边投资贸易规则酝酿深刻调整。共建"一带一路"顺应世界多极化、经济全球化、文化多样化、社会信息化的潮流,是国际合作以及全球治理新模式的积极探索。

近年来,全球农业发展格局深度调整,气候变化对粮食主产区影响不断加深,生物质能源、金融投机活动等非传统因素使农产品国际市场不确定性持续加强,全球粮食安全及贫困问题仍然困扰着很多发展中国家,世界上仍有7.95亿人忍受长期饥饿,20亿人遭受营养不良。农业持续增长动力不足和农产品市场供求结构显著变化,已经成为世界各国需要共同面对的新问题、新挑战,尤其在"一带一路"沿线,许多国家实现粮食安全与营养、解决饥饿与贫困的形势仍十分紧迫,亟待通过开展农业合作,共同促进农业可持续发展。

后金融危机时代,各国更加重视农业基础地位,更加注重全球农业资源的整合利用和农产品市场的深度开发,对开展农业国际合作的诉求也更加强烈,为"一带一路"建设农业合作提供了难得的历史机遇。当前,中国正与沿线国家积极开展战略对接,共同构建"一带一路"合作框架,双、多边合作机制日益完善,为开展农业合作提供了有利平台。"一带一路"建设基础设施互联互通、资金融通为开展农业合作提供了保障,为沿线国家实现农业产业优势互补、共享发展机遇创造了良好条件。

当前,中国农业与世界农业高度关联,推进"一带一路"建设农业合作意义重大,既是中国扩大和深化对外开放的需要,也是世界农业持续健康发展的需要,有利于推动形成全球农业国际合作新格局,有利于沿线各国发挥比较优势,促进区域内农业要素有序流动、农业资源高效配置、农产品市场深度融合,推动沿线各国实现经济互利共赢发展。中国自改革开放以来,农业农村发展取得了巨大的成就,对世界粮食安全做出了重大贡献。中国愿意在力所能及的范围内承担更多责任义务，在国际粮农治理体系建设中贡献中国智慧，与沿线国家分享中国经验，为全球农业发展和经济增长做出更大的贡献。

二、合作原则

坚持政策协同。支持“一带一路”沿线国家开展愿景对接和政策对话，寻求农业合作利益契合点和最大公约数，围绕共同关切的重点区域、主导产业、重要产品共同开展顶层设计。充分利用沿线已有合作机制，创新推动“一带一路”农业合作持续发展。

坚持市场运作。充分发挥各类企业的主体作用和市场在资源配置中的决定性作用，遵循市场规律和国际通行规则，促进沿线各国企业间开展产业合作，实现优势互补，联动发展。

坚持政府服务。发挥沿线国家政府间合作机制在推进“一带一路”建设农业合作中的引导和服务作用，深化对外开放，进一步提高跨境投资贸易便利化水平，建立健全农业对外合作服务体系，优化农业国际合作环境。

坚持绿色共享。尊重各国农业发展道路和模式选择，深化“一带一路”建设农业合作与落实2030年可持续发展议程粮农目标有机结合，共商、共建、共享绿色丝绸之路理念，携手走产出高效、产品安全、资源节约、环境友好的农业现代化道路。

坚持互利合作。兼顾各方利益和关切，积聚各国农业发展优势，充分挖掘合作潜力，加强各大经济走廊农业合作，以点带面、从线到片推进合作进程，构建相互依存、互利共赢、平等合作、安全高效的“一带一路”新型农业国际合作关系。

三、框架思路

“一带一路”贯穿亚欧非大陆，一头是活跃的东亚经济圈，农业发展历史悠久，一头是发达的欧洲经济圈，现代农业优势明显，中间广大腹地农业资源丰富，发展潜力巨大，各区域在农业资源、技术、产能、市场等方面各具优势，具有较强的互补性。

推进“一带一路”建设农业合作是沿线各国农业发展、对外开放的共同愿景，中国愿与沿线各国携手努力，共同规划实施一批重点建设项目，创建“一带一路”陆海联动、双向开放的农业国际合作新格局，为“一带一路”利益共同体、责任共同体和命运共同体的形成提供有力支撑。

中国政府倡议,沿线国家加强农业合作战略对接,秉承"一带一路"共商、共建、共享的原则与和平合作、开放包容、互学互鉴、互利共赢的理念,兼顾各方利益和诉求,围绕政策沟通、设施联通、贸易畅通、资金融通、民心相通的重点合作内容,以农业科技交流合作为先导,深化新亚欧大陆桥、中蒙俄、中国—中亚—西亚、中国—中南半岛、中巴、孟中印缅等六大经济走廊的农业贸易投资合作,打造优势技术、重点产品农业合作大通道,朝着共建全方位、宽领域、多层次、高水平的新型农业国际合作关系而努力。

四、合作重点

"一带一路"沿线各国合作潜力和空间巨大,围绕"一带一路"沿线国家共同发展需求和优势,着重在以下方面加强合作。

构建农业政策对话平台。加强政策沟通,完善沿线国家间多层次农业政策对话机制,探索建立沿线国家政府、科研机构、企业"三位一体"的政策对话平台,就农业发展战略充分交流对接,共同制定推进农业合作的规划和措施,协商解决合作中的问题,共同为务实合作及大型项目实施提供政策支持。

强化农业科技交流合作。突出科技合作的先导地位,多渠道加强沿线国家间知识分享、技术转移、信息沟通和人员交流。结合各国需求并综合考虑国际农业科技合作总体布局,在"一带一路"沿线共建国际联合实验室、技术试验示范基地和科技示范园区,开展动植物疫病疫情防控、种质资源交换、共同研发和成果示范,促进品种、技术和产品合作交流。共建"一带一路"农业合作公共信息服务平台、技术咨询服务体系、高端智库和培训基地,推动区域农业物联网技术发展,提升"一带一路"沿线国家农业综合发展能力。

优化农产品贸易合作。推动共建"一带一路"农产品贸易通道,合作开展运输、仓储等农产品贸易基础设施一体化建设,提升贸易便利化水平,扩大贸易规模,拓展贸易范围。鼓励建设多元稳定的"一带一路"农产品贸易渠道,发展农产品跨境电子商务。加强"一带一路"沿线国家农产品检验检疫合作交流,共建安全、高效、便捷的进出境农产品检验检疫监管措施和农产品质量安全追溯系统,共同规范市场行为,提高沿线国家动植物安全卫生水平。

拓展农业投资合作。发挥沿线国家农业比较优势,充分利用相关国际金融机构合作机制与渠道,加大农业基础设施和生产、加工、储运、流通等全产业链环节投资,推进关键项目落地。提升沿线国家间企业跨国合作水平,采取多种方式提升企业跨国投资能力和水平,促进沿线国家涉农企业互利合作、共同发展。推动沿线国家之间开展农业双向投资,中国欢迎各国企业来华开展农业领域投资,鼓励本国企业参与沿线国家农业发展进程,帮助所在国发展农业、增加就业、改善民生,履行社会责任。

加强能力建设与民间交流。加强以农民为主体的能力建设和民间交流,共同开展“一带一路”沿线国家农民职业教育培训,提高农民素质以及农民组织化水平,增进沿线国家间交流互信。加强“一带一路”沿线国家企业之间交流合作,共建跨国经营管理人员培训基地,培养复合型跨国经营管理人才。

五、合作机制

为保障“一带一路”建设农业合作顺利实施,沿线国家应携起手来,以现有合作机制为基础,不断完善和创新方式,促进“一带一路”农业合作蓬勃发展。

加强政府间双边合作。开展多层次、多渠道沟通磋商,推动双边关系全面发展,为农业合作提供有力保障。在“一带一路”建设政府间谅解备忘录下推动签署农业合作备忘录或编制农业合作规划。充分发挥现有双边高层合作机制作用,推动更多沿线国家和地区以及相关国际和地区组织建立高水平、常态化农业合作机制。强化政府间条法磋商,加快商签“一带一路”沿线双边投资贸易协定,加强政府间交流协调,加强投资保护、金融、税收、通关、检验检疫、人员往来等方面合作,促进企业实践与政府服务有效对接,为开展“一带一路”农业国际合作创造更佳环境、争取更好条件。

强化多边合作机制作用。深化与国际机构的交流与合作,充分利用二十国集团、亚太经合组织、上海合作组织、联合国亚太经社会、亚洲合作对话、阿拉伯国家联盟、中国—东盟、澜沧江—湄公河合作等现有涉农多边机制,深化与世界贸易组织、联合国粮食及农业组织、世界动物卫生组织、国际植物保护组织、国际农业发展基金、联合国世界粮食计划署、国际农业研究磋商组织等交流合作,加强与世界银行、亚洲开发银行、金砖国家新开发银行、亚洲基础设施投资银行、丝路基金合作,探索利用全球及区域开发性金融机构创新农业国际合作的金融服务模式,积极营造开放包容、公平竞争、互利共赢的农业国际合作环境。

发挥重大会议论坛平台作用。充分利用中非合作论坛、博鳌亚洲论坛、“10 + 3”粮食安全圆桌会议、中国—东盟博览会、中国—南亚博览会、中国—亚欧博览会、中国—中东欧经贸论坛、中国—中东欧进出境动植物检疫暨农产品质量安全合作论坛、中国—阿拉伯博览会等重大会议论坛平台,加强"一带一路"农业合作交流。在"一带一路"国际合作高峰论坛框架下,逐步建立"一带一路"农业合作对话机制、农业规划研究交流平台,依托"一带一路"网站建立农业资源、产业、技术、政策等信息共享平台。

共建境外农业合作园区。推动沿线国家企业合作共建农业产业园区,形成产业集群和平台带动效应,降低农业合作成本,增强风险防范能力。引导和支持企业参与农业合作园区建设和运营,围绕种植、养殖、深加工、农产品物流等领域加强基础设施建设,优化农业产业链条,为实现经济走廊和海上通道互联互通提供支撑。结合"一带一路"沿线国家的意愿和基础条件,共建一批农业合作示范区,构建"一带一路"农业合作的新载体和新样板。

六、行动与未来

长期以来,中国政府一直坚定不移地推进和扩大农业对外开放,优化政策体系,主动融入农业全球化发展进程。"一带一路"沿线一直是中国开展农业国际合作的重点区域,许多省区利用山水相连、文化相通等优势,与"一带一路"沿线国家开展了富有成效的互利合作。中国西部省区立足旱作农业与中亚国家开展粮食、畜牧、棉花等领域合作,北部省区在俄罗斯远东地区开展粮食、蔬菜等种植合作,中国南部省区立足热带农业,与东南亚、南亚国家开展粮食、热带经济作物等种植合作,发展态势良好,势头强劲,均取得了显著成效。另外,中国通过援建农业技术示范中心、派遣农业技术专家、培训农业技术和管理人员等方式,积极帮助"一带一路"沿线发展中国家提高农业生产和安全卫生保障能力,为保障世界粮食安全做出了积极贡献。

面向未来,中国将继续推动"一带一路"农业合作,积极参与区域性农业国际交流合作平台建设,支持多双边涉农国际贸易投资协定谈判,共同编制双边农业投资合作规划,增强对最不发达国家农业投资,推进实施"中非十大合作计划",积极利用"南南合作援助基金",开展农业领域南南合作,支持发展中国家落实2030年可持续发展议程,创新与发达国家农业合作方式,全面构建新型农业国际合作关系,推动全球实现农业可持续发展。

下一步,中国将积极推动境外农业合作示范区和境内农业对外开放合作试验区建设,内外统筹,与沿线国家在金融、税收、保险、动植物检验检疫等方面开展务实合作,加强人才交流和信息互通,分享农业技术、经验和农业发展模式,共同规划实施区域粮食综合生产能力提升、农业科技合作与示范、动植物疫病疫情联合防控、农产品产业一体化建设、贸易基础设施强化、农业研发促进培训综合平台、农业信息化体系建设等七大重点工程。

共建"一带一路"是中国的倡议,也是中国与沿线国家的共同愿望。中国愿与沿线国家一道,在既有的多双边合作机制框架下,兼顾各方利益,尊重各方诉求,相向而行,携手推动"一带一路"建设农业合作迈向更大范围、更高水平、更深层次,共同为提高全球粮食安全与营养水平,推进全球农业可持续健康发展做出更大贡献。

(资料来源:农村农业部网:http://www.gjs.moa.gov.cn/nyhz/201711/P020171123421281265239.pdf)

“一带一路”生态环境保护合作规划

环境保护部

2017年5月12日

推动共建丝绸之路经济带和21世纪海上丝绸之路（以下简称“一带一路”）倡议旨在促进沿线各国经济繁荣与区域经济合作，加强不同文明交流互鉴，促进世界和平发展。自“一带一路”倡议提出以来，“一带一路”建设进展迅速，一批重大工程和国际产能合作项目落地。在生态环保合作领域，中国积极与沿线国家深化多双边对话、交流与合作，强化生态环境信息支撑服务，推动环境标准、技术和产业合作，取得积极进展和良好成效。

为进一步贯彻落实《推动共建丝绸之路经济带和21世纪海上丝绸之路的愿景与行动》（以下简称《愿景与行动》）、《“十三五”生态环境保护规划》和《关于推进绿色“一带一路”建设的指导意见》，加强生态环保合作，发挥生态环保在“一带一路”建设中的服务、支撑和保障作用，共建绿色“一带一路”，环境保护部编制《“一带一路”生态环境保护合作规划》。

一、重要意义

（一）生态环保合作是绿色“一带一路”建设的根本要求

中国高度重视绿色“一带一路”建设。中国国家主席习近平多次强调，要践行绿色发展理念，着力深化环保合作，加大生态环境保护力度，携手打造绿色丝绸之路。《愿景与行动》提出，在投资贸易中突出生态文明理念，加强生态环境、生物多样性和应对气候变化合作。推进生态环保合作是践行生态文明和绿色发展理念、提升“一带一路”建设绿色化水平、推动实现可持续发展和共同繁荣的根本要求。

（二）生态环保合作是实现区域经济绿色转型的重要途径

“一带一路”沿线国家多为发展中国家和新兴经济体，普遍面临工业化和城镇化带来的环境污染、生态退化等多重挑战，加快转型、推动绿色发展的呼声不断增强。中国和一些沿线国家积极探索环境与经济协调发展模式，大力发展绿色经济，取得了一些成功经验。开展生态环保合作有利于促进沿线国家生态环境保护能力建设，推动沿线国家跨越传统发展路径，处理好经济发展和环境保护关系，最大限度减少生态环境影响，是实现区域经济绿色转型的重要途径。

（三）生态环保合作是落实2030年可持续发展议程的重要举措

绿色发展已成为世界各国发展的共识，联合国2030年可持续发展议程旨在共同提高全人类福祉，明确提出绿色发展与生态环保的具体目标，为未来十几年世界各国可持续发展和国际发展合作指引方向。“一带一路”生态环保合作将有力促进沿线国家实现2030年可持续发展议程环境目标。

二、总体要求

（一）合作思路

牢固树立和贯彻落实创新、协调、绿色、开放、共享的发展理念，秉持和平合作、开放包容、互学互鉴、互利共赢的丝绸之路精神，坚持共商、共建、共享，以促进共同发展、实现共同繁荣为导向，有力有序有效地将绿色发展要求全面融入政策沟通、设施联通、贸易畅通、资金融通、民心相通中，构建多元主体参与的生态环保合作格局，提升“一带一路”沿线国家生态环保合作水平，为实现2030年可持续发展议程环境目标作出贡献。

（二）基本原则

理念先行，绿色引领。以生态文明和绿色发展理念引领“一带一路”建设，切实推进政策沟通、设施联通、贸易畅通、资金融通和民心相通的绿色化进程，提高绿色竞争力。

共商共建，互利共赢。充分尊重沿线国家发展需求，加强战略对接和政策沟通,推动达成生态环境保护共识,共同参与生态环保合作,打造利益共同体、责任共同体和命运共同体,促进经济发展与环境保护双赢。

政府引导,多元参与。完善政策支撑,搭建合作平台,落实企业环境治理主体责任,动员全社会积极参与,发挥市场作用,形成政府引导、企业承担、社会参与的生态环保合作网络。

统筹推进,示范带动。加强统一部署,选择重点地区和行业,稳步有序推进,及时总结经验和成效,以点带面、形成辐射效应,提升生态环保合作水平。

(三)发展目标

到2025年,推进生态文明和绿色发展理念融入"一带一路"建设,夯实生态环保合作基础,形成生态环保合作良好格局。以六大经济走廊为合作重点,进一步完善生态环保合作平台建设,提高人员交流水平;制定落实一系列生态环保合作支持政策,加强生态环保信息支撑;在铁路、电力等重点领域树立一批优质产能绿色品牌;一批绿色金融工具应用于投资贸易项目,资金呈现向环境友好型产业流动趋势;建成一批环保产业合作示范基地、环境技术交流与转移基地、技术示范推广基地和科技园区等国际环境产业合作平台。

到2030年,推动实现2030可持续发展议程环境目标,深化生态环保合作领域,全面提升生态环保合作水平。深入拓展在环境污染治理、生态保护、核与辐射安全、生态环保科技创新等重点领域合作,绿色"一带一路"建设惠及沿线国家,生态环保服务、支撑、保障能力全面提升,共建绿色、繁荣与友谊的"一带一路"。

三、突出生态文明理念,加强生态环保政策沟通

(一)分享生态文明和绿色发展的理念与实践

传播生态文明理念。充分利用现有多双边合作机制,深化生态文明和绿色发展理念、法律法规、政策、标准、技术等领域的对话和交流,推动共同制定实施双边、多边、次区域和区域生态环保战略与行动计划。

分享绿色发展实践经验。归纳总结沿线国家和地区绿色发展的实践经验,呼应绿色发展需求,推广环境友好型技术和产品,推动将生态环保作为沿线国家绿色转型新引擎。

(二)构建生态环保合作平台

加强生态环保合作机制和平台建设。开展政府间高层对话,充分利用中国—东盟、上海合作组织、澜沧江—湄公河、欧亚经济论坛、中非合作论坛、中阿

合作论坛、亚信等合作机制，强化区域生态环保交流，扩大与相关国际组织和机构的合作，倡议成立“一带一路”绿色发展国际联盟，建设政府、企业、智库、社会组织和公众共同参与的多元合作平台。

推进环保信息共享服务平台建设。合作建设“一带一路”生态环保大数据服务平台，加强生态环境信息共享，提升生态环境风险评估与防范的咨询服务能力，推动生态环保信息产品、技术和服务合作，为绿色“一带一路”建设提供综合环保信息支持与保障。

（三）推动环保社会组织和智库交流与合作

推动环保社会组织交流合作。积极为环保社会组织开展国际交流与合作搭建平台并提供政策指导。支持环保社会组织与沿线国家相关机构建立合作伙伴关系，联合开展公益服务、合作研究、交流访问、科技合作、论坛展会等多种形式的民间交往。

加强生态环保智库交流合作。构建生态环保合作智力支撑体系，提高智库在战略制定、政策对接、投资咨询服务等方面的参与度。推进国内和国际智库、智库与政府部门、智库与企业以及智库与环保社会组织之间的生态环保合作，推动科研机构、智库联合构建科学研究和技术研发平台。

四、遵守法律法规，促进国际产能合作与基础设施建设的绿色化

（一）发挥企业环境治理主体作用

强化企业行为绿色指引。落实环境保护部、外交部、发展改革委、商务部共同印发的《关于推进绿色“一带一路”建设的指导意见》，落实商务部、环境保护部共同发布的《对外投资合作环境保护指南》以及 19 家重点企业联合发布的《履行企业环保责任，共建绿色“一带一路”倡议》，推动企业自觉遵守当地环保法规和标准规范，履行企业环境责任。推动有关行业协会和商会建立企业海外投资生态环境行为准则。

鼓励企业加强自身环境管理。引导企业开发使用低碳、节能、环保的材料与技术工艺，推进循环利用，减少在生产、服务和产品使用过程中污染物的产生和排放。在铁路、电力、汽车、通信、新能源、钢铁等行业，树立优质产能绿色品牌。指导企业根据当地要求开展环境影响评价和环境风险防范工作，加强生物多样性保护，优先采取就地、就近保护措施，做好生态恢复。

推动企业环保信息公开。鼓励企业借助移动互联网、物联网等技术，定期

发布年度环境报告,公布企业执行环境保护法律法规的计划、措施和环境绩效等。倡导企业就环境保护事宜及时与利益相关方沟通,形成和谐的社会氛围。

(二)推动绿色基础设施建设

推动基础设施绿色低碳化建设和运营管理。落实基础设施建设标准规范的生态环保要求,推广绿色交通、绿色建筑、绿色能源等行业的环保标准和实践,提升基础设施运营、管理和维护过程中的绿色化、低碳化水平。

强化产业园区的环境管理。以企业集聚化发展、产业生态链接、服务平台建设为重点,共同推进生态产业园区建设。加强环境保护基础设施建设,推进产业园区污水集中处理与循环再利用及示范。发展园区生态环保信息、技术、商贸等公共服务平台。

五、推动可持续生产与消费,发展绿色贸易

(一)促进环境产品与服务贸易便利化

加强进出口贸易环境管理。开展以环境保护优化贸易投资相关研究,探讨将环境章节纳入我国与"一带一路"沿线重点国家自贸协定的可行性。推动联合打击固体废物非法越境转移。推动降低或取消重污染行业产品的出口退税,适度提高贸易量较大的"两高一资"行业环境标准。

扩大环境产品和服务进出口。分享环境产品和服务合作的成功实践,推动提高环境服务市场开放水平,鼓励扩大大气污染治理、水污染防治、危险废物管理及处置等环境产品和服务进出口。探索促进环境产品和服务贸易便利化的方式。

推动环境标志产品进入政府采购。开展环境标志交流合作项目,分享建立环境标志认证体系的经验。推动沿线各国政府采购清单纳入更多环境标志产品。探索建立环境标志产品互认机制,鼓励沿线国家环境标志机构签署互认合作协议。

(二)加强绿色供应链管理

建立绿色供应链管理体系。开展绿色供应链管理试点示范,制定绿色供应链环境管理政策工具,从生产、流通、消费的全产业链角度推动绿色发展。开展供应链各环节绿色标准认证,推动绿色供应链绩效评价,探索建立绿色供应链绩效评价体系。

加强绿色供应链国际合作。积极推进绿色供应链合作网络建设,支持绿色

生产、绿色采购和绿色消费，在国际贸易中推行绿色供应链管理。推动建立绿色供应链合作示范基地。加强沿线国家绿色供应链建设工作的交流和宣传，鼓励发布政府间绿色供应链合作倡议。鼓励行业协会、国际商会等组织开展宣传和推广。

六、加大支撑力度，推动绿色资金融通

促进绿色金融政策制定。开展沿线国家绿色投融资需求研究，研究制定绿色投融资指南。以绿色项目识别与筛选、环境与社会风险管理等为重点，探索制定绿色投融资的管理标准。

探索设立“一带一路”绿色发展基金。推动设立专门的资源开发和环境保护基金，重点支持沿线国家生态环保基础设施、能力建设和绿色产业发展项目。

引导投资决策绿色化。分享绿色金融领域的实践经验，在“一带一路”和其他对外投资项目中加强环境风险管理，提高环境信息披露水平，使用绿色债券等绿色融资工具筹集资金，在环境高风险领域建立并使用环境污染强制责任保险等工具开展环境风险管理。

七、开展生态环保项目和活动，促进民心相通

(一)加强生态环保重点领域合作

深化环境污染治理合作。加强大气、水、土壤污染防治、固体废物环境管理、农村环境综合整治等合作，实施一批各方共同参与、共同受益的环境污染治理项目。

推进生态保护合作。建立生物多样性数据库和信息共享平台，积极开展东南亚、南亚、青藏高原等生物多样性保护廊道建设示范项目，推动中国—东盟生态友好城市伙伴关系建设。

加强核与辐射安全合作。分享核与辐射安全监管的良好实践，积极参与国际核安全体系建设。深入参与国际原子能机构、经合组织核能署等国际组织的各类活动。推动建立核与辐射安全国际合作交流平台，帮助有需要的国家提升核与辐射安全监管能力。

加强生态环保科技创新合作。积极开展生态环保领域的科技合作与交流，提升科技支撑能力。充分发挥环保组织的作用，推动环保技术研发、科技成果转移转化和推广应用。

推进环境公约履约合作。推进相关国家在"一带一路"建设中履行《生物多样性公约》《关于持久性有机污染物的斯德哥尔摩公约》等多边环境协定,构建环境公约履约合作机制,推动履约技术交流与南南合作。

(二)加大绿色示范项目的支持力度

推动绿色对外援助。以污染防治、生态保护、环保技术与产业以及可持续生产与消费等领域为重点,探索制定绿色对外援助战略与行动计划。推动将生态环保合作作为南南合作基金等资金机制支持的重要内容,优先在环保政策、法律制度、人才交流、示范项目等方面开展绿色对外援助,提高环保领域对外援助的规模和水平。

实施绿色丝路使者计划。深化完善绿色丝路使者计划实施方案,以政策交流、能力建设、技术交流、产业合作为主要路线,加强沿线国家环境管理人员和专业技术人才的互动与交流,提升沿线国家的环保能力,提高环保意识和环境管理水平。

开展环保产业技术合作园区及示范基地建设。以企业为主体,推动环保技术和产业合作,开展环保基础设施建设、环境污染防治和生态修复技术应用试点示范。引导优势环保产业集群式发展,探索合作共建环保产业技术园区及示范基地的创新合作模式。

八、加强能力建设,发挥地方优势

加强环保能力建设。充分发挥中国"一带一路"沿线省(区、市)在"一带一路"建设中区位优势,编制地方"一带一路"生态环保合作规划及实施方案。重点加强黑龙江、内蒙古、吉林、新疆、云南、广西等边境省区环境监管和治理能力建设,推动江苏、广东、陕西、福建等省份提升绿色发展水平;鼓励各地积极参加多双边环保合作,推动建立省级、市级国际合作伙伴关系,积极创新合作模式,推动形成上下联动、政企统筹、智库支撑的良好局面。

推动环境技术和产业合作基地建设。在有条件的地方建立"一带一路"环境技术创新和转移基地,建设面向东盟、中亚、南亚、中东欧、阿拉伯、非洲等国家的环保技术和产业合作示范基地;推动和支持环保工业园区、循环经济工业园区、主要工业行业、环保企业提升国际化水平,推动长江经济带、环渤海、珠三角、中原城市群等支持环保技术和产业合作项目落地,支撑绿色"一带一路"建设。

九、重大项目

规划涉及 25 个重点项目，包括政策沟通类 6 个，设施联通类 4 个，贸易畅通类 3 个，资金融通类 2 个，民心相通类 4 个，能力建设类 6 个。

类　目	序　号	项　目　名　称
政策沟通	1	“一带一路”生态环保合作国际高层对话
	2	“一带一路”绿色发展国际联盟
	3	“一带一路”沿线国家环境政策、标准沟通与衔接
	4	“一带一路”沿线国家核与辐射安全管理交流
	5	中国—东盟生态友好城市伙伴关系
	6	“一带一路”环境公约履约交流合作
设施联通	7	“一带一路”互联互通绿色化研究
	8	“一带一路”沿线工业园污水处理示范
	9	“一带一路”重点区域战略与项目环境影响评估
	10	“一带一路”生物多样性保护廊道建设示范
贸易畅通	11	“一带一路”危险废物管理和进出口监管合作
	12	“一带一路”沿线环境标志互认
	13	“一带一路”绿色供应链管理试点示范
资金融通	14	“一带一路”绿色投融资研究
	15	绿色“一带一路”基金研究
民心相通	16	绿色丝绸之路使者计划
	17	澜沧江—湄公河环境合作平台
	18	中国—柬埔寨环保合作基地
	19	“一带一路”环保社会组织交流合作
能力建设	20	“一带一路”生态环保大数据服务平台建设
	21	“一带一路”生态环境监测预警体系建设
	22	地方“一带一路”生态环保合作
	23	“一带一路”环保产业与技术合作平台
	24	“一带一路”环保技术交流与转移中心（深圳）
	25	中国—东盟环保技术和产业合作示范基地

十、保障措施

强化组织协调。建立健全综合协调机制,加强政府部门之间、中央和地方之间、政府和企业及公众之间多层次、多渠道的沟通交流与良性互动,分工负责,统筹推进。

加强政策支持。坚持需求导向和目标导向相结合,进一步研究出台一批有针对性政策措施,创新实践方式,完善配套服务,提高对生态环保合作的支持力度。

落实资金保障。加大资金投入力度,保障规划相关工作的资金落实,重点支持生态环保合作基地建设及开展相关示范工程和项目。

抓好跟踪评估。切实推进规划落实,对规划确定的重点措施、工程落实情况进行跟踪分析,加强督促检查,及时开展规划实施情况中期评估,适时提出调整规划、完善措施的建议。

(资料来源:中国一带一路网:https://www.yidaiyilu.gov.cn/wcm.files/upload/CMSydylgw/201705/201705140541054.pdf)

“一带一路”融资指导原则

财政部

2017年5月14日

“一带一路”建设旨在加强沿线国家的政策沟通、设施联通、贸易畅通、资金融通、民心相通，促进经济要素有序自由流动、资源高效配置和市场深度融合，共同打造开放、包容、均衡、普惠的区域经济合作架构。资金融通是“一带一路”建设的重要支撑。为此，我们，阿根廷、白俄罗斯、柬埔寨、智利、中国、捷克、埃塞俄比亚、斐济、格鲁吉亚、希腊、匈牙利、印度尼西亚、伊朗、肯尼亚、老挝、马来西亚、蒙古、缅甸、巴基斯坦、卡塔尔、俄罗斯、塞尔维亚、苏丹、瑞士、泰国、土耳其、英国财长呼吁沿线国家政府、金融机构、企业共同行动，本着“平等参与、利益共享、风险共担”的原则，推动建设长期、稳定、可持续、风险可控的融资体系。

1. 我们认识到，良好的融资体系和融资环境离不开沿线国家政府强有力的支持。沿线国家政府应加强政策沟通，巩固合作意向，共同释放支持“一带一路”建设和融资的积极信号。

2. 我们鼓励沿线国家建立共同平台，在促进本地区国别发展战略及投资计划对接的基础上，共同制定区域基础设施发展战略或规划，确定重大项目识别和优先选择的原则，协调各国支持政策与融资安排，交流实施经验。

3. 我们支持金融资源服务于沿线国家和地区的实体经济发展。重点加大对基础设施互联互通、贸易投资、产能合作、能源能效、资源以及中小企业等领域的融资支持力度。

4. 我们重申基础设施对经济社会可持续发展的重要作用。我们鼓励沿线国家视情开放公共服务市场,维护良好、稳定的法律、政策和监管框架,积极发展政府和社会资本合作以吸引各类资金,提高基础设施的供给效率和质量。我们鼓励有意愿的相关方在私营部门和金融机构之间建立有效的信息交流,通过基础设施融资支持可持续发展。

5. 我们重视公共资金在规划、建设重大项目上的引领作用。我们将继续利用政府间合作基金、对外援助资金等现有公共资金渠道,协调配合其他资金渠道,共同支持“一带一路”建设,包括加强沿线国家和地区在民生发展、人文交流等领域的交流合作。

6. 我们鼓励各国政策性金融机构、出口信用机构继续为“一带一路”建设提供政策性金融支持。我们鼓励上述机构加强协调合作,通过贷款、担保、股权投资、联合融资等多种方式,发挥融资促进和风险分担作用。

7. 我们呼吁开发性金融机构考虑为“一带一路”沿线国家提供更多融资支持和技术援助。我们鼓励多边开发银行和各国开发性金融机构在其职责范围内通过贷款、股权投资、担保和联合融资及其他融资渠道等各种方式,积极参与“一带一路”建设,特别是跨境基础设施建设。我们支持多边开发银行与各国开发性金融机构加强协调合作,为沿线国家提供可持续性的融资、机构专有技术和融智服务。

8. 我们认识到市场机制在金融资源配置中应发挥决定性作用。我们期待商业银行、股权投资基金、保险、租赁和担保公司等各类商业性金融机构为“一带一路”建设提供资金及其他金融服务。我们欢迎养老基金、主权财富基金等长期机构投资者,在符合其机构职能的情况下视情积极参与,特别是参与基础设施建设。

9. 我们支持进一步发展本地与区域金融市场。我们欢迎发展沿线国家的本币债券市场和股权投资市场,以扩大长期融资来源,并降低货币错配风险。

10. 我们支持金融市场的有序开放,并尊重有关国家可能承担的国际义务。我们鼓励根据国情,在符合国内法律法规的前提下,逐步扩大银行、保险、证券等市场准入,支持金融机构跨境互设子公司和(或)分支机构,促进金融机构设立申请与审批流程的便利化。

11. 我们鼓励基于“一带一路”建设需求和沿线国家需求的金融创新。我们支持金融机构在风险可控前提下创新融资模式、渠道、工具与服务。

12. 我们呼吁沿线各国深化金融监管合作，加强跨境监管协调，共同为金融机构创造公平、高效、稳定的监管环境，并尊重有关国家可能承担的国际义务。

13. 我们倡导建设透明、友好、非歧视和可预见的融资环境。我们支持视情提高对外国直接投资的开放度，加快必要的投资便利化进程，反对一切形式的贸易和投资保护主义。我们倡导建立和完善公平、公正、公开、高效的法律制度，以及互惠互利、投资友好型的税收制度。我们支持通过公正、合法、合理的方式妥善解决债务和投资争端，切实保护债权人和投资人合法权益。

14. 我们强调应加强对融资项目社会环境影响的评价和风险管理，重视节能环保合作，履行社会责任，促进当地就业，推动经济社会可持续发展。在动员资金时，应兼顾债务可持续性。

15. 我们认识到，“一带一路”建设的融资安排应惠及所有企业和人群，支持可持续、包容性发展。应为提高科技能力、技术发展以及创造就业，特别是年轻人与妇女的就业提供融资。我们积极支持推进普惠金融的努力，鼓励沿线国家政府、政策性金融机构、开发性金融机构及商业性金融机构加强合作，努力让所有人享受金融信息和服务，并为中小企业提供适当、稳定、可负担的融资服务。

（资料来源：中国一带一路网：https://www.yidaiyilu.gov.cn/wcm.files/upload/CMSydylgw/201705/201705161021052.pdf）

推动丝绸之路经济带和21世纪海上丝绸之路能源合作愿景与行动

国家发展和改革委员会、国家能源局

2017年5月12日

2013年下半年,中国国家主席习近平在出访中亚和东南亚国家期间,先后提出共建“丝绸之路经济带”和“21世纪海上丝绸之路”(以下简称“一带一路”)的重大倡议,得到国际社会的高度关注。2015年3月,中国政府发布《推动共建丝绸之路经济带和21世纪海上丝绸之路的愿景与行动》,提出“一带一路”建设是开放的、包容的,欢迎世界各国和国际、地区组织积极参与,得到了国际社会的广泛认同与积极响应。

能源是人类社会发展的重要物质基础,攸关各国国计民生,加强“一带一路”能源合作有利于带动更大范围、更高水平、更深层次的区域合作,促进世界经济繁荣,这是中国与各国的共同愿望。为推进“一带一路”建设,让古丝绸之路在能源合作领域焕发新的活力,促进各国能源务实合作迈上新的台阶,中国国家发展和改革委员会和国家能源局共同制定并发布《推动丝绸之路经济带和21世纪海上丝绸之路能源合作愿景与行动》。

一、全球能源发展形势

当今世界能源形势正发生复杂深刻的变化,全球能源供求关系总体缓和，应对气候变化进入新阶段，新一轮能源科技革命加速推进，全球能源治理新机制正在逐步形成，人人享有可持续能源的目标还远未实现，各国能源发展面临的问题依然严峻。

加强“一带一路”能源合作旨在共同打造开放包容、普惠共享的能源利益共同体、责任共同体和命运共同体，提升区域能源安全保障水平，提高区域能源资源优化配置能力，实现区域能源市场深度融合，促进区域能源绿色低碳发展，以满足各国能源消费增长需求，推动各国经济社会快速发展。

当前，中国能源与世界能源发展高度关联。中国将持续不断地推进能源国际合作，深度融入世界能源体系。加强“一带一路”能源合作既是中国能源发展的需要，也是促进各国能源协同发展的需要，中国愿意在力所能及的范围内承担更多的责任和义务，为全球能源发展作出更大的贡献。

二、合作原则

（一）坚持开放包容。各国和国际、地区组织均可参与“一带一路”能源合作，加强各国间对话，求同存异，共商共建共享，让合作成果惠及更广泛区域。

（二）坚持互利共赢。兼顾各方利益关切和合作意愿，寻求利益契合点和合作最大公约数，各施所长，各尽所能，优势互补，充分发挥各方潜力，实现共同发展。

（三）坚持市场运作。遵循市场规律和国际通行规则开展能源合作，充分发挥市场在资源配置中的决定性作用和更好发挥政府作用。

（四）坚持安全发展。加强沟通，增进互信，提高能源供应抗风险能力，共同维护国际能源生产和输送通道安全，构建安全高效的能源保障体系。

（五）坚持绿色发展。高度重视能源发展中的环境保护问题，积极推进清洁能源开发利用，严格控制污染物及温室气体排放，提高能源利用效率，推动各国能源绿色高效发展。

（六）坚持和谐发展。坚持能源发展与社会责任并重，重视技术转让与当地人员培训，尊重当地宗教信仰和文化习俗，积极支持社会公益事业，带动地方经济社会发展，造福民众。

三、合作重点

我们倡议，在以下七个领域加强合作：

（一）加强政策沟通。我们愿与各国就能源发展政策和规划进行充分交流和协调，联合制定合作规划和实施方案，协商解决合作中的问题，共同为推进务实合作提供政策支持。

（二）加强贸易畅通。积极推动传统能源资源贸易便利化，降低交易成本，实现能源资源更大范围内的优化配置，增强能源供应抗风险能力，形成开放、稳定的全球能源市场。

（三）加强能源投资合作。鼓励企业以直接投资、收购并购、政府与社会资本合作模式（PPP）等多种方式，深化能源投资合作。加强金融机构在能源合作项目全周期的深度参与，形成良好的能源"产业＋金融"合作模式。

（四）加强能源产能合作。我们愿与各国开展能源装备和工程建设合作，共同提高能源全产业链发展水平，实现互惠互利。开展能源领域高端关键技术和装备联合研发，共同推动能源科技创新发展。深化能源各领域的标准化互利合作。

（五）加强能源基础设施互联互通。不断完善和扩大油气互联通道规模，共同维护油气管道安全。推进跨境电力联网工程建设，积极开展区域电网升级改造合作，探讨建立区域电力市场，不断提升电力贸易水平。

（六）推动人人享有可持续能源。落实2030年可持续发展议程和气候变化《巴黎协定》，推动实现各国人人能够享有负担得起、可靠和可持续的现代能源服务，促进各国清洁能源投资和开发利用，积极开展能效领域的国际合作。

（七）完善全球能源治理结构。以"一带一路"能源合作为基础，凝聚各国力量，共同构建绿色低碳的全球能源治理格局，推动全球绿色发展合作。

四、中国积极行动

我们将依托多双边能源合作机制，促进"一带一路"能源合作向更深更广发展。

建立完善双边联合工作机制，研究共同推进能源合作的实施方案、行动路线图。充分发挥双边能源合作机制的作用，协调推动能源合作项目实施。

积极参与联合国、二十国集团、亚太经合组织、上海合作组织、金砖国家、澜沧江—湄公河合作、大湄公河次区域、中亚区域经济合作、中国—东盟、东盟与中日韩、东亚峰会、亚洲合作对话、中国—中东欧国家合作、中国—阿盟、中国—海合会等多边框架下的能源合作。

继续加强与国际能源署、石油输出国组织、国际能源论坛、国际可再生能源署、能源宪章、世界能源理事会等能源国际组织的合作。

积极实施中国—东盟清洁能源能力建设计划，推动中国—阿盟清洁能源中心和中国—中东欧能源项目对话与合作中心建设。继续发挥国际能源变革论坛、东亚峰会清洁能源论坛等平台的建设性作用。

共建“一带一路”能源合作俱乐部，为更多国家和地区参与“一带一路”能源合作提供平台，增进理解、凝聚共识。扩大各国间能源智库的合作与交流，推动各国间人才交流和信息共享。

五、共创美好未来

推动“一带一路”能源合作是中国的倡议，也是各国的利益所在。站在新的起点上，中国愿与各国携手推动更大范围、更高水平、更深层次的能源合作，并欢迎各国和国际、地区组织积极参与。

中国愿与各国一道，共同确定一批能够照顾各方利益的项目，对条件成熟的项目抓紧启动实施，争取早日开花结果。

“一带一路”能源合作是互尊互信、合作共赢之路。只要各国携起手来，精诚合作，就一定能够建成开放包容、普惠共享的能源利益共同体、责任共同体和命运共同体。

（资料来源：国家能源局网：http://www.nea.gov.cn/2017-05/12/c_136277473.htm）

“一带一路”建设海上合作设想

国家发展改革委、国家海洋局
2017 年 6 月 20 日

2013 年，中国国家主席习近平先后提出共建“丝绸之路经济带”和“21 世纪海上丝绸之路”的重大倡议。2015 年，中国政府发布《推动共建丝绸之路经济带和 21 世纪海上丝绸之路的愿景与行动》，提出以政策沟通、设施联通、贸易畅通、资金融通、民心相通为主要内容，坚持共商、共建、共享原则，积极推动“一带一路”建设，得到国际社会的广泛关注和积极回应。

为进一步与沿线国加强战略对接与共同行动，推动建立全方位、多层次、宽领域的蓝色伙伴关系，保护和可持续利用海洋和海洋资源，实现人海和谐、共同发展，共同增进海洋福祉，共筑和繁荣 21 世纪海上丝绸之路，国家发展和改革委员会、国家海洋局特制定并发布《“一带一路”建设海上合作设想》。

一、时代背景

海洋是地球最大的生态系统，是人类生存和可持续发展的共同空间和宝贵财富。随着经济全球化和区域经济一体化的进一步发展，以海洋为载体和纽带的市场、技术、信息等合作日益紧密，发展蓝色经济逐步成为国际共识，一个更加注重和依赖海上合作与发展的时代已经到来。“独行快，众行远”。加强海上合作顺应了世界发展潮流与开放合作大势，是促进世界各国经济联系更趋紧密、互惠合作更加深入、发展空间更为广阔的必然选择，也是世界各国一道共同应对危机挑战、促进地区和平稳定的重要途径。

中国政府秉持和平合作、开放包容、互学互鉴、互利共赢的丝绸之路精神，致力于推动联合国制定的《2030 年可持续发展议程》在海洋领域的落实，愿与 21 世纪海上丝绸之路沿线各国一道开展全方位、多领域的海上合作，共同打造开放、包容的合作平台，建立积极务实的蓝色伙伴关系，铸造可持续发展的“蓝色引擎”。

二、合作原则

求同存异，凝聚共识。维护国际海洋秩序，尊重沿线国多样化的海洋发展理念，照顾彼此关切，弥合认知差异，求大同，存小异，广泛协商，逐步达成合作共识。

开放合作，包容发展。进一步开放市场，改善投资环境，消除贸易壁垒，促进贸易和投资便利化。增强政治互信，加强不同文明之间的对话，倡导包容发展、和谐共生。

市场运作，多方参与。遵循市场规律和国际通行规则，充分发挥企业的主体作用。支持建立多利益攸关方伙伴关系，推动各国政府、国际组织、民间社团、工商界等广泛参与海上合作。

共商共建，利益共享。尊重沿线国发展意愿，兼顾各方利益，发挥各方比较优势，共谋合作、共同建设、共享成果，促进发展中国家消除贫困，推动形成海上合作的利益共同体。

三、合作思路

以海洋为纽带增进共同福祉、发展共同利益，以共享蓝色空间、发展蓝色经济为主线，加强与 21 世纪海上丝绸之路沿线国战略对接，全方位推动各领域务实合作，共同建设通畅安全高效的海上大通道，共同推动建立海上合作平台，共同发展蓝色伙伴关系，沿着绿色发展、依海繁荣、安全保障、智慧创新、合作治理的人海和谐发展之路相向而行，造福沿线各国人民。

根据 21 世纪海上丝绸之路的重点方向，“一带一路”建设海上合作以中国沿海经济带为支撑，密切与沿线国的合作，连接中国—中南半岛经济走廊，经南海向西进入印度洋，衔接中巴、孟中印缅经济走廊，共同建设中国—印度洋—非洲—地中海蓝色经济通道；经南海向南进入太平洋，共建中国—大洋洲—南太平洋蓝色经济通道；积极推动共建经北冰洋连接欧洲的蓝色经济通道。

四、合作重点

围绕构建互利共赢的蓝色伙伴关系，创新合作模式，搭建合作平台，共同制定若干行动计划，实施一批具有示范性、带动性的合作项目，共走绿色发展之路，共创依海繁荣之路，共筑安全保障之路，共建智慧创新之路，共谋合作治理之路。

（一）共走绿色发展之路

维护海洋健康是最普惠的民生福祉，功在当代、利在千秋。中国政府倡议沿线国共同发起海洋生态环境保护行动，提供更多优质的海洋生态服务，维护全球海洋生态安全。

保护海洋生态系统健康和生物多样性。加强在海洋生态保护与修复、海洋濒危物种保护等领域务实合作，推动建立长效合作机制，共建跨界海洋生态廊道。联合开展红树林、海草床、珊瑚礁等典型海洋生态系统监视监测、健康评价与保护修复，保护海岛生态系统和滨海湿地，举办滨海湿地国际论坛。

推动区域海洋环境保护。加强在海洋环境污染、海洋垃圾、海洋酸化、赤潮监测、污染应急等领域合作，推动建立海洋污染防治和应急协作机制，联合开展海洋环境评价，联合发布海洋环境状况报告。建立中国—东盟海洋环境保护合作机制。在中国—东盟环境合作战略与行动计划框架下，推动开展海洋环境保护合作。倡议沿线国共同发起和实施绿色丝绸之路使者计划，提高沿线各国海洋环境污染防治能力。

加强海洋领域应对气候变化合作。推动开展海洋领域的循环低碳发展应用示范。中国政府支持沿线小岛屿国家应对全球气候变化，愿意在应对海洋灾害、海平面上升、海岸侵蚀、海洋生态系统退化等方面提供技术援助，支持沿线国开展海岛、海岸带状况调查与评估。

加强蓝碳国际合作。中国政府倡议发起21世纪海上丝绸之路蓝碳计划，与沿线国共同开展海洋和海岸带蓝碳生态系统监测、标准规范与碳汇研究，联合发布21世纪海上丝绸之路蓝碳报告，推动建立国际蓝碳论坛与合作机制。

（二）共创依海繁荣之路

促进发展、消除贫困是沿线各国人民的共同愿望。发挥各国比较优势，科学开发利用海洋资源,实现互联互通,促进蓝色经济发展,共享美好生活。

加强海洋资源开发利用合作。与沿线国合作开展资源调查、建立资源名录和资源库,协助沿线国编制海洋资源开发利用规划,并提供必要的技术援助。引导企业有序参与海洋资源开发项目。积极参与涉海国际组织开展的海洋资源调查与评估。

提升海洋产业合作水平。与沿线国共建海洋产业园区和经贸合作区,引导中国涉海企业参与园区建设。实施一批蓝色经济合作示范项目,支持沿线发展中国家发展海水养殖,改善生活水平,减轻贫困。与沿线国共同规划开发海洋旅游线路,打造精品海洋旅游产品,建立旅游信息交流共享机制。

推进海上互联互通。加强国际海运合作,完善沿线国之间的航运服务网络,共建国际和区域性航运中心。通过缔结友好港或姐妹港协议、组建港口联盟等形式加强沿线港口合作,支持中国企业以多种方式参与沿线港口的建设和运营。推动共同规划建设海底光缆项目,提高国际通信互联互通水平。

提升海运便利化水平。加强与有关国家的沟通协调,围绕规范国际运输市场、提升运输便利化水平等方面紧密合作。加快与有关国家在口岸监管互认、执法互助、信息互换等方面的合作。

推动信息基础设施联通建设。共建覆盖21世纪海上丝绸之路的信息传输、处理、管理、应用体系以及信息标准规范体系和信息安全保障体系,为实现网络互联互通、信息资源共享提供公共平台。

积极参与北极开发利用。中国政府愿与各方共同开展北极航道综合科学考察,合作建立北极岸基观测站,研究北极气候与环境变化及其影响,开展航道预报服务。支持北冰洋周边国家改善北极航道运输条件,鼓励中国企业参与北极航道的商业化利用。愿同北极有关国家合作开展北极地区资源潜力评估,鼓励中国企业有序参与北极资源的可持续开发,加强与北极国家的清洁能源合作。积极参与北极相关国际组织的活动。

(三)共筑安全保障之路

维护海上安全是发展蓝色经济的重要保障。倡导互利合作共赢的海洋共同安全观,加强海洋公共服务、海事管理、海上搜救、海洋防灾减灾、海上执法等领域合作,提高防范和抵御风险能力,共同维护海上安全。

加强海洋公共服务合作。中国政府倡议发起21世纪海上丝绸之路海洋公共服务共建共享计划,倡导沿线国共建共享海洋观测监测网和海洋环境综合调查测量成果,加大对沿线发展中国家海洋观测监测基础设施的技术和设备援助。中国政府愿加强北斗卫星导航和遥感卫星系统在海洋领域应用的国际合作,为沿线国提供卫星定位和遥感信息应用与服务。

开展海上航行安全合作。中国政府愿承担相应的国际义务,参与双多边海上航行安全与危机管控机制,共同开展打击海上犯罪等非传统安全领域活动,共同维护海上航行安全。

开展海上联合搜救。在国际公约框架下,中国政府愿承担相应的国际义务,加强与沿线国信息交流和联合搜救,建立海上搜救力量互访、搜救信息共享、搜救人员交流培训与联合演练,提升灾难处置、旅游安全等海上突发事件的共同应急与行动能力。

共同提升海洋防灾减灾能力。倡议共建南海、阿拉伯海和亚丁湾等重点海域的海洋灾害预警报系统,共同研发海洋灾害预警报产品,为海上运输、海上护航、灾害防御等提供服务。支持南海海啸预警中心业务化运行,为周边国家提供海啸预警服务。推动与沿线国共建海洋防灾减灾合作机制,设立培训基地,开展海洋灾害风险防范、巨灾应对合作研究和应用示范,为沿线国提供技术援助。

推动海上执法合作。加强与沿线国对话,管控分歧,在双多边框架下推动海上执法合作,建立完善海上联合执法、渔业执法、海上反恐防暴等合作机制,推动构筑海上执法联络网,共同制定突发事件应急预案。加强与沿线国海上执法部门的交流合作,为海上执法培训提供必要帮助。

(四)共建智慧创新之路

创新是引领海洋可持续发展的源动力。深化海洋科学研究、教育培训、文化交流等领域合作,增进海洋认知,促进科技成果应用,为深化海上合作奠定民意基础。

深化海洋科学研究与技术合作。与沿线各国共同发起海洋科技合作伙伴计划,联合开展21世纪海上丝绸之路重点海域和通道科学调查与研究、季风—海洋相互作用观测研究以及异常预测与影响评估等重大项目。深化在海洋调查、观测装备、可再生能源、海水淡化、海洋生物制药、海洋食品技术、海上无人机、无人船等领域合作,加强海洋技术标准体系对接与技术转让合作,支持科研机构和企业共建海外技术示范和推广基地。

共建海洋科技合作平台。与沿线国共建海洋研究基础设施和科技资源互联共享平台,合作建设海洋科技合作园。推进亚太经合组织海洋可持续发展中心、东亚海洋合作平台、中国—东盟海洋合作中心、中国—东盟海洋学院、中国—东亚海环境管理伙伴关系计划海岸带可持续管理合作中心、中马海洋联合研究中心、中印尼海洋与气候中心、中泰气候与海洋生态系统联合实验室、中巴联合海洋研究中心、中以海水淡化联合研究中心等建设,共同提高海洋科技创新能力。

共建共享智慧海洋应用平台。共同推动国家间海洋数据和信息产品共享,建立海洋数据中心之间的合作机制和网络,共同开展海洋数据再分析研究与应用,建设21世纪海上丝绸之路海洋和海洋气候数据中心。共同研发海洋大数据和云平台技术,建设服务经济社会发展的海洋公共信息共享服务平台。

开展海洋教育与文化交流。继续实施中国政府海洋奖学金计划,扩大沿线国来华人员的研修与培训规模。推动实施海洋知识与文化交流融通计划,支持中国沿海城市与沿线国城市结为友好城市,加强与沿线国海洋公益组织和科普机构的交流与合作。弘扬妈祖海洋文化,推进世界妈祖海洋文化中心建设,促进海洋文化遗产保护、水下考古与发掘等方面的交流合作,与沿线国互办海洋文化年、海洋艺术节,传承和弘扬21世纪海上丝绸之路友好合作精神。

共同推进涉海文化传播。加强媒体合作,开展跨境采访活动,共建21世纪海上丝绸之路媒体朋友圈。创新传播方式,共同打造体现多国文明、融合多语种的媒介形态。携手开展涉海文艺创作,共同制作展现沿线各国风土人情、友好往来的文艺作品,夯实民意基础。

(五)共谋合作治理之路

建立紧密的蓝色伙伴关系是推动海上合作的有效渠道。加强战略对接与对话磋商,深化合作共识,增进政治互信,建立双多边合作机制,共同参与海洋治理,为深化海上合作提供制度性保障。

建立海洋高层对话机制。与沿线国建立多层次、多渠道的沟通磋商与对话机制,推动签署政府间、部门间海洋合作文件,共同制定合作计划、实施方案和路线图,共同推动重大项目实施。推动建立21世纪海上丝绸之路沿线国高层对话机制,共同推动行动计划的实施,共同应对海洋重大问题。办好中国—小岛屿国家海洋部长圆桌会议、中国—南欧国家海洋合作论坛。

建立蓝色经济合作机制。设立全球蓝色经济伙伴论坛,推广蓝色经济新理念和新实践,推动产业对接与产能合作。共同制定并推广蓝色经济统计分类国际标准,建立数据共享平台,开展21世纪海上丝绸之路沿线国蓝色经济评估,编制发布蓝色经济发展报告,分享成功经验。打造海洋金融公共产品,支持蓝色经济发展。

开展海洋规划研究与应用。共同推动制定以促进蓝色增长为目标的跨边界海洋空间规划、实施共同原则与标准规范,分享最佳实践和评估方法,推动建立包括相关利益方的海洋空间规划国际论坛。中国政府愿为沿线国提供海洋发展规划相关培训与技术援助,为制定海洋发展规划提供帮助。

加强与多边机制的合作。支持在亚太经合组织、东亚合作领导人系列会议、中非合作论坛、中国—太平洋岛国经济发展合作论坛等多边合作机制下,建立海洋合作机制与制度规则。支持联合国政府间海洋学委员会、东亚海环境合作伙伴、环印度洋联盟、国际海洋学院等发挥作用,共同组织推进重大计划和项目。

加强智库交流合作。推动沿线国智库对话交流,合作开展战略、政策对接研究,共同发起重大倡议,为共建21世纪海上丝绸之路提供智力支撑。中国政府支持国内智库与沿线国相关机构和国际性海洋组织建立战略合作伙伴关系,推动建立21世纪海上丝绸之路智库联盟,打造合作平台与协作网络。

加强民间组织合作。鼓励与沿线国民间组织开展海洋公益服务、学术研讨、文化交流、科技合作、知识传播等活动,推动民间组织合作与政府间合作相互促进,共同参与海洋治理。

五、积极行动

中国政府高度重视与有关国家的海上合作,加强战略沟通,搭建合作平台,开展了一系列合作项目,总体进展顺利。

高层引领推动。在中国与相关国家领导人的见证下,与泰国、马来西亚、柬埔寨、印度、巴基斯坦、马尔代夫、南非等国签署了政府间海洋领域合作协议、合作备忘录和联合声明,与多个沿线国开展战略对接,建立了广泛的海洋合作伙伴关系。

搭建合作平台。在亚太经合组织、东亚合作领导人系列会议、中国—东盟合作框架等机制下建立了蓝色经济论坛、海洋环保研讨会、海事磋商、海洋合作论坛、中国—东盟海洋合作中心、东亚海洋合作平台等合作机制。相继举办21世纪海上丝绸之路博览会、21世纪海上丝绸之路国际艺术节、世界妈祖海洋文化论坛等一系列以21世纪海上丝绸之路为主题的活动,对增进理解、凝聚共识、深化海上合作发挥了重要作用。

加大资金投入。中国政府统筹国内资源,设立中国—东盟海上合作基金和中国—印尼海上合作基金,实施《南海及其周边海洋国际合作框架计划》。亚洲基础设施投资银行、丝路基金对重大海上合作项目提供了资金支持。

推进内外对接。中国政府鼓励环渤海、长三角、海峡西岸、珠三角等经济区和沿海港口城市发挥地方特色,加大开放力度,深化与沿线国的务实合作。支持福建21世纪海上丝绸之路核心区、浙江海洋经济发展示范区、福建海峡蓝色经济试验区和舟山群岛海洋新区建设,加大海南国际旅游岛开发开放力度。推进海洋经济创新发展示范城市建设,启动海洋经济发展示范区建设。

促成项目落地。马来西亚马六甲临海工业园区建设加紧推进。巴基斯坦瓜达尔港运营能力提升,港口自由区建设、招商工作稳步推进。缅甸皎漂港“港口+园区+城市”综合一体化开发取得进展。斯里兰卡科伦坡港口城、汉班托塔港二期工程有序推进。埃塞俄比亚至吉布提铁路建成通车,肯尼亚蒙巴萨至内罗毕铁路即将通车。希腊比雷埃夫斯港已建设成为重要的中转枢纽港。中国与荷兰合作开发海上风力发电,与印尼、哈萨克斯坦、伊朗等国的海水淡化合作项目正在推动落实。海底通信互联互通水平大幅提高,亚太直达海底光缆(APG)正式运营。中马钦州—关丹“两国双园”、柬埔寨西哈努克港经济特区、埃及苏伊士经贸合作区等境外园区建设成效显著。

展望未来,中国政府愿用信心和诚意与沿线各国共同推进“一带一路”建设海上合作,共享机遇,共迎挑战,共谋发展,共同行动,珍爱共有海洋,守护蓝色家园,共同推动实现21世纪海上丝绸之路的宏伟蓝图。

(资料来源:中华人民共和国中央人民政府网:http://www.gov.cn/xinwen/2017-11/17/5240325/files/13f35a0e00a845a2b8c5655eb0e95df5.pdf)

“一带一路”体育旅游发展行动方案（2017—2020年）

国家体育总局、国家旅游局

2017年6月29日

体育旅游是体育产业与旅游产业深度融合的新兴产业形态，大力发展体育旅游是丰富旅游产品体系、拓展旅游消费空间、促进旅游业转型升级的必然要求，是盘活体育资源、实现全民健身和全民健康深度融合、推动体育产业提质增效的必然选择，对于培育经济发展新动能、拓展经济发展新空间具有十分重要的意义。“一带一路”沿线国家和地区具有丰富的体育旅游资源，体育旅游发展潜力巨大。为贯彻落实国家“一带一路”战略部署和《国家旅游局　国家体育总局关于大力发展体育旅游的指导意见》，以“一带一路”为突破口，加快国内沿线地区体育旅游融合发展，推动沿线国家体育旅游深度合作，为促进国内区域协调发展和构建人类命运共同体做出积极贡献，特制定如下行动方案。

一、行动原则

——**外引内联**。将体育旅游发展与国家“一带一路”总体战略相结合，对外本着和平合作、开放包容、互学互鉴、互利共赢的精神，联合打造具有丝绸之路特色的体育旅游产品，提高国际体育旅游合作水平；对内加强“一带一路”沿线地区的体育旅游互动，加强体育旅游供给,共同打造“一带一路”国际体育旅游带。

——突出重点。将促进群众充分参与体育旅游活动和推动体育产品和旅游市场的深度融合作为工作的重点;通过重点体育旅游赛事、重点运动休闲旅游项目、重点体育旅游节点的建设,带动“一带一路”体育旅游发展。

——因地制宜。鼓励国内“一带一路”沿线地区根据自身的资源禀赋和市场条件发展各具特色的体育旅游;根据沿线国家体育旅游发展的不同情况,开展多层次、多领域、多形式的交流与合作。

——开放发展。在国外以亚欧古代丝绸之路沿线国家为主体开展体育旅游合作,同时对非洲、拉美等其他地区开放;在国内重点支持“一带一路”沿线地区体育旅游发展,创新整合国际、国内各方面力量,形成开放共赢的体育旅游发展模式。

——政企结合。遵循市场规律和国际通行规则,充分发挥市场在资源配置中的决定性作用和各类企业的主体作用,同时发挥好政府在引领、规范体育旅游发展方面的作用,通过政府和企业行动的结合,实现“一带一路”体育旅游大发展。

二、行动目标

多措并举,多方联合,培育体育旅游市场,实现一年有影响、两年上规模、三年创品牌,在“一带一路”相关区域形成一批精品体育旅游赛事、特色运动休闲项目、有竞争力的体育旅游企业和知名体育旅游目的地,到2020年,体育旅游人数占该地区旅游总人数的比重超过15%。通过体育旅游全方位的交流互动,促进“一带一路”区域内的政策沟通、产业互通和民心相通,使体育旅游成为“一带一路”区域内开放合作的亮点。

三、行动领域

行动一:加大体育旅游宣传力度

1. 设计“一带一路”体育旅游标识系统、宣传口号,制作形象宣传片,并将其作为“一带一路”相关体育旅游活动共同使用的形象品牌。

2. 广泛开展“一带一路”体育旅游宣传,与各类电视、报刊、网络等媒体合作,按照不同主题,宣传“一带一路”沿线体育旅游活动。开设国家体育旅游公众账号,加强移动互联网的宣传。

3. 将体育旅游产品作为对外旅游宣传的重要内容,编制“一带一路”体育旅游地图,收集宣传沿线地区体育旅游发展精品案例,与沿线国家共同倡导体育旅游发展。

4. 在体育和旅游部门主办各类展会中增加“一带一路”体育旅游的内容,在参加各类体育和旅游国际展会时,组织更多体育旅游企业参展。

行动二:培育体育旅游重点项目

5. 以“一带一路”体育旅游活动为统领,重点在沿线国家和国内沿线地区开展冰雪、汽车摩托车、马拉松、自行车、水上运动、户外挑战、航空运动、定向越野、攀岩、电竞等体育赛事活动,加强赛事创新性、包容性,营造年年有活动,月月有亮点、处处有精彩的运动氛围。

6. 在沿线地区广泛开展太极拳、武术、舞龙、舞狮、龙舟、射箭、摔跤、马术等民族体育旅游活动,组织相关民族体育项目在“一带一路”沿线国家表演和推广;和沿线国家合作开展具有共同民族特色的体育赛事旅游。

7. 加大国家各类运动产业规划的落实力度,大力发展运动休闲旅游和体育培训旅游,发动旅行社等旅游企业增加户外运动的游客流量导入,在国内“一带一路”沿线地区培育一批体育旅游精品线路。

行动三:加强体育旅游设施建设

8. 在体育和旅游部门的重大项目库中,增加“一带一路”体育旅游项目的比例;通过行政系统和协会组织,自下而上征集重大体育旅游项目,建设动态的“一带一路”体育旅游重大项目库,对重点项目给予政策支持。鼓励和支持沿线地区举办专题体育旅游投融资大会。鼓励社会力量设立“一带一路”体育旅游产业基金。

9. 对“一带一路”沿线体育旅游设施进行统一规划;配套建设旅游咨询中心、旅游厕所、停车场等旅游公共服务设施;推进符合标准的登山步道、休闲绿道、自行车赛道、滑雪场、水上运动船艇码头、电竞场馆、汽车自驾运动营地、航空飞行营地、户外运动公园等体育旅游设施建设。对沿线区域自然关联的运动赛道进行联通。

行动四:促进体育旅游装备制造

10. 制定体育旅游装备重点发展目录,在沿线地区重点培育多个体育旅游装备制造基地,支持有条件的企业在沿线国家建设体育旅游装备产业园,加强体育旅游装备创新研发。

11. 鼓励“一带一路”沿线地区举办各类体育旅游装备专业展会;提高中国

国际体育用品博览会的影响力;在国际旅游商品博览会中设立体育旅游装备专区。

行动五:推动体育旅游典型示范

12. 推动体育旅游标准化建设,总结归纳各方面的成功经验,组织制定实施体育旅游相关标准,逐步在沿线国家地区复制推广。

13. 由两部门共同评选表彰一批服务质量高的体育旅行社、体育俱乐部等优秀体育旅游组织,企业家、管理者、服务员、教练员、研究者等优秀体育旅游工作者。

行动六:发展体育旅游目的地

14. 在与“一带一路”重叠的沿边开放地区和沿线体育旅游基础好的全域旅游示范区创建单位中,重点发展20个体育旅游城市,通过政策支持、赛事支持、宣传支持等方式,将其培育成“一带一路”体育旅游带的重要节点;增加体育产业基地中体育旅游类基地的比重。

15. 加强体育旅游示范基地的规划,完善体育旅游支持政策,在国内“一带一路”沿线地区重点培育100个体育旅游示范基地和运动休闲特色小镇。

16. 在沿线地区选择一批经营存在困难的国家、省级旅游度假区和A级旅游景区进行试点,制定专项政策,推动其通过注入新型体育旅游项目推动实现转型升级。

行动七:打造体育旅游合作平台

17. 成立“一带一路”体育旅游领导机构,加强管理协调、舆论宣传和政策制定;由国家体育总局和旅游局牵头,建立沿线地区体育旅游的工作沟通机制,沿线地区体育和旅游部门要率先建立起联合行动的工作机制;支持沿线地区利用友好城市等平台,建立体育旅游国际交流与合作机制。

18. 建立涵盖旅行社、景点景区、体育俱乐部、体育场馆设施等体育旅游市场主体的社会团体组织,并以此为基础,以“一带一路”沿线国家为重点,推动组建国际体育旅游联盟。

行动八:强化体育旅游智力支撑

19. 鼓励体育院校和旅游院校开设体育旅游专业;体育总局和旅游局共同指导相关院校或科研机构设立体育旅游研究基地;组建跨学科、专业化的国家体育旅游智库,鼓励沿线地区组建体育旅游专家人才库;各级体育和旅游部门组织开展战略性、基础性课题研究,为体育旅游发展提供智力支持;组织编写体育旅游系列教材;在业内广泛开展体育旅游业务培训。

20. 形成体育旅游统计体系,测算体育旅游市场规模;建立体育旅游数据观测点,组织相关研究力量,定点开展体育旅游数据研究;结合数据统计,发布年度体育旅游发展报告。

(资料来源:中国一带一路网:https://www.yidaiyilu.gov.cn/wcm.files/upload/CMSydylgw/201707/201707070117004.pdf)

关于开展支持中小企业参与“一带一路”建设专项行动的通知

工业和信息化部、中国国际贸易促进委员会
2017 年 7 月 27 日

各省、自治区、直辖市及计划单列市、新疆生产建设兵团中小企业主管部门,各省、自治区、直辖市、新疆生产建设兵团、副省级城市贸促会,各行业贸促会:

推进“一带一路”建设是党中央、国务院统筹国际国内两个大局作出的重大决策。中小企业是“一带一路”沿线各国对外经贸关系中最重要的合作领域之一,也是促进各国经济社会发展的重要力量。随着“一带一路”建设的不断推进,我国中小企业迎来了新的发展机遇和广阔的发展空间。为加强我国中小企业与“一带一路”沿线各国的经济技术合作和贸易投资往来,支持中小企业“走出去”“引进来”,工业和信息化部、中国国际贸易促进委员会(以下简称中国贸促会)决定开展支持中小企业参与“一带一路”建设专项行动。有关事项通知如下:

一、总体要求

贯彻落实党中央、国务院支持中小企业发展的决策部署,以“一带一路”建设为统领,坚持共商共建共享原则,完善双边和多边合作机制,发挥中小企业在“一带一路”建设中的重要作用,深化我国中小企业与沿线各国在贸易投资、科技创新、产能合作、基础设施建设等领域的交流与合作，构建和完善支持中小企业国际化发展的服务体系。支持中小企业技术、品牌、营销、服务“走出去”，鼓励中小企业引进沿线国家的先进技术和管理经验，加快培育中小企业国际竞争新优势。

二、重点工作

(一)助力中小企业赴沿线国家开展贸易投资

1. 支持中小企业参加国内外展览展销活动。创新中国国际中小企业博览会办展机制，推进国际化、市场化、专业化改革，重点邀请沿线国家共同主办，并设立“一带一路”展区，继续为中小企业参展提供支持。鼓励中小企业参与工业和信息化部、中国贸促会举办的境内外展会和论坛活动。支持各地中小企业主管部门与贸促会分支机构合作开展专门面向沿线国家中小企业的展览活动，帮助中小企业特别是“专精特新”中小企业展示产品和服务，为中小企业搭建展示、交易、合作、交流的平台。

2. 建立经贸技术合作平台。共同搭建“中小企业‘一带一路’合作服务平台”，为中小企业提供沿线国家经贸活动信息，支持各地中小企业主管部门、中小企业服务机构和贸促会分支机构联合开展企业洽谈、项目对接等活动。鼓励中小企业服务机构和企业到沿线国家建立中小企业创业创新基地，开展技术合作、科研成果产业化等活动。吸引沿线国家中小企业在华设立研发机构，促进原创技术在中国孵化落地。

3. 鼓励中小企业运用电子商务开拓国际市场。支持各地中小企业主管部门积极参与中国贸促会跨境电子商务示范园区和单品直供基地建设，鼓励并支持创新性的中小型跨境电商企业入驻发展。大力推进中国贸促会“中国跨境电商企业海外推广计划”，针对中小企业在通关报检、仓储物流、市场开拓、品牌建设等方面的需求，引入第三方专业机构，提供定制化服务，帮助中小企业利用跨境电子商务开展国际贸易。

4. 促进中小企业开展双向投资。支持在有条件的地方建设我国与沿线国家中小企业合作区，进一步发挥合作区引进先进技术、管理经验和高素质人才的载体作用，在中小企业服务体系建设、技术改造、融资服务、小型微型企业创业创新基地建设、人才培训等方面提供指导和服务。大力培养外向型产业集群。组织中小企业赴境外园区考察，引导企业入园发展，协助园区为入驻企业提供展览展示、商事法律、专项培训等服务,帮助中小企业提高抗风险能力。通过以大带小合作出海,鼓励中小配套企业积极跟随大企业走向国际市场,参与产能合作和基础设施建设,构建全产业链战略联盟,形成综合竞争优势。促进与沿线国家在新一代信息技术、生物、新能源、新材料等新兴产业领域深入合作。

(二)为中小企业提供优质服务

5. 加强经贸信息、调研等服务。加大信息收集、整理、分析和发布力度,用好网站、微信公众号、报刊杂志等载体,提供沿线国家的政治环境、法律法规、政策准入、技术标准、供求信息、经贸项目、商品价格、文化习俗等信息,重点发布沿线国家投资风险评估报告和法律服务指南。注重收集并向沿线国家政府反映我中小企业合理诉求,维护其在当地合法权益。支持建立产学研用紧密结合的新型智库,重点面向中小企业,围绕沿线国家产业结构调整、产业发展规划、产业技术方向等开展咨询研究。实施“中小企业‘一带一路’同行计划”,聚合国际合作服务机构,加强信息共享,强化服务协同,助力中小企业走入沿线国家。鼓励中小企业服务机构、商业和行业协会到沿线国家设立分支机构,发挥中国贸促会驻外代表处、境外中资企业商协会和企业作用,探索在条件成熟的沿线国家设立“中国中小企业中心”,为中小企业到沿线国家投资贸易提供专业化服务。

6. 强化商事综合服务。构建面向中小外贸企业的商事综合服务平台,提供商事认证、商事咨询、外贸单据制作、国际结算、出口退税等综合服务。继续完善“中小企业外贸综合服务平台”功能,为广大中小企业提供贸易投资咨询、通关报检、融资担保、信用评级等一揽子外贸服务。

7. 完善涉外法律服务。建立健全中小企业风险预警机制,帮助中小企业有效规避和妥善应对国际贸易投资中潜在的政治经济安全和投资经营风险。开通中小企业涉外法律咨询热线,及时解答企业涉外法律问题并提供解决方案。建立健全中小企业涉外法律顾问制度,提供一体化综合法律服务。组织经贸摩擦应对,帮助中小企业依法依规解决国际经贸争端,维护海外权益。深入实施中小企业知识产权战略推进工程,提升中小企业知识产权创造、运用、保护和管理能力。完善知识产权管理和专业化服务,降低中小企业知识产权申请、保护、维权成本,推动知识产权转化。帮助中小企业开展境外知识产权布局,妥善应对涉外知识产权纠纷。

（三）提升中小企业国际竞争力

8. 开展专题培训。围绕中小企业关注的焦点问题，开展多层次专题培训，帮助中小企业提升经营管理水平和国际竞争能力。进一步发挥国家重大人才工程的作用，深入实施中小企业领军人才培训计划，共同开展中小企业国际化经营管理领军人才培训，加大对中小企业跨国经营管理人才培训力度。

9. 提高中国品牌海外影响力。开展“中国品牌海外推广计划”，引导企业增强品牌意识，提升品牌管理能力。通过帮助中小企业有选择地赴海外参展，组织产品发布会等活动，宣传推介自创品牌及产品，为中国品牌“抱团出海”搭建促进平台。

10. 引导企业规范境外经营行为。引导中小企业遵守所在国法律法规，尊重当地文化、宗教和习俗，保障员工合法权益，做好风险防范，坚持诚信经营，抵制商业贿赂。注重资源节约利用和生态环境保护，主动承担社会责任，实现与所在国的互利共赢、共同发展。

三、保障措施

（一）加强组织领导

工业和信息化部与中国贸促会联合成立工作组，负责指导专项行动的落实，制定年度工作计划，定期评估成效。建立工作机制，整合服务资源，创新服务模式，完善政策措施，形成工作合力。

各地中小企业主管部门、中国贸促会各部门各单位、各地方和行业贸促会要加强组织领导，建立支持中小企业参与“一带一路”建设专项行动的工作协调机制，结合本地实际制定工作计划，明确工作目标及责任人。

（二）发挥多双边机制作用

工业和信息化部继续深化中小企业领域的多双边政策磋商机制，鼓励和支持各地中小企业主管部门、中小企业服务机构与沿线国家有关政府部门、行业协会、商会等建立合作机制，扩大利益汇合点，加强在促进政策、贸易投资、科技创新等领域的合作，探索更多更有效的互利共赢模式。

中国贸促会发挥多双边工商合作机制作用，与有关国际组织、沿线国家贸易投资促进机构、商协会建立并拓展合作关系，为中小企业参与“一带一路”建设营造良好环境。

（三）加强政策与舆论引导

各地方中小企业主管部门要结合本地区产业发展情况，加强产业政策引导,指导和鼓励本地区有条件的中小企业积极参与"一带一路"建设。及时总结中国中小企业国际合作的经验,推介成功案例并做好风险提示,通过示范引领,为中小企业"走出去"提供参考和借鉴。大力宣传中小企业在推进"一带一路"建设中的重要作用,及时准确通报信息,讲好"中国故事",突出平等合作、互利共赢、共同发展的合作理念,积极推介我国中小企业产品、技术和优势产业。

特此通知。

(资料来源:中华人民共和国中央人民政府网:http://www.gov.cn/xinwen/2017-08/04/content_5215990.htm)

国家邮政局关于推进邮政业服务“一带一路”建设的指导意见

国家邮政局

2017年12月20日

各省、自治区、直辖市邮政管理局，中国邮政集团公司，各主要快递企业：

为深入贯彻党的十九大精神，全面落实党中央作出的“一带一路”重大决策部署，推进邮政业服务“一带一路”建设，加快行业引进来和走出去，充分发挥邮政、快递互联互通作用，更好服务国家全面开放新格局，现提出以下指导意见。

一、重要意义

邮政业具有通政、通商、通民功能，是推动流通方式转型、促进消费升级的现代化先导性产业，是“一带一路”互联互通的桥梁和纽带，在促进国际交流、服务经贸发展中发挥着重要作用。推进邮政业服务“一带一路”建设，全面加强沿线国家邮政快递领域务实合作，有利于进一步扩大我国邮政业对外开放，加快行业企业走出去，促进转型升级提质增效；有利于构建面向全球的寄递服务网络，提升沿线国家邮政快递发展水平，促进国际产能合作和贸易自由化便利化；有利于推动全球产业链延伸、价值链发展和供应链衔接，增进沿线国家人民福祉，实现共同繁荣。

二、指导思想

全面贯彻落实党的十九大精神，以习近平新时代中国特色社会主义思想为指导，牢固树立创新、协调、绿色、开放、共享发展理念，弘扬和平合作、开放包容、互学互鉴、互利共赢的丝路精神，遵循共商共建共享原则，以“丝路传邮，畅达天下”为使命，以推动建设便捷畅通、普惠包容的全球寄递服务网络为主线，坚持引进来和走出去并重，对接沿线国家战略政策和发展需求，全面推进务实合作，共商丝路传邮新模式，共建国际邮政合作新机制，共享沿线邮政业发展新成果，积极服务和平、繁荣、开放、创新、文明之路建设，为推动构建人类命运共同体贡献力量。

三、基本原则

企业主导，政府引导。强化企业主体地位，遵循市场发展规律，使市场在资源配置中起决定性作用，扩大优质服务供给，提升国际竞争力。发挥政府在规划政策等方面的引领保障作用，对接沿线国家邮政业发展战略，营造行业引进来和走出去的良好环境。

创新协同，内外联通。进一步扩大对外开放，加强创新能力开放合作，推动邮政业与跨境电子商务、先进制造业、现代农业等协同发展。完善邮政业国内基础设施建设，衔接“一带一路”综合交通运输网络，推动沿线国家邮政业政策、标准和规则三位一体联通，促进国际贸易发展。

普惠包容，互利共赢。尊重沿线国家发展意愿，秉持正确义利观，遵守国际规则，推动在沿线国家邮政快递领域形成支持“一带一路”建设的广泛共识。坚持共商共建共享原则，携手推动沿线国家邮政、快递服务发展，共享全球邮政治理改革和发展的成果。

突出重点，服务“五通”。聚焦沿线国家关键城市、关键节点的邮件快件进出境需求，依托跨境公路、国际铁路、国际航班、远洋班轮，形成陆空海邮件快件运输通道。通过深化务实合作，畅通邮路、繁荣贸易，面向沿线重要国家和地区提升跨境信息交流、物品递送效率，有力服务“五通”。

因地制宜，有序推动。考虑历史传统、资源禀赋、法律制度和行业实际，共同探讨符合各国国情的邮政快递领域合作模式。充分评估各方面因素，聚焦重点国家、重点项目和重点环节，统筹考虑、稳步实施、有序推进。

四、推动基础设施建设，构建“一带一路”寄递服务网络

加强跨境网络设施建设。结合国内各地区在“一带一路”建设中的定位，优化国际邮件互换局（交换站）布局，加强国际快件监管中心建设，提升国际邮件快件处理能力。鼓励企业在沿边重点口岸、边境城市建设边境仓，依托境外产业集聚区、经贸合作区、工业园区、经济特区等建设分拨中心、集散枢纽和境外快递物流园区，促进各类要素资源整合。支持邮政、快递企业与电商企业、物流地产企业共同投资建设公共海外仓，降低经营风险和成本。

促进标准信息互联互通。鼓励企业、产业技术联盟、社会组织积极参与邮政、快递国际标准化活动。加强与沿线国家邮政业标准互认工作，推动制定设施装备、服务产品、封装用品、寄递安全、信息交换等方面的国际标准。搭建集信息发布、数据交换、跟踪追溯、智能分析功能为一体的“丝路传邮”信息交换平台，推进与沿线国家邮政快递信息数据交互共享，促进“一带一路”邮政快递信息互联互通。

建设邮政业“丝绸之路”。支持邮政、快递企业开辟国际货运航线，统筹航空快递枢纽布局，建设连接沿线主要国家的航空运递网络。围绕新亚欧大陆桥、中蒙俄、中国—中亚—西亚、中国—中南半岛、中巴和孟中印缅等重要经济走廊建设，聚焦关键通道、关键节点、关键项目，提升国际邮件快件的通关、换装、多式联运能力，形成中国与欧洲、中亚、东南亚、南亚的跨境双向寄递骨干通道。依托陆上、海上、天上、网上四位一体的设施联通，提升国际航空寄递运输能力，推进国际铁路运输邮件快件工作，打通与周边国家邮件快件跨境公路、水路运输通道，打造邮政业“丝绸之路”。

五、加快走出去和引进来，促进“一带一路”跨境贸易发展

推动企业加快走出去。鼓励业内企业通过战略联盟、绿地投资、兼并重组等方式，重点在跨境电商零售交易量大的国家加快布局，提升面向东亚、东南亚、南亚、中亚等周边国家的国际寄递服务能力，拓展在西亚、北美、南美和欧洲等地区的业务覆盖范围。支持邮政企业、快递企业联合沿线国家当地企业在仓储管理和落地配送等环节加强业务合作、实现优势互补，为跨境电商提供一体化配套服务。引导优势企业与沿线国家邮政快递、电子商务、技术装备等企业深化合作，带动邮政业设备、技术、标准和服务走出去。支持业内企业联合境内

外上下游企业在沿线国家协同布局，实现资源共享、互利共赢。引导业内走出去企业实施属地化经营管理，提升国际化运营能力，规范海外经营行为，积极帮助当地发展经济、增加就业、改善民生。

扩大邮政业开放。全面实行准入前国民待遇加负面清单管理制度，对在境内注册的快递企业一视同仁、平等对待。鼓励沿线国家快递企业依法进入中国包裹快递市场，带动更多商品进出口，支持实体经济发展，促进贸易双向平衡。在自由贸易区、跨境电子商务综试区、自由贸易港等开展试点，支持相关企业依法获得国际快递业务经营许可，为跨境电商提供快件进出境配套服务。

促进跨境贸易发展。鼓励与沿线国家邮政企业加强合作，升级传统邮政产品、创新商业模式、拓展服务范围，开发满足跨境电商需求的国际邮政业务。支持邮政、快递企业与电商企业开展合作，搭建跨境快递物流体系，缩短服务时限，提高服务可靠性，促进沿线国家中小企业发展国际贸易。推动邮政业与先进制造业、商贸服务业联动发展，带动跨境电商、转口贸易、服务贸易等枢纽型产业集聚。鼓励快递企业在沿线国家发展智慧物流、冷链物流、供应链管理等高端物流服务，积极开展绿色快递服务。支持邮政企业、快递企业完善邮件快件进出境通道，依法在沿线国家申请报关资质，提供代理报关、结汇退税等增值业务，提升综合通关服务能力。

六、加强创新能力开放合作，培育“一带一路”邮政业发展新动能

推动行业科技创新合作。发挥行业内国家工程实验室等科研机构作用，与沿线国家交流邮政业和互联网、大数据、云计算、人工智能及区块链等融合发展的经验，联合开展科技应用示范。鼓励与沿线国家有关企业、科研机构等共建联合实验室（研究中心）、国际技术转移中心、技术示范与推广平台，促进技术转移和成果转化。支持与沿线国家有关企业、科研机构等共同研发智能收投、柔性装卸、集装化运输、冷链服务等技术装备，联合推进人工智能、无人装备等创新应用。

加强人才资源交流合作。支持有关院校、科研机构、企业与沿线国家高等院校、科研机构、知名企业开展合作，联合培养行业紧缺人才和企业中高级经营管理人才。创新人才培养机制，着力培养具有国际视野、通晓国际规则和掌握行业知识的复合型国际化人才。推动实施邮政业高端引智计划，吸引沿线国家和有关国际机构高层次人才来华联合研发技术装备、参与企业经营管理、参加

重大项目建设和开展专项培训。探索与沿线国家实施邮政快递领域技能人才职业等级互认。

七、推进政策沟通协调，深化“一带一路”邮政业国际合作

强化双边沟通合作。完善与沿线国家邮政快递主管部门高层互访机制，积极签署双多边合作备忘录和框架协议。加强与沿线国家邮政快递战略规划对接，联合制定合作方案，持续推动务实合作。围绕提升沿线国家邮政业监管能力，组织开展邮政改革、普遍服务、政策法律、科技应用、绿色邮政、寄递安全等为主要内容的交流培训。联合沿线国家举办“丝路传邮”青少年书信大赛和集邮展览，发行“一带一路”纪念邮票。

深化多边交流协作。推动与万国邮政联盟等有关国际组织签订合作协议，凝聚邮政业服务“一带一路”建设共识。深化与万国邮政联盟、区域邮政联盟等有关国际组织合作，共商全球邮政治理改革。加强与世界海关组织以及沿线国家邮政、海关、检验检疫等部门交流合作，推动完善“一带一路”邮件快件通关、检验检疫等方面的管理机制。积极参与国际铁路运邮规则和标准制定，推动与沿线国家签署中欧班列运输邮件、快件合作协议，形成常态协调机制，促进运输规模化、常态化和便利化。

打造交流合作平台。建立与沿线国家政策协商和对话机制，研究设立“丝路传邮”国际合作论坛，分享行业改革经验，共同推进国际邮政业发展。支持全球包裹联盟、快递绿色包装产业联盟在促进“一带一路”邮政业国际合作中发挥积极作用，推动建立“丝路传邮”智库合作联盟，打造多方参与的交流合作平台。继续办好中国(杭州)国际快递业大会，依托世界邮政博览会、中国—东盟博览会、中国(北京)国际服务贸易交易会等平台，组织举办“丝路传邮”展览，加强技术装备、业态创新、国际服务等方面交流。

八、加强组织领导，抓好贯彻落实

成立邮政业服务“一带一路”建设工作领导小组，强化组织领导，制定工作方案，督促工作落实。推动建立邮政业服务“一带一路”建设的相关协调机制，发挥部门工作合力。充实涉外工作力量，创新方式方法，提高能力和水平，加强对“一带一路”邮政业国际合作的支撑。建立邮政业服务“一带一路”建设的政企联席会议制度，加强政企交流对话，了解落实情况，听取意见建议。成立邮政

业服务“一带一路”建设专家咨询委员会，为政府决策提供支撑。支持中国快递协会等社会组织加大对企业走出去的指导和服务力度。加强宣传工作，发布“丝路传邮”白皮书，营造良好氛围。

各相关单位要站在全局的高度，充分认识邮政业服务“一带一路”建设的重要意义，切实增强责任感和使命感，明确任务、细化措施、制定方案，全力推进邮政业服务“一带一路”建设工作。国家邮政局各司(室)要按照职责分工，加强研究、勇于创新、密切配合，确保工作任务落到实处。各省(区、市)邮政管理局要结合地方要求和行业实际，找准定位，提出工作方案，抓好贯彻落实。行业各有关企业要切实发挥主体作用，把握发展机遇，强化资源投入，成立工作专班，制定实施方案，加快引进来和走出去，积极服务“一带一路”建设。

(资料来源：国家邮政局网：http://www.spb.gov.cn/zc/flfgjzc_1/201801/W020180112609573373634.pdf)

标准联通共建“一带一路”行动计划(2018—2020年)

“一带一路”建设工作领导小组

2018年1月11日

标准是人类文明进步的成果,是世界通用语言,标准促进世界互联互通。在推进“一带一路”建设中,标准与政策、规则相辅相成、共同推进,为互联互通提供重要的机制保障。为贯彻落实《推动共建丝绸之路经济带和21世纪海上丝绸之路的愿景与行动》和2017年“一带一路”国际合作高峰论坛精神,在实施《标准联通“一带一路”行动计划(2015—2017)》的基础上,围绕推进“一带一路”建设新阶段的总体要求和重点任务,结合标准化工作实际,制定本行动计划。

一、总体要求

认真学习全面贯彻党的十九大精神,深刻领会习近平总书记关于推进“一带一路”建设的系列重要讲话精神,认真落实习近平总书记在第39届国际标准化组织(ISO)大会对标准化工作的指示要求,坚持需求导向、标准引领、创新合作、互利共赢、滚动实施原则,主动加强与沿线国家标准化战略对接和标准体系相互兼容,大力推动中国标准国际化,强化标准与政策、规则的有机衔接,以标准“软联通”打造合作“硬机制”,努力提高标准体系兼容性,支撑基础设施互联互通建设,促进国际产能与装备制造合作，服务投资贸易便利化和人文交流深入化，为推进“一带一路”建设提供坚实技术支撑和有力机制保障。

二、主要目标

到2020年，基本形成交流互鉴、开放包容、互联互通、成果共享的标准国际化发展新局面，基本建成政府推动、市场主导、多方参与、协同推进的标准国际化工作新格局，中国标准与国际和各国标准体系兼容水平不断提高，标准化在推进“一带一路”建设中的基础性和战略性作用充分发挥。

——标准化开放合作不断深化。巩固提高与欧洲、东盟、金砖国家、东北亚、北美、非洲、大洋洲等区域国家标准化合作水平，拓展延伸与中东欧、中亚、西亚、阿拉伯国家等区域标准化合作渠道，基本实现全面建成与“一带一路”沿线重点国家畅通的标准化合作机制。

——标准“走出去”步伐更加坚实。努力推动与沿线国家新发布一批互认标准，在工业、农业和服务业等领域打造一批海外标准化示范项目，实施一批援外标准化培训项目。

——标准互认领域不断扩大。成体系部署中国标准外文版制定计划或任务不少于1000项，开展重点领域标准中关键技术指标比对数量力争达到2000个。

——中国标准品牌效应明显提升。持续提升中国标准与国际标准体系一致化程度，制定推进“一带一路”建设相关领域中国标准名录，推动中国标准在“一带一路”建设中的应用。

三、重点任务

紧紧围绕政策沟通、设施联通、贸易畅通、资金融通、民心相通，聚焦互联互通建设关键通道和重大项目，针对重点国家和区域，开展基础设施、产能合作、贸易金融、能源环境、减贫实践等标准化全领域合作，促进标准化战略、政策、措施、项目的全方位对接，推动标准研究、制定、互换、互译、互认、转化、推广等全过程融通，努力实现各国标准体系相互兼容，树立共建“一带一路”倡议中国标准新形象。

（一）对接战略规划，凝聚标准联通共建“一带一路”国际共识。推动《国家标准化体系建设发展规划（2016—2020年）》、《装备制造业标准化和质量提升规划》、《消费品标准和质量提升规划(2016—2020年)》等中国战略规划与沿线国家或区域标准化战略规划对接,寻求合作契合点,研究建立合作机制。开展沿线重点国家以及国际、区域标准组织的标准化政策、战略研究,编纂《全球标准化战略汇编》。以《关于加强标准合作,助推“一带一路”建设联合倡议》为契机,加快与俄罗斯、白俄罗斯、塞尔维亚等12个签署协议国家合作对接,推动将标准化纳入国家外交、科技、商务、质检等国家间合作框架协议。

(二)深化基础设施标准化合作,支撑设施联通网络建设。在交通基础设施方面,持续完善铁路、公路、水运、民航等技术标准体系,开展标准外文版制定。在能源基础设施方面,开展沿线国家油气管道标准分析研究,加强与俄罗斯、白俄罗斯、哈萨克斯坦等国家在电力、电网和新能源等领域国际标准化合作,促进国家和地区间能源资源优化配置。在信息基础设施方面,倡导研制城市间信息互联互通标准,在沿线国家开展中国数字电视技术标准、中国巨幕系统和激光放映技术、点播影院技术规范的示范推广,推动联合开展本地化数字电视标准制定。

(三)推进国际产能和装备制造标准化合作,推动实体经济更好更快发展。在石油天然气、核电等产能合作重点领域,在工程项目设计研发、原料采购、生产加工、检验检测和售后服务等各环节引导和帮助企业积极采用科学适用的标准体系,助推国际产能合作重点项目落地。在建材、纺织、钢铁、有色金属、农业、家电等优势产能领域,帮助沿线重点国家完善标准体系,提供标准化信息服务。在航空、船舶、工程机械等装备制造领域,联合沿线国家共同制定国际标准,完善国际标准体系建设。

(四)拓展对外贸易标准化合作,推动对外贸易发展。在自贸区谈判中,积极推进标准协调一致。在亚太经合组织、太平洋地区标准大会等区域组织,积极倡导采用国际标准,提高与北美、日韩、东南亚等重点区域国家间标准的一致化程度。支撑中欧班列建设,完善物流服务、托盘、国际货运代理等标准化合作,提高运行品质。加强电子商务标准国际合作,发展电子商务标准服务新模式。建设“一带一路”国际合作诚信电子商务网络,推动中、俄、欧铁路跨境电商物流业务发展标准合作。促进电子商务数据服务、物流应用、追溯体系标准化,实现线上线下、国内国外一体化发展。

(五)加强节能环保标准化合作,服务绿色“一带一路”建设。加快绿色产品评价标准的研究制定,推动产品标准体系构建,加强绿色产品标准、认证认可合作交流,推广绿色产品标准,推动绿色产品认证与标识的国际互认,减少绿色贸易壁垒,促进绿色贸易发展。推进绿色基础设施的标准化建设,以标准提升基础设施运营、管理和维护过程中的绿色化、低碳化水平,强化生态环境质量保障。深化节能领域标准化合作,推动与区域重点国家节能标准的协调,开展制冷空调、照明产品等节能标准化合作研究,支撑绿色产业和生态环保合作项目建设。

(六)推动人文领域标准化合作,促进文明交流互鉴。强化标准化人员交流,推动标准化专家、技术人员交流互访,开展沿线国家标准化人员培训,夯实合作基础。促进人文领域标准制定合作,在新闻出版广播影视、文物修复和展览、博物馆、世界文化遗产管理等领域,与沿线国家合作开展标准制定研究。加强与沿线国家的旅游标准化合作交流,推介旅游业标准。开展与沿线国家在艺术品质量管理标准化的交流互鉴,促进艺术品鉴证质量溯源、交易、流通和展示标准化应用合作。

(七)强化健康服务领域标准化合作,增进民心相通。推动中医药国际标准制修订合作,加快药材、药产品、医疗器械、名词术语与信息学等方面国际标准研制工作,共同完善中医药国际标准体系。促进养老、积极辅助生活、家政标准化合作,组织国家级服务业标准化示范单位和有关机构在相关国家开展标准宣传培训应用,对有需求的沿线国家开展养老、家政人员标准化技能培训等。加强口岸公共卫生体系建设领域的合作,促进监管互认、执法互助。

(八)开展金融领域标准化合作,服务构建稳定公平的国际金融体系。围绕银行产品服务描述规范、第三方支付等消费者关注的重点领域,深化与沿线国家金融标准化合作,共同制定金融国际标准。欢迎沿线国家当地银行机构加入人民币跨境支付系统(CIPS),积极推广 CIPS 业务标准。

(九)加强海洋领域标准化合作,助力畅通 21 世纪海上丝绸之路。在海上装备、海洋观测、海洋产业等重点领域,积极倡导制定国际标准。开展海洋生态环境保护、海洋观测预报和防灾减灾等海洋国家标准外文版翻译,推动国家间海洋标准互认,提升沿线各国海洋标准体系兼容性。

四、专项行动

聚焦重点领域、重点国家、重要平台和重要基础,统筹全国标准化资源,充分发挥企业、行业和地方作用,集中开展一批“一带一路”建设标准化专项行动,力争在较短时间内,实现标准外文版发布、国际国内标准比对、海外标准化示范、区域标准联盟建设等方面突破,带动政策、规则、标准的整体联通。

(一)国家间标准互换互认行动。在双边贸易发展、科技进步和产业转型升级的重点领域,推动国家间标准化主管机构开展标准互换互认和标准比对工作,努力提高标准一致性程度。持续推进标准互换互认,进一步扩大标准交换范围,开展交换标准的翻译、比对和适用性分析验证工作,形成全面的互认标准目录。进一步推进与英国、法国等在铁路、农业食品、电子医疗、老年经济、城市可持续发展、智慧城市等领域的标准一致性提升合作,促进国家间标准体系相互兼容。

(二)中国标准国际影响提升行动。在电力、铁路、船舶、家电、冶金、中医药等领域,加速科技成果转化,加强技术标准研制,加快完善标准体系,提升标准先进性和系统性,建立重点标准走出去项目库,推动建设标准化海外示范工程,加强境外产业园区、经贸园区标准化建设。大力开展城市间标准化合作,在青岛、杭州、深圳、包头等推进标准国际化创新型城市建设,加强沿线国家间标准化实践的交流互鉴。

(三)重点消费品对标行动。针对重点消费品,面向主要贸易国家和沿线重点国家,组织开展消费品标准与国际国外标准、技术法规的比对工作。到 2020 年,完成 300 个重点消费品标准约 500 项技术指标的比对工作。积极引进国际标准和国外先进标准,加快转化重要国际标准 200 余项,全面推进与主要贸易国家的标准互认工作,发布外文版的中国消费品标准。积极参与家用电器、玩具、制鞋、纺织品、家具、烟花爆竹等消费品国际标准制修订。

(四)海外标准化示范推广行动。开展国际产能标准合作示范,围绕工程机械、农业机械等装备,建设标准海外应用示范项目。推进全球能源互联网标准化合作示范,开展蒙古、俄罗斯、巴基斯坦等跨国电网互联领域标准需求分析,推动制定双边或多边跨国电网互联的国际组织标准,并在跨国联网工程中应用。强化东盟农业标准化示范区建设,在粮食、茶叶、果蔬、棉花等大宗、特色农产品领域,示范推广种子种苗、植物品种保护、种植(养殖)管理、农产品质量分级、农产品流通、农业投入品、农机装备等标准。

(五)中国标准外文版翻译行动。围绕“一带一路”建设重点领域,开展 1000 项中国标准外文版制定。在交通运输、石油天然气、电力、信息技术、金融、海洋、铁路等领域,重点开展国家标准外文版制定。加强行业标准外文版制定工作,鼓励各有关部门制定有利于快速制定形成标准外文版的政策措施,依托国家重大科技专项成果开发中国标准外文版翻译语料库。鼓励地方、团体和企业等根据实际工作需求积极参与标准外文版制定。鼓励外资企业申报和参与标准外文版制定项目。

（六）标准信息服务能力提升行动。积极推进与沿线国家开展标准信息交换，以标准信息交换带动标准互认。加强政府、智库、企业、社会组织和公众共同参与的多元标准信息服务。提供“一带一路”建设标准信息服务，聚焦国际运输、能源、水电、家电等重点领域，集成标准指标比对研究成果，为企业走出去提供专业的标准信息服务。加强区域标准研究中心信息服务，发布“一带一路”建设标准化信息。推动建设中国浙江义乌标准博物馆。与中国—东盟信息交流中心、联合国工业发展组织等合作推进“绿色智慧标准馆”建设，加强沿线国家标准信息资源共享。

（七）企业标准国际化能力提升行动。推动搭建企业国际标准化创新示范基地，畅通企业参与“一带一路”建设标准化工作的渠道。开展面向企业特别是中小企业的标准化人才的专题培训，提升企业标准化人才的专业水准和综合素质，提升企业参与国际标准化活动能力和水平。努力打造青岛、深圳国际标准化人才培训基地和杭州国际标准化会议基地等，为中国企业、科研机构标准化人员等提供固定的标准化培训和对接国际标准化技术机构机制。

（八）标准国际化创新服务行动。发挥标准的平台性作用，配套服务国内外主题涉及推进“一带一路”建设的重要论坛或博览会，推进标准、质量与品牌的全面发展。打造国际标准化论坛（青岛），推动设立中国—东盟博览会国际标准专题论坛，形成与沿线国家的标准化专题固定交流合作平台。支持中国家用电器标准与技术产业联盟开展境外专业标准化创新服务。着眼打造一批共建“一带一路”海外标准化合作示范项目或示范工程，实现区域标准联盟建设突破，推动沿线各国加强标准化互联互通共识。

（九）标准化助推国际减贫扶贫共享行动。借鉴中国精准扶贫、精准脱贫标准化成功案例和模式，开展精准扶贫标准化培训交流和综合示范项目，为“一带一路”沿线发展中国家培养精准扶贫标准化人才，帮扶建立国际植物新品种保护联盟框架下的植物新品种保护制度，推广和交流中国经验。在制定村级光伏扶贫等产业扶贫国家标准的基础上，推动村级光伏扶贫等产业扶贫的国际标准制定。

五、保障措施

（一）政策法规保障。推动将标准联通共建“一带一路”行动计划要素纳入与沿线国家多双边合作机制。加快推进标准化法以及相关配套法规规章的制修订,为标准联通共建“一带一路”工作提供法制保障。

(二)机制经费保障。发挥推进“一带一路”建设工作领导小组办公室协调机制,加强政府部门之间、中央和地方之间、政府与企业之间的沟通交流与良性互动。在充分利用现有资金渠道,盘活存量资金的基础上,加大对初见成效的标准化项目的资金投入,探索建立市场化、多元化的经费投入机制,做好有关项目的经费保障工作。

(三)评估落实。按照职责分工,各部门要进一步梳理落实重点任务和优先推进项目,制定实施计划和时间表。加强对行动计划的督促检查,及时解决存在的问题。加强对行动计划实施情况的跟踪评估,及时提出调整计划、完善政策的意见和建议。

(四)宣传引导。通过多双边交流活动等形式,加大对相关工作政策和信息的宣传力度,发挥政府部门在信息引导、政策扶持、沟通协调等方面的作用,调动相关协会、学会、商会、产业联盟的积极性,开展全方位、多层次宣传和推介工作,营造社会各界积极参与标准联通“一带一路”建设的良好氛围。

(资料来源:中国一带一路网:https://www.yidaiyilu.gov.cn/zchj/qwfb/43480.htm)

关于支持香港全面参与和助力“一带一路”建设的安排

国家发展和改革委员会、香港特别行政区政府
2018年3月29日

为充分发挥香港特别行政区(以下简称“香港”)的优势,支持其参与和助力“一带一路”建设,国家发展和改革委员会与香港特别行政区政府(以下简称“双方”)经协商一致并报国务院审批同意,现签署《国家发展和改革委员会与香港特别行政区政府关于支持香港全面参与和助力“一带一路”建设的安排》(以下简称《安排》)。

一、原则和目标

全面准确贯彻“一国两制”方针,在宪法和基本法框架下,双方愿以《推动共建丝绸之路经济带和21世纪海上丝绸之路的愿景与行动》为指导,遵循政府引导、市场运作的原则,发挥政府“促成者”和“推广者”作用,围绕实现“五通”加强沟通协商,为香港充分发挥独特的经贸、金融和专业优势,参与和助力“一带一路”建设做出适当安排,实现内地与香港互利共赢、协调发展。

二、重点领域

(一)金融与投资

1. 在符合相关金融市场规范及金融领域监管的基

础上，促进各主要利益相关方（包括投融资方和项目营运方）通过香港平台共同合作，为“一带一路”建设提供所需资金和多元化的融资渠道，包括上市集资、银团贷款、私募基金、债券融资等服务。

2. 支持香港金融管理局基建融资促进办公室（IFFO）继续发挥作用，汇聚主要参与者，共同促进基础设施建设项目投融资。

3. 推动基于香港平台发展绿色债券市场，支持符合条件的中资机构为“一带一路”建设相关的绿色项目在香港平台发债集资；推动建立国际认可的绿色债券认证机构。

4. 配合人民币国际化的方向，充分发挥香港作为全球离岸人民币业务枢纽的地位，完善内地与香港之间的人民币跨境双向流动渠道，鼓励通过人民币跨境支付系统（CIPS）完成跨境人民币业务的资金结算，推动两地资本市场进一步互联互通，便利两地规范的跨境投资活动。

5. 支持参与和助力“一带一路”建设的金融机构（含相关投资机构和多边发展银行）进一步加强与香港的合作联系，在符合相关法律规定、规则及程序的基础上，上述机构根据业务需要在香港设立分支机构及开展资金运作、市场营运等业务，鼓励已在香港设立办事处的机构进一步发展其在港业务。

6. 鼓励香港与内地企业、金融机构共同参与和助力“一带一路”建设项目，并与项目所在地的相关部门、企业、金融机构共同合作，进一步探索以“政府和社会资本合作模式”（Public Private Partnership，PPP）推动项目建设，并参照国际规范建立项目合作机制和协议范本，充分调动社会投资。

（二）基础设施与航运服务

7. 支持香港为“一带一路”建设基础设施项目提供可行性及风险评估、研发、融资，以及规划、设计、建造、监理、管理及养护等专业服务，鼓励内地企业以香港为平台，与香港企业一起“走出去”，共同开拓相关国家和地区的基建市场。

8. 支持香港为“一带一路”建设的大型基础设施项目提供保险及再保险等专业服务，视情推动内地企业在香港成立专属自保公司，为其海外业务安排保险，完善企业的风险管理体系。

9. 利用香港在环境和规划管理方面的专业优势，例如在港的专业机构提供有关环境影响评估、绿色建筑和污染控制等方面的技术及服务，促进“一带一路”建设项目符合可持续发展和环保等要求。

10. 支持香港发展高增值海运服务，包括海事保险、船舶融资、海事法律和争议解决、船舶管理等,鼓励内地海运企业充分利用香港的专业服务,推动香港发展成为重要的国际海运服务中心。

11. 巩固香港国际航空枢纽地位,推动珠三角地区机场群良性互动,利用香港通达全球的航空运输网络,发挥香港在国家开放格局中的重要门户作用。

12. 进一步推动内地和香港在信息、公路、铁路、港口、机场等基础设施领域建立合作伙伴关系,积极与相关国家和地区开展工程承包与劳务合作。在发挥内地基础设施设计和制造方面优势的同时,带动香港咨询、金融、项目管理、保险等专业服务发展。

(三)经贸交流与合作

13. 鼓励内地企业根据需要在香港成立地区总部,以香港作为进入相关国家和地区的前沿平台,在"一带一路"建设框架下开展合规经营;支持相关国家和地区的企业在香港成立地区总部,开拓内地市场,使香港能在"走出去"和"引进来"两方面都发挥重要作用。

14. 支持香港参与国家主导的区域经济合作机制,与相关国家和地区及经济体商签自由贸易协议及双重课税宽免安排。

15. 加大内地对香港开放力度,推动《内地与香港关于建立更紧密经贸关系的安排》升级,进一步促进与相关国家和地区的贸易及投资。

(四)民心相通

16. 鼓励香港高等院校积极与相关国家和地区的高等院校合作,吸引相关国家和地区的学生来港升学及进修,培育各方面优秀人才。

17. 鼓励举办更多交流项目,支持香港与具备条件的国家研究签订工作假期计划的双边安排,增加香港青年在相关国家和地区中资企业的实习机会,支持香港艺术机构及艺术家参与在相关国家和地区开展的文化艺术交流。

18. 支持香港为相关国家和地区政府机关、投资机构及企业提供公共行政、城市管理、金融规管、公共关系、宣传推广、航运(特别是航空)、城市轨道交通运营等专业培训。

19. 支持在香港举办高层次的"一带一路"建设主题论坛和国际性展览。支持香港各界参与内地"一带一路"建设主题论坛和国际性展览。

20. 鼓励香港发挥区位优势,与相关国家和地区合作开发"一程多站"旅游产品;利用香港作为亚洲邮轮枢纽地位,积极拓展"海上丝绸之路"旅游线路。支持香港举办"一带一路"建设会展活动,加强与相关国家和地区合作关系。支持香港今后加入内地建立的有关"一带一路"旅游信息平台,共享"一带一路"

旅游资源、发展机遇等旅游信息。

(五)推动粤港澳大湾区建设

21.支持香港积极参与和推动粤港澳大湾区建设,深度参与粤港澳大湾区科技创新中心建设,与大湾区其他城市优势互补,发挥协同效应,并作为双向开放平台,与大湾区城市共同"走出去",建设带动中南、西南地区发展,辐射东南亚及南亚的重要经济支撑带,积极参与和助力"一带一路"建设。支持香港把握粤港澳大湾区建设的机遇,拓展自身经济社会发展空间,提升在国家经济发展和对外开放中的地位与功能。

22.深化大湾区与相关国家和地区在基础设施互联互通、经贸、金融、法律及争议解决服务、生态环保及人文交流领域的合作,进一步完善对外开放平台,打造推进"一带一路"建设的重要支撑区。

(六)加强对接合作与争议解决服务

23.进一步完善内地和香港围绕"一带一路"建设投资合作方面的沟通机制,探讨搭建"一带一路"共用项目库。通过项目库建设及相关信息交流,促进与内地主管部门、贸易投资促进机构和参与项目的内地商协会、企业、金融机构进行充分对接。

24.推动香港与内地企业及金融机构发挥各自优势,并充分利用内地的贸易投资促进机构和特区政府的海外经济及贸易办事处、香港贸易发展局及旅游发展局的海外网络,通过多种方式合作"走出去",包括共同组织赴相关国家考察、推介和招商。

25.进一步推动参与和助力"一带一路"建设的内地和香港企业、金融机构建立策略伙伴关系,联合参与项目投资和产业园区建设,降低企业赴相关国家投资的风险。

26.支持香港建设亚太区国际法律及争议解决服务中心,为"一带一路"建设提供国际法律和争议解决服务。

三、机制

(一)建立联席会议制度,由国家发展和改革委员会、国务院港澳事务办公室等相关部门负责同志和香港特别行政区政府高层代表组成。

(二)联席会议每年至少召开一次例会,围绕香港参与和助力"一带一路"建设中的重大问题和合作事项进行沟通协商,总结工作进展,研究年度工作重点,协调解决《安排》实施中遇到的新情况新问题。

《安排》自双方代表正式签署之日起生效。

（资料来源：中国一带一路网：https://www.yidaiyilu.gov.cn/info/iList.jsp? tm_id=126&cat_id=10009&info_id=51261）

工业和信息化部关于工业通信业标准化工作服务于“一带一路”建设的实施意见

工业和信息化部

2018 年 11 月 5 日

各省、自治区、直辖市及计划单列市、新疆生产建设兵团工业和信息化主管部门，有关行业协会（联合会）、中央管理企业、标准化协会和标准化专业机构：

为全面落实《标准联通共建“一带一路”行动计划（2018—2020 年）》要求，提升工业通信业标准化工作服务于“一带一路”建设的能力和水平，提出如下实施意见。

一、总体要求

（一）指导思想

以习近平新时代中国特色社会主义思想为指导，深入贯彻落实党的十九大精神，立足工业通信业领域“一带一路”建设及标准化工作实际，以提高国际产能和装备制造合作、信息互通共享的质量与效益为重点，强化标准联通顶层设计，加大与“一带一路”沿线国家的标准化交流合作力度，促进我国与沿线重点国家标准体系的有机衔接与协同发展，为“一带一路”建设提供基础保障和技术支撑。

（二）基本原则

企业主体、政府引导。发挥市场在资源配置中的决定性作用，强化企业在标准实施应用中的主体作用，激发企业内生动力，推动实现标准合作共赢。政府加强政策引导，优化创新机制，营造标准化对接合作良好环境。

需求导向、工程牵引。聚焦“一带一路”建设发展需求，多方协作，保障国际产能和装备制造合作、信息互通共享有序推进。依托重大工程，提升标准化合作层次和水平，促进沿线国家产业共同提升。

整体推进，突出重点。深入开展“一带一路”沿线国家标准体系分析，加快推动标准体系对接，运用实施标准外文版、标准互认等手段，提升标准服务“一带一路”建设的保障能力。

（三）主要目标

到2020年，基本形成开放包容、互联互通、成果共享的“一带一路”标准化合作新局面，中国标准与国际标准和各国标准体系兼容水平不断提高，中国标准品牌效益明显提升。与“一带一路”沿线国家共同制定国际标准80项以上，成体系部署标准外文版研制计划400项以上；标准互认领域不断扩大，形成一批互认标准；一批先进中国标准在“一带一路”建设中得到应用；与“一带一路”沿线重点国家的标准体系对接合作机制基本建立。

二、加强顶层设计，找准合作契机

（一）健全合作机制

积极推动将标准化工作纳入中非、中欧、中俄、中日韩、中国—东盟、中国—中亚等工业通信业领域双多边合作机制中，建立更加紧密的标准化合作机制，促进标准化战略、政策、措施和项目的全方位对接。支持行业协会、标准化专业机构等面向“一带一路”沿线重点国家搭建联系双边政府与企业的标准化合作平台，组织引导企业链条式转移、集群式发展，推动标准有机衔接。鼓励领军企业联合“一带一路”沿线国家合作伙伴，探索以区域标准化创新联盟形式打通产业链上下游，推动先进技术标准国际化应用与推广。

（二）对接标准体系

围绕工业通信业领域的经贸往来与项目合作，支持相关行业协会、企业等针对“一带一路”沿线重点国家以及国际、区域标准化组织，组织开展国际国外技术法规、标准体系及标准的比对分析，积极采用国际标准和国外先进标准，提高我国与沿线重点国家和区域之间标准体系的协调性。鼓励领军企业联合标准化专业机构参与沿线国家相关重点领域技术标准体系建设，推动先进技术标准在沿线国家实施应用。

三、聚焦重点领域，深化国际合作

(三)推进制造业标准化合作

在优势产能与装备制造合作重点领域，鼓励国内领军企业与行业骨干企业加强标准化顶层设计，开展标准翻译、比对和适用性验证工作，在合作项目的设计研发、原料采购、生产加工、检验检测和售后服务等各环节积极采用中国先进标准，提高国际产能和装备制造合作的质量和效益。

——钢铁领域，重点加强先进钢铁材料、高端金属制品、铁矿石等领域国际标准制修订；鼓励我国冶金企业在哈萨克斯坦、印度尼西亚、马来西亚、越南、印度等国家投资建厂和海外工程项目中，积极与沿线国家合作开展相关先进钢铁材料的标准研制，推动工程建设、产品生产、配套设备，以及节能降耗与“三废”治理等中国标准的本土化应用；充分发挥国内钢铁产能和技术优势，鼓励企业在钢铁产品出口合同中采用中国标准。

——有色金属领域，重点加强稀土、铜、铅、锌、铝、镁及镁合金、钛及钛合金等领域的国际标准制定，促进我国相关有色金属产品在“一带一路”沿线国家贸易畅通；推动与沿线国家合作开展相关新材料标准研制，推动《新材料技术成熟度等级划分及定义》国家标准的海外应用，提升企业间合作实效。

——石油化工领域，结合“一带一路”沿线国家国际产能合作需求，以承接中亚、中东等区域海外石化园区建设为契机，积极推动石油化工工程数字化交付等相关标准有机衔接，支撑石化智能工程、石化工业互联网平台海外推广应用。

——建材领域，结合我国在“一带一路”沿线国家的水泥、玻璃、陶瓷和墙材等行业生产线建设现状，推动我国该领域先进工程设计、技术装备和产品等方面标准成套、成体系“走出去”；加强玻璃纤维、工业陶瓷、绝热材料等行业的国际标准制定，促进产能合作和贸易畅通；探索建立“互联网交易平台 + 海外仓”与“互联网 + 全球化运营管理”服务标准体系，支撑建材行业“网上丝绸之路”建设。

——农业机械领域，联合“一带一路”沿线国家共同制定和实施农业机械标准；加快推进我国拖拉机、植保机械、水稻插秧机、播种机、水稻收获机等产品标准的外文版研制工作，服务农业机械产品“走出去”和沿线国家农业机械工业园建设。

——工程机械领域，加强与欧美日等工程机械发达国家和地区在标准方面的交流合作，积极转化国际先进标准；输出符合国际认证标准的工程机械装备，逐步扩展我国工程机械在“一带一路”沿线国家基础设施建设中的应用份额；推动我国工程机械制造业数字化、网络化、智能化、成套化发展方面的先进标准实现海外应用。

——船舶领域，重点围绕绿色船舶和智能船舶技术，深化中国—丹麦绿色海事技术和造船领域的务实合作，进一步拓展与欧洲海事发达国家的标准化合作；加强与东盟国家、中东地区国家间的区域标准化合作，通过产品和服务标准的转化与示范应用，提升产品质量和服务水平；进一步加大参与国际标准化工作力度，加快推进船舶行业重点标准的外文版工作，主动与国际接轨，助力船舶装备“走出去”。

——航空领域，强化中俄民机标准互换互认工作机制，深化推进中俄远程宽体客机标准比对及互换互认工作全面开展，发布标准互认目录；结合航空技术国际化合作需求，探索推进民用飞机、旋翼飞行器和无人驾驶航空器相关国际标准或中外联合标准的制定工作，加快航空领域标准的国际化进程。

——纺织领域，抓住中国—东盟、中巴经济走廊、孟中印缅通道、中国—中亚、中国—非洲的生产力布局合作机遇，支持中国纺织企业利用海外投资、并购与合作，加大国际先进标准转化与我国先进标准海外应用力度，对全球优质资源进行产业链垂直延伸，提高整个产业的附加值。

——家电领域，加强与“一带一路”沿线国家在家电标准化领域的合作，重点推进越南电压力锅、俄罗斯及中亚热水器等标准对接项目，推动侧吸式油烟机、家用机器人、空气净化器等创新技术产品成为国际标准，促进贸易畅通。

——太阳能光伏领域，结合光伏产品出口、海外设厂及海外电站投资建设情况，推动我国光伏电池和组件等标准海外应用；联合重点沿线国家，共同制定和实施适用于工业园区、经济开发区、大型工矿企业以及商场学校医院等公共建筑屋顶的分布式光伏产品标准。

——节能环保领域，深化与“一带一路”沿线国家绿色发展和清洁生产合作，推动我国重要工业节能与绿色标准在海外工业园区与工厂实施推广；推动节能环保产业“南南合作”，加快先进节能环保相关技术和装备标准推广应用；推动与东盟、阿拉伯地区等区域重点国家节能标准的协调，开展制冷空调、照明产品等节能标准化合作研究。

——民用爆炸物品领域，推进民爆产品技术标准、工程设计标准、先进管理标准、一体化服务标准等重点标准在“一带一路”沿线国家应用，促进我国民爆行业先进生产技术、设备、产品、服务“走出去”。

（四）推进信息通信领域标准化合作

充分发挥我国在“互联网＋”领域的技术先发优势和产业实力，加强我国与“一带一路”沿线国家信息通信领域标准化合作，支持我国通信运营企业与制造企业、互联网企业以及相关标准化机构推动信息通信领域重要标准在沿线国家应用，更好服务“一带一路”沿线国家信息和数据基础设施互联互通建设。

——新一代信息技术领域，紧跟第五代移动通信（5G）、物联网、云计算、信息技术服务、大数据、人工智能、虚拟现实/增强现实、超高清视频等技术发展，加强与“一带一路”沿线国家合作，在国际标准化组织（ISO）、国际电工委员会（IEC）、国际电信联盟（ITU）等国际标准化组织共同开展相关国际标准制定；加快智能可穿戴设备等智能硬件标准的国际化进程；推动共建信息通信设备及产品的检测实验室，促进信息通信技术和服务、网络设备、智能硬件等标准应用。

——智慧城市领域，在逐步完善我国智慧城市相关顶层设计及智慧成熟度分级分类评价标准体系的基础上，推动建立面向“一带一路”沿线国家的智慧城市建设标准对接合作沟通机制；加强与东盟、中亚、海湾等沿线重点国家和地区的标准化合作，推进智慧城市建设标准互认；加强基于云计算、大数据环境下的电子商务领域标准化合作，推动电子数据交换协议标准研制与互认，加快电子商务领域追溯体系标准建设，实现追溯数据共享交换。

——北斗卫星导航领域，推动终端模块化、低功耗、高集成度芯片设计标准的制定与实施；深化中俄北斗/格洛纳斯双模车载卫星导航终端研发合作与澜湄流域北斗卫星定位导航服务系统建设及民生领域应用合作，推动北斗应用终端标准“走出去”。

——通信工程建设领域，鼓励我国通信运营企业和建设工程企业协助“一带一路”沿线国家建立涉及跨境陆缆和国际海缆、通信管道、光纤到户、宽带网络、新一代移动通信基站、数据中心和室内分布系统等通信工程建设标准体系以及配套设施与产品标准体系；积极推动我国通信工程设计、施工、验收、监理、设施及产品等标准海外应用。

——网络互联互通领域，加强下一代移动通信、车联网、物联网、工业互联网等领域频率资源规划和使用标准的协调和统一；加强与各国开展长期演进语音承载(VoLTE)、嵌入式用户身份识别卡(eSIM)等新技术、新业务网间互联和业务互通标准的协商;加强与相关国际标准化组织、“一带一路”沿线重点国家合作,推动跨国陆地光缆转接电路结算等国际标准研制,加快推进构建陆上信息大通道。

——电信业务服务领域,鼓励我国通信运营企业积极参与“一带一路”沿线国家信息通信网络建设与运营,共同开展“互联网+”环境下电信新兴业务开发和应用规范、电信业务能力开放技术标准等研究;加强电信监管机构合作,逐步推广我国电信业务服务标准和质量标准。

(五)深化“互联网+先进制造业”领域标准化合作

抓住新一轮科技变革和产业革命机遇,聚合制造业与信息通信等领域标准化技术力量,加快推动与“一带一路”沿线国家开展融合创新产业领域标准化合作,共同制定“互联网+先进制造业”领域相关技术、产品、管理和服务的国际标准,支撑打造产业创新价值链。

——两化融合管理体系领域,建立两化融合管理体系市场化贯标模式、机制和质量保障体系,加快形成管理体系标准市场化采信机制;探索在我国海外工业园区与新建工厂推进两化融合管理体系标准试点。

——智能制造领域,进一步完善智能制造标准体系,重点制定并推广识别与传感、控制系统、工业机器人等智能装备标准和智能工厂设计、交付、生产、集成等标准;探索开展面向“一带一路”沿线重点制造行业和区域的“云计算+大数据+人工智能”的智能制造建设标准化示范工程,逐步构建智能制造生态圈。

——工业互联网领域,鼓励相关产业联盟、标准化技术组织加强与“一带一路”沿线国家产业组织、国际组织的合作对接,共同研制工业互联网的网络基础设施、标识解析、平台建设、评估测试、公共服务、安全保障等方面国际标准;在沿线国家工业互联网建设过程中,推动实施相关标准。

——车联网领域,建立能够支撑驾驶辅助及低级别自动驾驶的智能网联汽车标准体系;联合开展车联网关键技术、产品和应用服务的国际标准研制,共同推进车联网技术与标准应用示范工作,提升汽车智能化网联化水平。

四、推动标准联通共建,拓展产业发展空间

(六)加强国际标准制定

鼓励行业领军企业或骨干企业围绕航天、航空、船舶、通信、信息化、化工、

家电、建材、冶金、有色金属等优势领域，结合海外工程实施与项目合作，联合“一带一路”沿线有关国家共同制定国际标准。结合团体标准应用示范项目实施情况，支持具备相应基础条件的行业协会、产业技术联盟等社会团体，将先进团体标准转化为国际标准。

（七）加快标准外文版制定

发挥行业协会、标准化技术组织的平台作用，深化面向“一带一路”沿线国家的标准“走出去”需求分析，围绕化工、机械、钢铁、有色金属、建材、船舶、纺织、信息通信、新能源汽车等优势重点领域，梳理形成急需标准外文版制定项目储备目录。支持地方行业主管部门、有关行业协会和领军企业等根据实际工作需要，成套成体系研制相关行业、产品领域的标准外文版。

（八）推进标准的海外应用

围绕家用电器、车联网、太阳能光伏、北斗卫星导航、新一代移动通信等领域，推动领军企业在“一带一路”沿线国家开展标准海外应用示范。围绕起重机、挖掘机、农业机械、水泥装备、超级电容器等重要装备，在白俄罗斯、印度、巴西、乌兹别克斯坦、蒙古国及马来西亚等国家开展先进标准海外应用示范。推进中国数字电视技术标准在巴基斯坦、老挝、柬埔寨等国家开展海外应用。

（九）提供综合性信息服务

支持相关行业协会、标准化专业机构，分行业和专业领域建设“一带一路”标准信息服务平台，为企业“走出去”提供国外标准化政策、标准文本、产品认证、世界贸易组织贸易技术壁垒协议（WTO/TBT）通报咨询及预警等标准信息服务。聚焦国际产能和装备制造合作、信息互通共享等典型领域，适时发布标准化工作服务于“一带一路”建设舆情报告。

五、保障措施

（十）加强组织保障

工业和信息化部将加强对国际标准和标准外文版研制，以及标准海外应用示范等工作的组织协调，持续完善工作机制。鼓励地方行业主管部门、有关行业协会等为本地区、本行业内的企业开展标准海外应用工作营造有利环境，支持相关企事业单位做好国际标准和标准外文版研制，并向工业和信息化部推荐标准“走出去”成效好的项目。

（十一）加大资金支持

工业和信息化部加大对标准化工作服务于“一带一路”建设工作的投入，对国际标准与标准外文版研制工作给予一定经费支持,对标准海外应用示范工作给予适当的培育和扶持。引导社会各方资源,建立多元投入机制,加大对标准在“一带一路”建设应用的支持力度。鼓励地方行业主管部门设立专项资金,支持标准海外应用示范工作。

(十二)加大培训力度

围绕“一带一路”建设对标准化的需求,有针对性地开展面向企业特别是中小企业的标准化专题培训,提升企业国际标准化工作水平。在涉外培训中强化标准培训,支持相关行业协会、集团公司、标准化专业机构开展相关培训,培养一批熟悉相关国家标准化政策法规、宗教文化、民风民俗和语言,懂技术、精通标准化业务的人才队伍。

(十三)强化宣传引导

多渠道、多层次宣传工业通信业标准化工作服务于“一带一路”建设的成功经验,增进沿线国家对中国标准的认知度与认可度。鼓励地方行业主管部门、有关行业协会等单位,积极灵活运用多种形式,对相关工作政策、信息、成功案例开展全方位、多层次宣传推介工作,营造社会各界积极参与工业通信业标准化工作服务于“一带一路”建设的良好氛围。

(资料来源:中华人民共和国工业和信息化部网:http://www.miit.gov.cn/newweb/n1146295/n1146592/n3917132/n4061630/c6480328/content.html)

高校科技创新服务“一带一路”倡议行动计划

教育部

2018 年 11 月 7 日

为贯彻落实《关于做好新时期教育对外开放工作的若干意见》和《推动共建丝绸之路经济带和 21 世纪海上丝绸之路的愿景与行动》，推进共建“一带一路”教育行动，充分发挥高校创新资源集聚、创新活动深入和国际交流活跃的优势，加强高校在服务“一带一路”建设中的创新引领和支撑作用，鼓励和引导高校科技创新更加主动、开放地参与新时代国家全面对外开放战略，提升高校服务经济社会发展能力，制定本行动计划。

一、总体要求

（一）指导思想

秉持和平合作、开放包容、互学互鉴、互利共赢理念，面向沿线国家发展需求，立足我国高校科技创新优势资源和特色领域，深入推进“一带一路”教育和科技创新合作，谋求共同利益、造福共同命运、勇担共同责任、促进共同繁荣，打造发展理念相通、要素流动畅通、科技设施联通、创新链条融通、人员交流顺通的高校创新共同体，实现资源共享、人才共育、学术共生、文化共鸣，为“一带一路”建设提供有力支撑。

（二）基本原则

围绕人文交流、资源共享、创新合作和成果转移，建立健全“一带一路”双边和多边科技创新合作机制。

——育人为本，民心相通。以科技人文交流为基础，建立科技人才交流长效机制，广泛开展面向沿线国家学者和青少年的培训、访问和人文交流活动，开展与沿线国家的高层次人才和联合科研为基础的研究生合作培养，共植和谐文化，积极推进民心民意的沟通。

——共商共建，增进理解。以科技资源共享为牵引，推动与沿线国家科技发展规划、法律法规、技术标准体系合理对接，建立高校科技创新多层次对话合作机制。

——开放合作，互学互鉴。以科技创新合作为支撑，加强国际科技组织机构合作，积极推进“一带一路”国际合作联合实验室建设，吸引沿线国家高校共建开放多元共赢的科技合作平台。

——共同发展，互利共赢。以科技成果转移为抓手，探索以高校为主体、以项目为基础、各类基金引导、企业和机构参与的技术转移模式，鼓励支持建立沿线国家高校科技创新合作联盟。

（三）目标愿景

以建立“一带一路”双边和多边高校创新合作机制为重点，充分发挥高校在“一带一路”建设中的先行者作用，通过平台搭建、人才交流、项目合作、技术转移，立足沿线国家、面向全球建立高校国际协同创新网络，营造科技人才友好稳定交流的良好环境，共建一批国际科技合作创新平台，形成一批重大科技合作项目，转化应用一批先进技术成果，提升高校国际交流合作和服务国家重大需求的能力。

二、重点任务

（一）加快科技创新平台建设

1. 共建联合实验室

结合沿线国家重大科技发展需求、科研基础条件与合作意愿，支持高校在农业、能源、交通、信息通信、资源、环境、海洋、先进制造、新材料、航空航天、医药健康、防灾减灾等重点领域建设一批国际合作联合实验室和国际联合研究中心。以现有实验室为载体，推进高水平科学研究和共性关键技术的研发，提升其在“一带一路”科技创新合作中的平台影响和资源集聚能力，带动创新资源共享和沿线国家科技创新能力提高。

2. 共建产业技术研究院

支持和鼓励有条件的高校充分发挥自身优势，积极参与沿线国家主导产业和新兴产业的发展，对接沿线国家重点产业的技术需求，单独或与当地相关机构合作建设产业技术研究机构，共同开展产业技术的研发、转化和应用推广，构建面向当地社会经济发展的技术共同体，助力当地产业转型升级。

3. 共建科技创新协同体

健全高校与沿线国家高校的双边和多边交流机制，支持高校按专业领域或区域探索建立高校科技创新协同机制。促进高校与沿线国家高校科技创新合作健康发展，发挥交流科技信息、沟通科技政策、研讨技术进展、探索科学前沿的积极作用，打造技术发展协同体。支持高校面向沿线国家需求，联合行业产业专家组建产业技术协同体等合作组织。

4. 促进科技创新资源共建共享

鼓励高校与沿线国家相关机构合作，推进重大科研仪器与基础设施的互联共享。聚焦具有共同需求的重大科技创新领域，支持高校与沿线国家和地区的相关机构合作，共建重大科研基础设施，共同发起或联合实施国际大科学计划。鼓励高校拥有的重大科研基础设施向沿线国家地区科研机构和科技人员开放，促进沿线国家多层次、全方位科技创新要素流动和资源汇聚，推动形成多样化的实质性合作。

（二）推动高校科技成果转化

5. 建立面向沿线国家的技术市场

依托高校技术转移机构，构建覆盖沿线国家的技术转移网络，推动先进技术成果向“一带一路”国家转移转化，支撑沿线国家经济社会发展。鼓励和支持高校围绕“一带一路”建设，加强国际优势创新资源协同，深化政产学研协同创新机制改革，建设和打造一批高校科技成果转化和技术转移基地，结合实际开展体制机制探索。

6. 支持高校师生联合创新创业

支持高校与沿线国家联合建设创业孵化基地、产业基地和科技园区等创新创业载体，吸引双方的科技人员开展创业实践活动。依托高校孵化器、众创空间等创业基地吸引知华、友华留学生来华开展创新创业，激发创业创新活力，带动优秀原创成果转化落地，实现互利共赢。

7. 支持和引导高校面向沿线国家开展技术交流

发挥高校在高铁技术、先进核能技术、船舶与海洋工程设计与制造技术、生物育种、特高压、智能电网技术等方面的技术优势，突破特殊环境条件下铁路公路建设、海洋开发、核能应用等领域关键技术，为沿线国家铁路公路联运联通、核能安全利用、海洋经济发展、电网建设和升级等重大工程提供技术援助。鼓励高校积极服务中国企业走出去，积极推进与沿线国家的产能合作，实现优势互补、合作发展。

（三）深化高校科技人文交流

8. 扩大高校深层学术交流

加强与沿线国家高校之间开展高水平学术交流合作，鼓励高校与沿线国家高校、科研机构等共同举办各种类型的高水平国际学术会议，促进思想碰撞、学术争鸣和技术进步。

9. 加强高校科技政策沟通

对接沿线国家科技创新合作需求，拓展多种形式的沟通渠道，增强科技创新政策的相互理解，形成创新共识。积极与沿线国家共同开展科技创新规划编制、科技创新政策制定、国家创新体系建设等，推动开展重大科技活动联合评估，形成科技创新政策协作网络，为沿线国家科技创新合作规划编制及政策制定提供智力支持，促进科技创新政策融通。

10. 促进高校科技智库合作

支持高校建设“一带一路”科技智库，形成各具特色、重点突出的智库研究体系。引导支持智库之间的互访交流、合作研究，把握沿线各国的社会现状和民情民意，增进我国与沿线国家的政治互信，营造良好的合作对接环境。

11. 加强科技项目合作

鼓励和支持高校聚焦沿线国家在经济社会发展中面临的关键共性技术问题，加强与沿线国家开展合作研究。重点围绕绿色农业、生态环境、能源利用、人口健康、粮食安全、信息网络、智能交通、海洋环境、自然灾害防控、文化遗产保护与传承等领域开展联合研究。加强在数字经济、人工智能、纳米技术、量子计算机等前沿领域合作，推动大数据、云计算、智慧城市建设，为建成21世纪的数字丝绸之路提供有力支撑。

（四）促进科技人才交流

12. 推动高校科技人才互访

支持沿线国家高校优秀科学家来华研修、访学和讲学，鼓励国内高校科技人员和科技管理人才到沿线国家访学交流,优先支持优秀青年教师到沿线国家从事博士后研究。与沿线国家高校合作,共同开展科技人才和科技管理人才培养、技术人员培训,提升沿线国家的科技创新能力。加强创新引智平台建设工作,进一步引进沿线国家高水平专家和优秀学者。

13. 加强科技人才联合培养

聚焦交通运输、建筑、医学、能源、环境工程、水利工程、生物科学、海洋科学、生态保护、文化遗产保护等专业学科领域,鼓励高校与沿线国家高校,通过共建科研基地、共同开展科研项目等多种途径和方式,培育知华、友华的优秀科技人才。加强对“一带一路”沿线国家的研究生来华留学资助。鼓励国内高校选拔优秀本科生、研究生赴沿线国家开展各种层次、多种形式的留学进修活动,以人才联合培养促进相关专业的科技合作交流。

三、保障措施

(一)加强组织实施和统筹协调

教育部负责本行动计划的组织实施。各省级教育行政部门和高校要加强协调互动,形成合力。各地要结合地方特色,支持和组织本地高校服务国家总体布局,与“一带一路”沿线国家开展广泛合作交流。高校要提高政治站位,积极落实,加强与沿线国家合作交流,共同提升科技创新能力、创新人才培养能力和服务“一带一路”建设能力。

(二)加强引导支持和分类指导

加快建设一批国际合作创新平台,通过中外人文交流机制等渠道,加强对各类联合实验室或联合研究中心及重大科技合作项目的引导支持,鼓励支持高校开展实质性科技合作,有力支撑“一带一路”建设。

(三)加强宣传总结与评估激励

各省级教育行政部门、教育部直属高校要及时总结报送本地或本校服务“一带一路”建设的重大项目实施、平台建设和重大科技成果转化情况。各高校“一带一路”建设的服务贡献度,作为评价高校“双一流”建设的重要方面

(资料来源:中华人民共和国教育部网:http://www.moe.gov.cn/srcsite/A16/kjs_gjhz/201901/t20190102_365666.html)

共建“一带一路”倡议：进展、贡献与展望

推进“一带一路”建设工作领导小组办公室

2019 年 4 月 22 日

前 言

2013 年 9 月和 10 月，中国国家主席习近平在出访哈萨克斯坦和印度尼西亚时先后提出共建“丝绸之路经济带”和“21 世纪海上丝绸之路”的重大倡议。中国政府成立了推进“一带一路”建设工作领导小组，并在中国国家发展改革委设立领导小组办公室。2015 年 3 月，中国发布《推动共建丝绸之路经济带和 21 世纪海上丝绸之路的愿景与行动》；2017 年 5 月，首届“一带一路”国际合作高峰论坛在北京成功召开。中国还先后举办了博鳌亚洲论坛年会、上海合作组织青岛峰会、中非合作论坛北京峰会、中国国际进口博览会等。5 年多来，共建“一带一路”倡议得到了越来越多国家和国际组织的积极响应，受到国际社会广泛关注，影响力日益扩大。

共建“一带一路”倡议源自中国，更属于世界；根植于历史，更面向未来；重点面向亚欧非大陆，更向所有伙伴开放。共建“一带一路”跨越不同国家地域、不同发展阶段、不同历史传统、不同文化宗教、不同风俗习惯，是和平发展、经济合作倡议，不是搞地缘政治联盟或军事同盟；是开放包容、共同发展进程，不是要关起门来搞

小圈子或者“中国俱乐部”;不以意识形态划界,不搞零和游戏,只要各国有意愿,都欢迎参与。共建“一带一路”倡议以共商共建共享为原则,以和平合作、开放包容、互学互鉴、互利共赢的丝绸之路精神为指引,以政策沟通、设施联通、贸易畅通、资金融通、民心相通为重点,已经从理念转化为行动,从愿景转化为现实,从倡议转化为全球广受欢迎的公共产品。

2018 年 8 月,习近平主席在北京主持召开推进“一带一路”建设工作 5 周年座谈会,提出“一带一路”建设要从谋篇布局的“大写意”转入精耕细作的“工笔画”,向高质量发展转变,造福沿线国家人民,推动构建人类命运共同体。

一、进展

2013 年以来,共建“一带一路”倡议以政策沟通、设施联通、贸易畅通、资金融通和民心相通为主要内容扎实推进,取得明显成效,一批具有标志性的早期成果开始显现,参与各国得到了实实在在的好处,对共建“一带一路”的认同感和参与度不断增强。

(一)政策沟通

政策沟通是共建“一带一路”的重要保障,是形成携手共建行动的重要先导。5 年多来,中国与有关国家和国际组织充分沟通协调,形成了共建“一带一路”的广泛国际合作共识。

1. 共建“一带一路”倡议载入国际组织重要文件。共建“一带一路”倡议及其核心理念已写入联合国、二十国集团、亚太经合组织以及其他区域组织等有关文件中。2015 年 7 月,上海合作组织发表了《上海合作组织成员国元首乌法宣言》,支持关于建设“丝绸之路经济带”的倡议。2016 年 9 月,《二十国集团领导人杭州峰会公报》通过关于建立“全球基础设施互联互通联盟”倡议。2016 年 11 月,联合国 193 个会员国协商一致通过决议,欢迎共建“一带一路”等经济合作倡议,呼吁国际社会为“一带一路”建设提供安全保障环境。2017 年 3 月,联合国安理会一致通过了第 2344 号决议,呼吁国际社会通过“一带一路”建设加强区域经济合作,并首次载入“人类命运共同体”理念。2018 年,中拉论坛第二届部长级会议、中国—阿拉伯国家合作论坛第八届部长级会议、中非合作论坛峰会先后召开,分别形成了中拉《关于“一带一路”倡议的特别声明》、《中国和阿拉伯国家合作共建“一带一路”行动宣言》和《关于构建更加紧密的中非命运共同体的北京宣言》等重要成果文件。

2. 签署共建“一带一路”政府间合作文件的国家和国际组织数量逐年增加。在共建“一带一路”框架下，各参与国和国际组织本着求同存异原则，就经济发展规划和政策进行充分交流，协商制定经济合作规划和措施。截至2019年3月底，中国政府已与125个国家和29个国际组织签署173份合作文件。共建“一带一路”国家已由亚欧延伸至非洲、拉美、南太等区域。

3. 共建“一带一路”专业领域对接合作有序推进。数字丝绸之路建设已成为共建“一带一路”的重要组成部分，中国与埃及、老挝、沙特阿拉伯、塞尔维亚、泰国、土耳其、阿联酋等国家共同发起《“一带一路”数字经济国际合作倡议》，与16个国家签署加强数字丝绸之路建设合作文件。中国发布《标准联通共建“一带一路”行动计划(2018—2020年)》，与49个国家和地区签署85份标准化合作协议。“一带一路”税收合作长效机制日趋成熟，中国组织召开“一带一路”税收合作会议，发布《阿斯塔纳“一带一路”税收合作倡议》，税收协定合作网络延伸至111个国家和地区。中国与49个沿线国家联合发布《关于进一步推进“一带一路”国家知识产权务实合作的联合声明》。中国组织召开“一带一路”法治合作国际论坛，发布《“一带一路”法治合作国际论坛共同主席声明》。中国组织召开“一带一路”能源部长会议，18个国家联合宣布建立“一带一路”能源合作伙伴关系。中国发布《共同推进“一带一路”建设农业合作的愿景与行动》、《“一带一路”建设海上合作设想》等。中国推动建立了国际商事法庭和“一站式”国际商事纠纷多元化解决机制。

(二)设施联通

设施联通是共建“一带一路”的优先方向。在尊重相关国家主权和安全关切的基础上，由各国共同努力，以铁路、公路、航运、航空、管道、空间综合信息网络等为核心的全方位、多层次、复合型基础设施网络正在加快形成，区域间商品、资金、信息、技术等交易成本大大降低，有效促进了跨区域资源要素的有序流动和优化配置，实现了互利合作、共赢发展。

1. 国际经济合作走廊和通道建设取得明显进展。新亚欧大陆桥、中蒙俄、中国—中亚—西亚、中国—中南半岛、中巴和孟中印缅等六大国际经济合作走廊将亚洲经济圈与欧洲经济圈联系在一起，为建立和加强各国互联互通伙伴关系，构建高效畅通的亚欧大市场发挥了重要作用。

——新亚欧大陆桥经济走廊。5年多来，新亚欧大陆桥经济走廊区域合作日益深入，将开放包容、互利共赢的伙伴关系提升到新的水平，有力推动了亚欧两大洲经济贸易交流。《中国—中东欧国家合作布达佩斯纲要》和《中国—中东欧国家合作索菲亚纲要》对外发布,中欧互联互通平台和欧洲投资计划框架下的务实合作有序推进。匈塞铁路塞尔维亚境内贝旧段开工。中国西部—西欧国际公路(中国西部—哈萨克斯坦—俄罗斯—西欧)基本建成。

——中蒙俄经济走廊。中蒙俄三国积极推动形成以铁路、公路和边境口岸为主体的跨境基础设施联通网络。2018年,三国签署《关于建立中蒙俄经济走廊联合推进机制的谅解备忘录》,进一步完善了三方合作工作机制。中俄同江—下列宁斯阔耶界河铁路桥中方侧工程已于2018年10月完工。黑河—布拉戈维申斯克界河公路桥建设进展顺利。中俄企业联合体基本完成莫喀高铁项目初步设计。三国签署并核准的《关于沿亚洲公路网国际道路运输政府间协定》正式生效。中蒙俄(二连浩特)跨境陆缆系统已建成。

——中国—中亚—西亚经济走廊。5年多来,该走廊在能源合作、设施互联互通、经贸与产能合作等领域合作不断加深。中国与哈萨克斯坦、乌兹别克斯坦、土耳其等国的双边国际道路运输协定,以及中巴哈吉、中哈俄、中吉乌等多边国际道路运输协议或协定相继签署,中亚、西亚地区基础设施建设不断完善。中国—沙特投资合作论坛围绕共建"一带一路"倡议与沙特"2030愿景"进行产业对接,签署合作协议总价值超过280亿美元。中国与伊朗发挥在各领域的独特优势,加强涵盖道路、基础设施、能源等领域的对接合作。

——中国—中南半岛经济走廊。5年多来,该走廊在基础设施互联互通、跨境经济合作区建设等方面取得积极进展。昆(明)曼(谷)公路全线贯通,中老铁路、中泰铁路等项目稳步推进。中老经济走廊合作建设开始启动,泰国"东部经济走廊"与"一带一路"倡议加快对接,中国与柬老缅越泰(CLMVT)经济合作稳步推进。中国—东盟(10+1)合作机制、澜湄合作机制、大湄公河次区域经济合作(GMS)发挥的积极作用越来越明显。

——中巴经济走廊。以能源、交通基础设施、产业园区合作、瓜达尔港为重点的合作布局确定实施。中国与巴基斯坦组建了中巴经济走廊联合合作委员会,建立了定期会晤机制。一批项目顺利推进,瓜达尔港疏港公路、白沙瓦至卡拉奇高速公路(苏库尔至木尔坦段)、喀喇昆仑公路升级改造二期(哈维连—塔科特段)、拉合尔轨道交通橙线、卡西姆港1320兆瓦电站等重点项目开工建设,部分项目已发挥效益。中巴经济走廊正在开启第三方合作,更多国家已经或有意愿参与其中。

——孟中印缅经济走廊。5年多来,孟中印缅四方在联合工作组框架下共同推进走廊建设,在机制和制度建设、基础设施互联互通、贸易和产业园区合作、国际金融开放合作、人文交流与民生合作等方面研拟并规划了一批重点项目。中缅两国共同成立了中缅经济走廊联合委员会，签署了关于共建中缅经济走廊的谅解备忘录、木姐—曼德勒铁路项目可行性研究文件和皎漂经济特区深水港项目建设框架协议。

2. 基础设施互联互通水平大幅提升。“道路通，百业兴”。基础设施投入不足是发展中国家经济发展的瓶颈，加快设施联通建设是共建“一带一路”的关键领域和核心内容。

——铁路合作方面。以中老铁路、中泰铁路、匈塞铁路、雅万高铁等合作项目为重点的区际、洲际铁路网络建设取得重大进展。泛亚铁路东线、巴基斯坦1号铁路干线升级改造、中吉乌铁路等项目正积极推进前期研究，中国—尼泊尔跨境铁路已完成预可行性研究。中欧班列初步探索形成了多国协作的国际班列运行机制。中国、白俄罗斯、德国、哈萨克斯坦、蒙古、波兰和俄罗斯等7国铁路公司签署了《关于深化中欧班列合作协议》。截至2018年底，中欧班列已经联通亚欧大陆16个国家的108个城市，累计开行1.3万列，运送货物超过110万标箱，中国开出的班列重箱率达94%，抵达中国的班列重箱率达71%。与沿线国家开展口岸通关协调合作、提升通关便利，平均查验率和通关时间下降了50%。

——公路合作方面。中蒙俄、中吉乌、中俄（大连—新西伯利亚）、中越国际道路直达运输试运行活动先后成功举办。2018年2月，中吉乌国际道路运输实现常态化运行。中越北仑河公路二桥建成通车。中国正式加入《国际公路运输公约》（TIR公约）。中国与15个沿线国家签署了包括《上海合作组织成员国政府间国际道路运输便利化协定》在内的18个双多边国际运输便利化协定。《大湄公河次区域便利货物及人员跨境运输协定》实施取得积极进展。

——港口合作方面。巴基斯坦瓜达尔港开通集装箱定期班轮航线，起步区配套设施已完工，吸引30多家企业入园。斯里兰卡汉班托塔港经济特区已完成园区产业定位、概念规划等前期工作。希腊比雷埃夫斯港建成重要中转枢纽，三期港口建设即将完工。阿联酋哈利法港二期集装箱码头已于2018年12月正式开港。中国与47个沿线国家签署了38个双边和区域海运协定。中国宁波航交所不断完善“海上丝绸之路航运指数”，发布了16+1贸易指数和宁波港口指数。

——航空运输方面。中国与126个国家和地区签署了双边政府间航空运输协定。与卢森堡、俄罗斯、亚美尼亚、印度尼西亚、柬埔寨、孟加拉国、以色列、蒙古、马来西亚、埃及等国家扩大了航权安排。5 年多来,中国与沿线国家新增国际航线 1239 条,占新开通国际航线总量的 69.1%。

——能源设施建设方面。中国与沿线国家签署了一系列合作框架协议和谅解备忘录,在电力、油气、核电、新能源、煤炭等领域开展了广泛合作,与相关国家共同维护油气管网安全运营,促进国家和地区之间的能源资源优化配置。中俄原油管道、中国—中亚天然气管道保持稳定运营,中俄天然气管道东线将于 2019 年 12 月部分实现通气,2024 年全线通气。中缅油气管道全线贯通。

——通讯设施建设方面。中缅、中巴、中吉、中俄跨境光缆信息通道建设取得明显进展。中国与国际电信联盟签署《关于加强"一带一路"框架下电信和信息网络领域合作的意向书》。与吉尔吉斯斯坦、塔吉克斯坦、阿富汗签署丝路光缆合作协议,实质性启动了丝路光缆项目。

(三)贸易畅通

贸易畅通是共建"一带一路"的重要内容。共建"一带一路"促进了沿线国家和地区贸易投资自由化便利化,降低了交易成本和营商成本,释放了发展潜力,进一步提升了各国参与经济全球化的广度和深度。

1. 贸易与投资自由化便利化水平不断提升。中国发起《推进"一带一路"贸易畅通合作倡议》,83 个国家和国际组织积极参与。海关检验检疫合作不断深化,2017 年 5 月首届"一带一路"国际合作高峰论坛以来,中国与沿线国家签署 100 多项合作文件,实现了 50 多种农产品食品检疫准入。中国和哈萨克斯坦、吉尔吉斯斯坦、塔吉克斯坦农产品快速通关"绿色通道"建设积极推进,农产品通关时间缩短了 90%。中国进一步放宽外资准入领域,营造高标准的国际营商环境,设立了面向全球开放的 12 个自由贸易试验区,并探索建设自由贸易港,吸引沿线国家来华投资。中国平均关税水平从加入世界贸易组织时的 15.3% 降至目前的 7.5%。中国与东盟、新加坡、巴基斯坦、格鲁吉亚等多个国家和地区签署或升级了自由贸易协定,与欧亚经济联盟签署经贸合作协定,与沿线国家的自由贸易区网络体系逐步形成。

2. 贸易规模持续扩大。2013—2018 年,中国与沿线国家货物贸易进出口总额超过 6 万亿美元,年均增长率高于同期中国对外贸易增速,占中国货物贸易总额的比重达到 27.4%。其中,2018 年,中国与沿线国家货物贸易进出口总额达到 1.3 万亿美元,同比增长 16.4%。中国与沿线国家服务贸易由小到大、稳步发展。2017 年,中国与沿线国家服务贸易进出口额达 977.6 亿美元,同比增长 18.4%,占中国服务贸易总额的 14.1%,比 2016 年提高 1.6 个百分点。世界银行研究组分析了共建“一带一路”倡议对71个潜在参与国的贸易影响，发现共建“一带一路”倡议将使参与国之间的贸易往来增加4.1%。①

3.贸易方式创新进程加快。跨境电子商务等新业态、新模式正成为推动贸易畅通的重要新生力量。2018年，通过中国海关跨境电子商务管理平台零售进出口商品总额达203亿美元，同比增长50%，其中出口84.8亿美元，同比增长67.0%，进口118.7亿美元，同比增长39.8%。“丝路电商”合作蓬勃兴起，中国与17个国家建立双边电子商务合作机制，在金砖国家等多边机制下形成电子商务合作文件，加快了企业对接和品牌培育的实质性步伐。

（四）资金融通

资金融通是共建“一带一路”的重要支撑。国际多边金融机构以及各类商业银行不断探索创新投融资模式，积极拓宽多样化融资渠道，为共建“一带一路”提供稳定、透明、高质量的资金支持。

1.探索新型国际投融资模式。“一带一路”沿线基础设施建设和产能合作潜力巨大，融资缺口亟待弥补。各国主权基金和投资基金发挥越来越重要的作用。近年来，阿联酋阿布扎比投资局、中国投资有限责任公司等主权财富基金对沿线国家主要新兴经济体投资规模显著增加。丝路基金与欧洲投资基金共同投资的中欧共同投资基金于2018年7月开始实质性运作，投资规模5亿欧元，有力促进了共建“一带一路”倡议与欧洲投资计划相对接。

2.多边金融合作支撑作用显现。中国财政部与阿根廷、俄罗斯、印度尼西亚、英国、新加坡等27国财政部核准了《“一带一路”融资指导原则》。根据这一指导原则，各国支持金融资源服务于相关国家和地区的实体经济发展，重点加大对基础设施互联互通、贸易投资、产能合作等领域的融资支持。中国人民银行与世界银行集团下属的国际金融公司、泛美开发银行、非洲开发银行和欧洲复兴开发银行等多边开发机构开展联合融资，截至2018年底已累计投资100多个项目，覆盖70多个国家和地区。2017年11月，中国—中东欧银联体成立，成员包括中国、匈牙利、捷克、斯洛伐克、克罗地亚等14个国家的金融机构。2018年7月、9月，中国—阿拉伯国家银行联合体、中非金融合作银行联合体成立，建立了中国与阿拉伯国家之间、非洲国家之间的首个多边金融合作机制。

3.金融机构合作水平不断提升。在共建“一带一路”中，政策性出口信用保

---

① Suprabha Baniya, Nadia Rocha, Michele Ruta, Trade Effects of the New Silk Road: A Gravity Analysis, WORLD BANK Policy Research Working Paper 8694, January 2019.

险覆盖面广,在支持基础设施、基础产业的建设上发挥了独特作用;商业银行在多元化吸收存款、公司融资、金融产品、贸易代理、信托等方面具有优势。截至2018年底,中国出口信用保险公司累计支持对沿线国家的出口和投资超过6000亿美元。中国银行、中国工商银行、中国农业银行、中国建设银行等中资银行与沿线国家建立了广泛的代理行关系。德国商业银行与中国工商银行签署合作谅解备忘录,成为首家加入“一带一路”银行合作常态化机制的德国银行。

4. 金融市场体系建设日趋完善。沿线国家不断深化长期稳定、互利共赢的金融合作关系,各类创新金融产品不断推出,大大拓宽了共建“一带一路”的融资渠道。中国不断提高银行间债券市场对外开放程度,截至2018年底,熊猫债发行规模已达2000亿人民币左右。中国进出口银行面向全球投资者发行20亿人民币“债券通”绿色金融债券,金砖国家新开发银行发行首单30亿人民币绿色金融债,支持绿色丝绸之路建设。证券期货交易所之间的股权、业务和技术合作稳步推进。2015年,上海证券交易所、德意志交易所集团、中国金融期货交易所共同出资成立中欧国际交易所。上海证券交易所与哈萨克斯坦阿斯塔纳国际金融中心管理局签署合作协议,将共同投资建设阿斯塔纳国际交易所。

5. 金融互联互通不断深化。已有11家中资银行在28个沿线国家设立76家一级机构,来自22个沿线国家的50家银行在中国设立7家法人银行、19家外国银行分行和34家代表处。2家中资证券公司在新加坡、老挝设立合资公司。中国先后与20多个沿线国家建立了双边本币互换安排,与7个沿线国家建立了人民币清算安排,与35个沿线国家的金融监管当局签署了合作文件。人民币国际支付、投资、交易、储备功能稳步提高,人民币跨境支付系统(CIPS)业务范围已覆盖近40个沿线国家和地区。中国—国际货币基金组织联合能力建设中心、“一带一路”财经发展研究中心挂牌成立。

(五)民心相通

民心相通是共建“一带一路”的人文基础。享受和平、安宁、富足,过上更加美好生活,是各国人民的共同梦想。5年多来,各国开展了形式多样、领域广泛的公共外交和文化交流,增进了相互理解和认同,为共建“一带一路”奠定了坚实的民意基础。

1. 文化交流形式多样。中国与沿线国家互办艺术节、电影节、音乐节、文物展、图书展等活动,合作开展图书广播影视精品创作和互译互播。丝绸之路国际剧院、博物馆、艺术节、图书馆、美术馆联盟相继成立。中国与中东欧、东盟、俄罗斯、尼泊尔、希腊、埃及、南非等国家和地区共同举办文化年活动,形成了

“丝路之旅”、“中非文化聚焦”等10余个文化交流品牌，打造了丝绸之路（敦煌）国际文化博览会、丝绸之路国际艺术节、海上丝绸之路国际艺术节等一批大型文化节会，在沿线国家设立了17个中国文化中心。中国与印度尼西亚、缅甸、塞尔维亚、新加坡、沙特阿拉伯等国签订了文化遗产合作文件。中国、哈萨克斯坦、吉尔吉斯斯坦“丝绸之路：长安—天山廊道的路网”联合申遗成功。“一带一路”新闻合作联盟建设积极推进。丝绸之路沿线民间组织合作网络成员已达310家，成为推动民间友好合作的重要平台。

2. 教育培训成果丰富。中国设立“丝绸之路”中国政府奖学金项目，与24个沿线国家签署高等教育学历学位互认协议。2017年沿线国家3.87万人接受中国政府奖学金来华留学，占奖学金生总数的66.0%。香港、澳门特别行政区分别设立共建“一带一路”相关奖学金。在54个沿线国家设有孔子学院153个、孔子课堂149个。中国科学院在沿线国家设立硕士、博士生奖学金和科技培训班，已培训5000人次。

3. 旅游合作逐步扩大。中国与多个国家共同举办旅游年，创办丝绸之路旅游市场推广联盟、海上丝绸之路旅游推广联盟、“万里茶道”国际旅游联盟等旅游合作机制。与57个沿线国家缔结了涵盖不同护照种类的互免签证协定，与15个国家达成19份简化签证手续的协定或安排。2018年中国出境旅游人数达1.5亿人次，到中国旅游的外国游客人数达3054万人次，俄罗斯、缅甸、越南、蒙古、马来西亚、菲律宾、新加坡等国成为中国主要客源市场。

4. 卫生健康合作不断深化。自首届“一带一路”国际合作高峰论坛召开以来，中国与蒙古、阿富汗等国，世界卫生组织等国际组织，比尔及梅琳达·盖茨基金会等非政府组织相继签署了56个推动卫生健康合作的协议。2017年8月，“一带一路”暨健康丝绸之路高级别研讨会在北京召开，发布了《北京公报》。中国与澜沧江—湄公河国家开展艾滋病、疟疾、登革热、流感、结核病等防控合作，与中亚国家开展包虫病、鼠疫等人畜共患病防控合作，与西亚国家开展脊髓灰质炎等防控合作。中国先后派出多支眼科医疗队赴柬埔寨、缅甸、老挝、斯里兰卡等国开展“光明行”活动，派遣短期医疗队赴斐济、汤加、密克罗尼西亚、瓦努阿图等太平洋岛国开展“送医上岛”活动。在35个沿线国家建立了中医药海外中心，建设了43个中医药国际合作基地。

5. 救灾、援助与扶贫持续推进。首届“一带一路”国际合作高峰论坛以来，中国向沿线发展中国家提供20亿人民币紧急粮食援助，向南南合作援助基金增资10亿美元，在沿线国家实施了100个“幸福家园”、100个“爱心助困”、100

个"康复助医"等项目。开展援外文物合作保护和涉外联合考古,与6国开展了8个援外文物合作项目,与12国开展了15个联合考古项目。中国向老挝等国提供地震监测仪器设备,提高防震减灾能力。中国在柬埔寨、尼泊尔开展社会组织合作项目24个,助力改善当地民众生活。

(六)产业合作

共建"一带一路"支持开展多元化投资,鼓励进行第三方市场合作,推动形成普惠发展、共享发展的产业链、供应链、服务链、价值链,为沿线国家加快发展提供新的动能。

1. 中国对沿线国家的直接投资平稳增长。2013—2018年,中国企业对沿线国家直接投资超过900亿美元,在沿线国家完成对外承包工程营业额超过4000亿美元。2018年,中国企业对沿线国家实现非金融类直接投资156亿美元,同比增长8.9%,占同期总额的13.0%;沿线国家对外承包工程完成营业额893亿美元,占同期总额的53.0%。世界银行研究表明,预计沿线国家的外商直接投资总额将增加4.97%,其中,来自沿线国家内部的外商直接投资增加4.36%,来自经济合作与发展组织国家的外商直接投资增加4.63%,来自非沿线国家的外商直接投资增加5.75%。[①]

2. 国际产能合作和第三方市场合作稳步推进。沿线国家加快发展产生了国际产能合作的巨大市场需求,中国积极响应并与相关国家推进市场化、全方位的产能合作,促进沿线国家实现产业结构升级、产业发展层次提升。目前中国已同哈萨克斯坦、埃及、埃塞俄比亚、巴西等40多个国家签署了产能合作文件,同东盟、非盟、拉美和加勒比国家共同体等区域组织进行合作对接,开展机制化产能合作。中国与法国、意大利、西班牙、日本、葡萄牙等国签署了第三方市场合作文件。

3. 合作园区蓬勃发展。中国各类企业遵循市场化法治化原则自主赴沿线国家共建合作园区,推动这些国家借鉴中国改革开放以来通过各类开发区、工业园区实现经济增长的经验和做法,促进当地经济发展,为沿线国家创造了新的税收源和就业渠道。同时,中国还分别与哈萨克斯坦、老挝建立了中哈霍尔果斯国际边境合作中心、中老磨憨—磨丁经济合作区等跨境经济合作区,与其他国家合作共建跨境经济合作区的工作也在稳步推进。

---

① Maggie Xiaoyang Chen, Chuanhao Lin, Foreign Investment across the Belt and Road Patterns, Determinants and Effects, WORLD BANK Policy Research Working Paper 8607, October 2018.

二、贡献

共建“一带一路”倡议着眼于构建人类命运共同体，坚持共商共建共享原则，为推动全球治理体系变革和经济全球化作出了中国贡献。

（一）共商：从中国倡议到全球共识

共商就是“大家的事大家商量着办”，强调平等参与、充分协商，以平等自愿为基础，通过充分对话沟通找到认识的相通点、参与合作的交汇点、共同发展的着力点。

——打造共商国际化平台与载体。2017 年 5 月，首届“一带一路”国际合作高峰论坛在北京成功召开，29 个国家的元首和政府首脑出席论坛，140 多个国家和 80 多个国际组织的 1600 多名代表参会，论坛形成了 5 大类、76 大项、279 项具体成果，这些成果已全部得到落实。2019 年 4 月，第二届“一带一路”国际合作高峰论坛继续在北京举办。“一带一路”国际合作高峰论坛已经成为各参与国家和国际组织深化交往、增进互信、密切往来的重要平台。2018 年 11 月，首届中国国际进口博览会成功举办，172 个国家、地区和国际组织参加，3600 余家境外企业参展，4500 多名政商学研各界嘉宾在虹桥国际经济论坛上对话交流，发出了“虹桥声音”。中国还举办了丝绸之路博览会暨中国东西部合作与投资贸易洽谈会、中国—东盟博览会、中国—亚欧博览会、中国—阿拉伯国家博览会、中国—南亚博览会、中国—东北亚博览会、中国西部国际博览会等大型展会，都成为中国与沿线各国共商合作的重要平台。

——强化多边机制在共商中的作用。共建“一带一路”顺应和平与发展的时代潮流，坚持平等协商、开放包容，促进沿线国家在既有国际机制基础上开展互利合作。中国充分利用二十国集团、亚太经合组织、上海合作组织、亚欧会议、亚洲合作对话、亚信会议、中国—东盟（10 + 1）、澜湄合作机制、大湄公河次区域经济合作、大图们倡议、中亚区域经济合作、中非合作论坛、中阿合作论坛、中拉论坛、中国—中东欧 16 + 1 合作机制、中国—太平洋岛国经济发展合作论坛、世界经济论坛、博鳌亚洲论坛等现有多边合作机制，在相互尊重、相互信任的基础上，积极同各国开展共建“一带一路”实质性对接与合作。

——建立“二轨”对话机制。中国与沿线国家通过政党、议会、智库、地方、民间、工商界、媒体、高校等“二轨”交往渠道，围绕共建“一带一路”开展形式多样的沟通、对话、交流、合作。中国组织召开了中国共产党与世界政党高层对话会，就共建“一带一路”相关议题深入交换意见。中国与相关国家先后组建了“一带一路”智库合作联盟、丝路国际智库网络、高校智库联盟等。英国、日本、韩国、新加坡、哈萨克斯坦等国都建立了“一带一路”研究机构，举办了形式多样的论坛和研讨会。中外高校合作设立了“一带一路”研究中心、合作发展学院、联合培训中心等，为共建“一带一路”培养国际化人才。中外媒体加强交流合作，通过举办媒体论坛、合作拍片、联合采访等形式，提高了共建“一带一路”的国际传播能力，让国际社会及时了解共建“一带一路”相关信息。

（二）共建：共同打造和谐家园

共建就是各方都是平等的参与者、建设者和贡献者，也是责任和风险的共同担当者。

——打造共建合作的融资平台。由中国发起的亚洲基础设施投资银行2016年开业以来，在国际多边开发体系中发挥越来越重要的作用，得到国际社会广泛信任和认可。截至2018年底，亚洲基础设施投资银行已从最初57个创始成员，发展到遍布各大洲的93个成员；累计批准贷款75亿美元，撬动其他投资近400亿美元，已批准的35个项目覆盖印度尼西亚、巴基斯坦、塔吉克斯坦、阿塞拜疆、阿曼、土耳其、埃及等13个国家。亚洲基础设施投资银行在履行自身宗旨使命的同时，也与其他多边开发银行一起，成为助力共建“一带一路”的重要多边平台之一。2014年11月，中国政府宣布出资400亿美元成立丝路基金，2017年5月，中国政府宣布向丝路基金增资1000亿人民币。截至2018年底，丝路基金协议投资金额约110亿美元，实际出资金额约77亿美元，并出资20亿美元设立中哈产能合作基金。2017年，中国建立“一带一路”PPP工作机制，与联合国欧洲经济委员会签署合作谅解备忘录，共同推动PPP模式更好运用于“一带一路”建设合作项目。

——积极开展第三方市场合作。共建“一带一路”致力于推动开放包容、务实有效的第三方市场合作，促进中国企业和各国企业优势互补，实现“1+1+1>3”的共赢。2018年，第一届中日第三方市场合作论坛和中法第三方市场合作指导委员会第二次会议成功举办。英国欣克利角核电等一批合作项目顺利落地，中国中车与德国西门子已经在一些重点项目上达成了三方合作共识。

（三）共享：让所有参与方获得实实在在的好处

共享就是兼顾合作方利益和关切，寻求利益契合点和合作最大公约数，使合作成果福及双方、惠泽各方。共建“一带一路”不是“你输我赢”或“你赢我输”的零和博弈，而是双赢、多赢、共赢。

——将发展成果惠及沿线国家。中国经济对世界经济增长的贡献率多年保持在30%左右。近年来,中国进口需求迅速扩大,在对国际贸易繁荣作出越来越大贡献的同时,拉动了对华出口的沿线国家经济增长。中国货物和服务贸易年进口值均占全球一成左右,2018 年,中国货物贸易进口 14.1 万亿人民币,同比增长 12.9% 。2018 年,中国对外直接投资 1298.3 亿美元,同比增长4.2% ,对沿线国家的直接投资占比逐年增长。在共建“一带一路”合作框架下,中国支持亚洲、非洲、拉丁美洲等地区广大发展中国家加大基础设施建设力度,世界经济发展的红利不断输送到这些发展中国家。世界银行研究组的量化贸易模型结果显示,共建“一带一路”将使“发展中的东亚及太平洋国家”的国内生产总值平均增加 2.6% 至 3.9% 。①

——改善沿线国家民生。中国把向沿线国家提供减贫脱困、农业、教育、卫生、环保等领域的民生援助纳入共建“一带一路”范畴。中国开展了中非减贫惠民合作计划、东亚减贫合作示范等活动。积极实施湄公河应急补水,帮助沿河国家应对干旱灾害,向泰国、缅甸等国提供防洪技术援助。中国与世界卫生组织签署关于“一带一路”卫生领域合作的谅解备忘录,实施中非公共卫生合作计划、中国—东盟公共卫生人才培养百人计划等项目。中国累计与沿线国家合作培养数千名公共卫生管理和疾病防控人员,累计为相关国家 5200 余名白内障患者实施免费复明手术。中国每年为周边国家近 3 万名患者提供优质医疗服务。中国中医药团队先后在柬埔寨、科摩罗、多哥、圣多美和普林西比、巴布亚新几内亚等国家实施快速清除疟疾方案。

——促进科技创新成果向沿线国家转移。中国与沿线国家签署了 46 个科技合作协定,先后启动了中国—东盟、中国—南亚等科技伙伴计划,与东盟、南亚、阿拉伯国家、中亚、中东欧共建了 5 个区域技术转移平台,发起成立了“一带一路”国际科学组织联盟。通过沿线国家青年科学家来华从事短期科研工作以及培训沿线国家科技和管理人员等方式,形成了多层次、多元化的科技人文交流机制。2018 年,中国接收 500 名沿线国家青年科学家来华科研,培训科技管理人员逾 1200 人次。中国积极开展航天国际合作,推动中国北斗导航系统、卫星通讯系统和卫星气象遥感技术服务沿线国家建设。

——推动绿色发展。中国坚持《巴黎协定》,积极倡导并推动将绿色生态理

---

① Franois de Soyres, The Growth and Welfare Effects of the Belt and Road Initiative on East Asia Pacific Countries, WORLD BANK GROUP, October 2018 Number 4.

念贯穿于共建“一带一路”倡议。中国与联合国环境规划署签署了关于建设绿色“一带一路”的谅解备忘录,与30多个沿线国家签署了生态环境保护的合作协议。建设绿色丝绸之路已成为落实联合国2030年可持续发展议程的重要路径,100多个来自相关国家和地区的合作伙伴共同成立“一带一路”绿色发展国际联盟。中国在2016年担任二十国集团主席国期间,首次把绿色金融议题引入二十国集团议程,成立绿色金融研究小组,发布《二十国集团绿色金融综合报告》。中国积极实施“绿色丝路使者计划”,已培训沿线国家2000人次。中国发布《关于推进绿色“一带一路”建设的指导意见》、《“一带一路”生态环境保护合作规划》等文件,推动落实共建“一带一路”的绿色责任和绿色标准。

(四)愿景:构建人类命运共同体

共建“一带一路”顺应了人类追求美好未来的共同愿望。国际社会越来越认同共建“一带一路”倡议所主张的构建人类命运共同体的理念,构建人类命运共同体符合当代世界经济发展需要和人类文明进步的大方向。共建“一带一路”倡议正成为构建人类命运共同体的重要实践平台。

——源自中国更属于世界。共建“一带一路”跨越不同地域、不同发展阶段、不同文明,是一个开放包容的平台,是各方共同打造的全球公共产品。共建“一带一路”目标指向人类共同的未来,坚持最大程度的非竞争性与非排他性,顺应了国际社会对全球治理体系公正性、平等性、开放性、包容性的追求,是中国为当今世界提供的重要公共产品。联合国秘书长古特雷斯指出,共建“一带一路”倡议与联合国新千年计划宏观目标相同,都是向世界提供的公共产品。共建“一带一路”不仅促进贸易往来和人员交流,而且增进各国之间的了解,减少文化障碍,最终实现和平、和谐与繁荣。

——为全球治理体系变革提供了中国方案。当今世界面临增长动能不足、治理体系滞后和发展失衡等挑战。共建“一带一路”体现开放包容、共同发展的鲜明导向,超越社会制度和文化差异,尊重文明多样性,坚持多元文化共存,强调不同经济发展水平国家的优势互补和互利共赢,着力改善发展条件、创造发展机会、增强发展动力、共享发展成果,推动实现全球治理、全球安全、全球发展联动,致力于解决长期以来单一治理成效不彰的困扰。

——把沿线国家的前途和命运紧紧联系在一起。人类只有一个地球,各国共处一个世界。为了应对人类共同面临的各种挑战,追求世界和平繁荣发展的美好未来,世界各国应风雨同舟,荣辱与共,构建持久和平、普遍安全、共同繁荣、开放包容、清洁美丽的世界。人类命运共同体理念融入了利益共生、情感共鸣、价值共识、责任共担、发展共赢等内涵。共建“一带一路”主张守望相助、讲平等、重感情，坚持求同存异、包容互谅、沟通对话、平等交往，把别人发展看成自己机遇，推进中国同沿线各国乃至世界发展机遇相结合，实现发展成果惠及合作双方、各方。中国在40年改革开放中积累了很多可资借鉴的经验，中国无意输出意识形态和发展模式，但中国愿意通过共建“一带一路”与其他国家分享自己的发展经验，与沿线国家共建美好未来。

三、展望

当今世界正处于大发展大变革大调整时期，和平、发展、合作仍是时代潮流。展望未来，共建“一带一路”既面临诸多问题和挑战，更充满前所未有的机遇和发展前景。这是一项事关多方的倡议，需要同心协力；这是一项事关未来的倡议，需要不懈努力；这是一项福泽人类的倡议，需要精心呵护。我们相信，随着时间的推移和各方共同努力，共建“一带一路”一定会走深走实，行稳致远，成为和平之路、繁荣之路、开放之路、绿色之路、创新之路、文明之路、廉洁之路，推动经济全球化朝着更加开放、包容、普惠、平衡、共赢的方向发展。

（一）和平之路

古丝绸之路，和时兴，战时衰。共建“一带一路”离不开和平安宁的环境。共建“一带一路”倡议主张建设相互尊重、公平正义、合作共赢的新型国际关系，打造对话不对抗、结伴不结盟的伙伴关系。各国应尊重彼此主权、尊严、领土完整，尊重彼此发展道路和社会制度，尊重彼此核心利益和重大关切。

和平安全是推进共建“一带一路”的基本前提和保证。各国需树立共同、综合、合作、可持续的安全观，营造共建共享的安全格局。要着力化解冲突，坚持政治解决；要着力斡旋调解，坚持公道正义；要着力推进反恐，标本兼治，消除贫困落后和社会不公。各国需摒弃冷战思维、零和游戏和强权政治，坚决反对恐怖主义、分裂主义、极端主义。在涉及国家主权、领土完整、安全稳定等重大核心利益问题上给予相互支持。坚持以对话解决争端、以协商化解分歧，增进合作互信，减少相互猜疑。各国需深化在网络安全、打击跨国犯罪、打击贩毒、打击“三股势力”、联合执法、安全保卫等方面的合作，为区域经济发展和人民安居乐业营造良好环境。

中国始终是维护地区和世界和平、促进共同发展的坚定力量。中国坚持走和平发展道路，坚定奉行独立自主的和平外交政策，尊重各国人民自主选择的发展道路和奉行的内外政策,决不干涉各国内政,不把自己的意志强加给对方,不把本国利益凌驾于他国利益之上。为保证共建“一带一路”顺利推进,中国愿同沿线各国共同构建争端解决机制,共建安全风险预警防控机制,共同制定应急处置工作机制。一旦发生纠纷,当事方能够坐下来就相互利益关切沟通交流,对话而不是对抗,不但为共建“一带一路”营造良好发展环境,而且共同推动建设各国彼此尊重核心利益、和平解决分歧的和谐世界。

(二)繁荣之路

发展是解决一切问题的总钥匙,共建“一带一路”聚焦发展这个根本性问题,释放各国发展潜力,实现经济融合、发展联动、成果共享。共建“一带一路”顺应世界多极化、经济全球化、文化多样化、社会信息化的潮流,致力于维护全球自由贸易体系和开放型世界经济。

沿线国家市场规模和资源禀赋各有优势,互补性强,潜力巨大,合作前景广阔。各国需在充分照顾各方利益和关切基础上,凝聚共识,将共识转化为行动,按照战略对接、规划对接、平台对接、项目对接的工作思路,形成更多可视性成果,实现优势互补,促进共同繁荣发展。

共建“一带一路”将继续把互联互通作为重点,聚焦关键通道、关键节点、关键项目,着力推进公路、铁路、港口、航空、航天、油气管道、电力、网络通信等领域合作,与各国共同推动陆、海、天、网四位一体的互联互通。中国愿意与各国共建“一带一路”空间信息走廊。深化与沿线国家在经贸领域的互利共赢,扩大双多边投资贸易规模。深入开展产业合作,共同办好经贸、产业合作园区。抓住新工业革命的发展新机遇,培育新动能、新业态,保持经济增长活力。第二届“一带一路”国际合作高峰论坛期间,中国将与有关国家签署一批产能与投资合作重点项目清单。建立稳定、可持续、风险可控的金融服务体系,创新投资和融资模式,推广政府和社会资本合作,建设多元化融资体系和多层次资本市场,发展普惠金融,完善金融服务网络。

(三)开放之路

开放带来进步,封闭导致落后。对一个国家而言,开放如同破茧成蝶,虽会经历一时阵痛,但将换来新生。共建“一带一路”以开放为导向,努力解决经济增长和平衡发展问题。

共建“一带一路”坚持普惠共赢,打造开放型合作平台,推动形成开放型世界经济。共建“一带一路”是和平发展、经济合作倡议,不是搞地缘政治联盟或军事同盟;是开放包容、共同发展进程,不是要关起门来搞小圈子或者“中国俱乐部”;

不以意识形态划界，不搞零和游戏。不管处于何种政治体制、地域环境、发展阶段、文化背景，都可以加入“一带一路”朋友圈，共商共建共享，实现合作共赢。

中国支持、维护和加强基于规则的、开放、透明、包容、非歧视的多边贸易体制，促进贸易投资自由化便利化，与沿线国家共建高标准自由贸易区，推动经济全球化健康发展。同时，共建“一带一路”也着力解决发展失衡、治理困境、数字鸿沟、分配差距等问题，让世界各国的发展机会更加均等，让发展成果由各国人民共享。

在共建“一带一路”过程中，中国开放的大门只会越开越大，中国愿为世界各国带来共同发展新机遇，与各国积极发展符合自身国情的开放型经济，共同携手向着构建人类命运共同体的目标不断迈进。

（四）绿色之路

共建“一带一路”倡议践行绿色发展理念，倡导绿色、低碳、循环、可持续的生产生活方式，致力于加强生态环保合作，防范生态环境风险，增进沿线各国政府、企业和公众的绿色共识及相互理解与支持，共同实现2030年可持续发展目标。

沿线各国需坚持环境友好，努力将生态文明和绿色发展理念全面融入经贸合作，形成生态环保与经贸合作相辅相成的良好绿色发展格局。各国需不断开拓生产发展、生活富裕、生态良好的文明发展道路。开展节能减排合作，共同应对气候变化。制定落实生态环保合作支持政策，加强生态系统保护和修复。探索发展绿色金融，将环境保护、生态治理有机融入现代金融体系。

中国愿与沿线各国开展生态环境保护合作，将努力与更多国家签署建设绿色丝绸之路的合作文件，扩大“一带一路”绿色发展国际联盟，建设“一带一路”可持续城市联盟。建设一批绿色产业合作示范基地、绿色技术交流与转移基地、技术示范推广基地、科技园区等国际绿色产业合作平台，打造“一带一路”绿色供应链平台，开展国家公园建设合作交流，与沿线各国一道保护好我们共同拥有的家园。

（五）创新之路

创新是推动发展的重要力量。共建“一带一路”需向创新要动力。5年多来，中国与沿线国家优化创新环境，集聚创新资源，加强科技创新合作，将继续促进科技同产业、科技同金融深度融合。

21世纪以来，全球科技创新进入空前密集活跃时期，新一轮科技革命和产业变革正在重构全球创新版图、重塑全球经济结构。共建“一带一路”为大部分处于工业化初中级阶段的国家平等合理融入全球产业链和价值链提供了新契机。随着各类要素资源在沿线国家之间的共享、流动和重新组合，各国可以利用各自比较优势，着眼于技术前沿应用研究、高技术产品研发和转化，不断将创新驱动发展推向前进。共建“一带一路”将成为沿线国家创新发展的新平台，成为沿线国家实现跨越式发展的驱动力，成为世界经济发展的新动能。中国与沿线国家之间的联动发展、合作应对挑战，已经并还将使不同国家、不同阶层、不同人群在开放型世界经济发展中共享经济全球化的成果。

数字经济是继农业经济、工业经济之后的主要经济形态。当今世界正在经历一场更大范围、更深层次的科技革命和产业变革，现代信息技术不断取得突破，数字经济蓬勃发展，各国利益更加紧密相连。共建“一带一路”坚持创新驱动发展，与各方加强在人工智能、纳米技术、量子计算机等前沿领域合作，推动大数据、云计算、智慧城市建设，连接成21世纪的数字丝绸之路。通过沿线国家青年科学家来华从事短期科研工作以及培训沿线国家科技和管理人员等方式，形成多层次、多元化的科技人文交流机制。通过共建国家级联合科研平台，深化长期稳定的科技创新合作机制，提升沿线国家的科技创新能力。构建“一带一路”技术转移协作网络，促进区域创新一体化发展。知识产权是创新驱动发展的基本保障，沿线国家应尊重知识产权，推动更加有效地保护和使用知识产权，构建高水平知识产权保护体系。

（六）文明之路

共建“一带一路”推动文明交流超越文明隔阂、文明互鉴超越文明冲突、文明共存超越文明优越，使各国相互理解、相互尊重、相互信任。

古丝绸之路打开了各国各民族交往的窗口，书写了人类文明进步的历史篇章。共建“一带一路”深厚的文明底蕴、包容的文化理念，为沿线国家相向而行、互学互鉴提供了平台，促进了不同国家、不同文化、不同历史背景人群的深入交流，使人类超越民族、文化、制度、宗教，在新的高度上感应、融合、相通，共同推进构建人类命运共同体。共建“一带一路”推动沿线国家在教育、科技、文化、卫生、体育、媒体、旅游等领域开展广泛合作，促进政党、青年、社会组织、智库、妇女、地方交流协同并进，初步形成了和而不同、多元一体的文明共荣发展态势。

中国愿与沿线国家和有关国际组织共同推动建立多层次人文合作机制，搭建更多合作平台，开辟更多合作渠道。推动教育合作，扩大互派留学生规模，提升合作办学水平。建设好“一带一路”国际智库合作委员会和“一带一路”新闻合作联盟。继续开展历史文化遗产保护、文物援外合作、联合考古合作，推进博物馆交流合作,联合打造具有丝绸之路特色的旅游产品。加强政党、民间组织往来,密切妇女、青年等群体交流,促进包容发展。第二届“一带一路”国际合作高峰论坛期间,中国有关部门将与联合国儿童基金会共同发起“关爱儿童、共享发展,促进可持续发展目标实现”合作倡议。中国社会组织将启动“丝路一家亲”行动,推动沿线各国社会组织共同开展民生领域合作。中国也将继续向沿线发展中国家提供力所能及的支持和帮助。

(七)廉洁之路

廉洁是共建“一带一路”的道德“底线”和法律“红线”。沿线国家需协力打造廉洁高效的现代营商环境,加强对“一带一路”建设项目的监督管理和风险防控,建立规范透明的公共资源交易流程。在项目招投标、施工建设、运营管理等过程中严格遵守相关法律法规,消除权力寻租空间,构建良性市场秩序。各国应加强反腐败国际交流合作,以《联合国反腐败公约》等国际公约和相关双边条约为基础开展司法执法合作,推进双边引渡条约、司法协助协定的签订与履行,构筑更加紧密便捷的司法执法合作网络。各国需推动企业加强自律意识,构建合规管理体系,培育廉洁文化,防控廉洁风险,坚决抵制商业贿赂行为。政府、企业、国际社会三方需共同努力,采取有效措施,建立拒绝腐败分子入境、腐败资产返还等合作机制,通力协作斩断腐败链条、构筑反腐败防线。

中国愿与各国一道完善反腐败法治体系和机制建设,不断改善营商环境,持续打击商业贿赂行为。深化与沿线国家反腐败法律法规对接,深化反腐败务实合作。加强对“走出去”企业廉洁教育培训,强化企业合规经营管理。中国愿与沿线国家共同努力,把“一带一路”建设成为廉洁之路。

世界潮流浩浩荡荡。共建“一带一路”倡议顺应历史大潮,所体现的价值观和发展观符合全球构建人类命运共同体的内在要求,也符合沿线国家人民渴望共享发展机遇、创造美好生活的强烈愿望和热切期待。毋庸置疑,随着时间的推移,共建“一带一路”将进一步彰显出强大的生命力和创造力。通过布局开篇的“大写意”和精耕细作的“工笔画”,共建“一带一路”将久久为功,向高质量高标准高水平发展,为建设一个持久和平的世界,建设一个普遍安全的世界,建设一个共同繁荣的世界,建设一个开放包容的世界,建设一个清洁美丽的世界,最终实现构建人类命运共同体的美好愿景作出更大贡献。

(资料来源:中国一带一路网:https://www.yidaiyilu.gov.cn/zchj/qwfb/86697.htm)

后　记

“一带一路”倡议自2013年提出以来，迄今已取得了举世瞩目的成就，并产生了广泛的国际影响。一方面，中国与“一带一路”沿线国家的投资和经贸合作水平显著提升。其中，货物贸易额累计超过6万亿美元，对沿线国家的投资超过900亿美元，已建设82个境外经贸合作区，为当地创造了24.4万个就业岗位，中欧班列累计开行超过1.3万列。另一方面，截至2020年1月底中国已累计同138个国家、30个国际组织签署了200份政府间共建“一带一路”合作文件。[①] 2016年11月，联合国193个会员国协商一致通过决议，欢迎共建“一带一路”等经济合作倡议，呼吁国际社会为“一带一路”建设提供安全保障环境。特别是，2017年3月联合国安理会在有关“阿富汗形势”（the situation in Afghanistan）的第2344号决议中首次载入了中国“一带一路”倡议。[②] 可以说，“一带一路”倡议顺应了进入21世纪以来国际合作发展的新趋势，昭示了新一轮的国际政治新秩序的变革进程，并且是增强中国国际话语权的有益尝试；“共建‘一带一路’正在成为中国参与全球开

---

① 参见《已同中国签订共建“一带一路”合作文件的国家一览》，载中国一带一路网：https://www.yidaiyilu.gov.cn/xwzx/roll/77298.htm，最后访问日期：2020年1月20日。

② See S/RES/2344 (2017), available at http://www.un.org/en/ga/search/view_doc.asp? symbol = S/RES/2344(2017).

放合作、改善全球经济治理体系、促进全球共同发展繁荣、推动构建人类命运共同体的中国方案”。[①] 与此同时，作为现代国际法上一种国际合作的新形态、全球治理的新平台和跨区域国际合作的新维度，“一带一路”倡议将对现代国际法的发展产生多方面的影响。

为贯彻落实习近平总书记关于加强“一带一路”倡议学术研究、理论支撑、话语体系建设的重要指示精神，经全国哲学社会科学规划领导小组批准，国家社科基金设立“一带一路”战略研究专项。2018 年 7 月，本人作为首席专家联合国内有关“一带一路”倡议的实务部门的专家和高等院校、研究机构的学者，共同申报了该专项，并获得了批准立项。本书系 2018 年度国家社科基金重大研究专项项目“‘一带一路’倡议与国际规则体系研究”的阶段性成果之一，主要收集了“一带一路”倡议自 2013 年提出以来至 2019 年 4 月一些重要的法律文件，旨在为从事“一带一路”倡议研究的学者和实务部门的专家，以及对“一带一路”倡议感兴趣的读者提供一些便利。在资料收集和整理编辑的过程中，国家高端智库武汉大学国际法研究所研究人员、武汉大学国际法研究所博士研究生陈思静提供了不少帮助，特此谢忱。

杨泽伟

2020 年 2 月 23 日于珞珈山

① 《习近平在推进“一带一路”建设工作 5 周年座谈会上的讲话》(2018 年 8 月 27 日)，载王沥慷：《2018 年，习近平这样谈“一带一路”》，载中国一带一路网：http://www.yidaiyilu.gov.cn/xwzx/xgcdt/79168.htm，最后访问日期：2020 年 1 月 20 日。

图书在版编目(CIP)数据

“一带一路”倡议文件汇编 / 杨泽伟编. -- 北京 : 法律出版社, 2020

ISBN 978-7-5197-4336-9

Ⅰ. ①一… Ⅱ. ①杨… Ⅲ. ①“一带一路”-国际合作-贸易法-文件-汇编 Ⅳ. ①F125②D996.1

中国版本图书馆 CIP 数据核字(2020)第 046529 号

“一带一路”倡议文件汇编
“YIDAIYILU” CHANGYI WENJIAN HUIBIAN

杨泽伟 编

策划编辑 沈小英
责任编辑 刘晓萌
装帧设计 李　瞻

出版 法律出版社
总发行 中国法律图书有限公司
经销 新华书店
印刷 固安华明印业有限公司
责任校对 杨锦华
责任印制 吕亚莉

编辑统筹 法治与经济出版分社
开本 710 毫米×1000 毫米　1/16
印张 13.5
字数 241 千
版本 2020 年 5 月第 1 版
印次 2020 年 5 月第 1 次印刷

法律出版社/北京市丰台区莲花池西里 7 号(100073)
网址/www.lawpress.com.cn
投稿邮箱/info@lawpress.com.cn
举报维权邮箱/jbwq@lawpress.com.cn
销售热线/400-660-8393
咨询电话/010-63939796

中国法律图书有限公司/北京市丰台区莲花池西里 7 号(100073)
全国各地中法图分、子公司销售电话:
统一销售客服/400-660-8393/6393
第一法律书店/010-83938432/8433　西安分公司/029-85330678　重庆分公司/023-67453036
上海分公司/021-62071639/1636　深圳分公司/0755-83072995

书号:ISBN 978-7-5197-4336-9　**定价**:80.00 元
(如有缺页或倒装,中国法律图书有限公司负责退换)